트라우마, 기억으로부터의 자유

트라우마, 기억으로부터의 자유

바브 메이버거 지음
김준기·배재현·서수연 옮김

일상의 문제에서
삶을 뒤흔드는 트라우마까지,
EMDR 치료법

수오서재

서문

EMDR이라는 색다른 치료법

안구운동 민감소실 및 재처리 요법이라는 거창한 이름의 EMDR Eye Movement Desensitization and Reprocessing은 간단히 말해 눈 운동으로 뇌 기능을 조절하고 심리 치료를 도모하는 기법이다. 나는 그 기법의 치료자이자 자문가다.

안타깝게도 많은 사람이 EMDR 치료를 전혀 모르거나 정확하지 않은 정보로 잘못 알고 있다. 그런 까닭에 나는 이 책의 목적을 내가 알고 있는 것과 내가 경험한 것을 간단하고 명확하게 전달하는 데 두었다. 물론 가끔은 다소 이해하기 어려운 전문적, 기술적 용어도 나오지만 어디까지나 안내서일 뿐 교과서나 연구서적 정도는 아니다(더 상세한 내용은 책 뒤에 수록한 참고 문헌 참조). 단언컨대 이 책을 읽는다면 EMDR 치료가 필요한 사람과 치료로 얻는 것, 치료에 필요한 준비 단계는 확실히 이해할 수 있을 것이다. 단, 이 책은 치료자를 가르치기 위한 것이 아니다. 치료자는 국제 EMDR협회EMDRIA에서 공인한 정식 훈련 과정을 밟아야 그 사실을 입증해주는 자격증을 받을 수 있다.

우연한 기회에 직업으로 선택한 마사지치료사로 일하던 시절, 나는 근육 이완과 통증 혹은 아픔을 완화하고자 찾아온 사람들을 도와주면서 커다란 보람을 느꼈다. 교통사고와 그 밖의 다른 사고, 질병이 유발한 외상적 손상을 치료받기 위해 찾아오는 사람도 있었다.

경험이 쌓이면서 나는 점점 내 손으로 그들을 치료할 수 있겠다는 자신감이 강해졌다. 그때 나는 전혀 예상치 않던 이상한 경험을 했다. 내가 뭉친 근육을 치료한 사람들 중 몇몇이 마치 트라우마의 희생자처럼 반응하는 것이 아닌가. 그들을 마사지하면서 나는 몇 가지 특정한 접촉(처음엔 그게 무언지 알지 못했다)이 그들의 외상적 경험을 다시 활성화한다는 것을 알았다. 그런 일이 일어날 때마다 그들은 두려움, 분노, 슬픔, 그 밖에 여러 가지 강렬한 정서를 보였다. 그들의 몸에서 예상하지 않던 강한 신체 반응이 저절로 나타난 것이다.

그 반응에 깜짝 놀란 그들은 울거나 움츠리거나 몸을 떨었다. 간혹 어떤 내담자는 신체적, 성적 학대 같은 어린 시절의 트라우마를 기억해내기도 했다. 그러나 평소에는 잊고 살았기에 그들은 자신이 갑자기 그처럼 충격적인 정서와 감각을 느끼는 이유를 설명하지 못했다.

당황한 나는 다른 마사지치료사들과 그 경험을 공유했는데 알고 보니 많은 치료사가 나와 비슷한 일을 겪고 있었다. 잊고 있던 골치아픈 기억이 마치 사람들의 근육, 힘줄, 뼈, 세포에 저장되어 있는 것 같았다. 내 손은 그들의 정서적, 신체적 반응을 불러일으켰으나 불행히도 나는 그런 일을 다룰 만한 훈련을 받지 않았다. 내가 할 수 있는 최선은 그들을 심리치료자에게 보내는 것뿐이었다.

내 스스로 한계를 느끼고 전통 심리 치료에도 의구심이 들면서 나는 신체뿐 아니라 정신, 나아가 둘 사이의 연관성을 제대로 배워야겠다는 생각을 했다. 과거를 돌아보니 나는 어릴 때부터 몸과 마음의 연결성Body-Mind Connection에 관심이 있었던 것 같다. 어린 시절 캠프파이어 소녀단의 일원이었을 때, 나는 미래의 내가 어떤 사람이 될지 알려주는 북미 원주민식 이름을 지어야 했다. 그때 내 이름을 치론타Chee-Ron-Ta라고 지었는데 이는 춤의 아름다움과 베풂의 행복을 아는 사람이라는 뜻이었다. 물론 당시에는 내가 지금처럼 춤을 좋아하는 치료자로 살아갈 줄은 전혀 몰랐다.

4세 때부터 춤을 배운 나는 움직이는 것을 좋아했다. 몸을 움직이면 내가 살아 있는 느낌이 들어 무척 행복했다. 열정적으로 춤을 즐긴 나는 현대무용을 전공해 몇 년간 전문 무용가로 일했다. 그러던 어느 날 대학교 무용 축제 공연에 참가했다가 우연히 마사지치료사라는 직업을 알게 되었다.

무용을 하다 보면 뜻하지 않게 부상을 당하기도 하는데 나 역시 여기에서 자유롭지 못했다. 부상을 당해 공연을 멈춰야 했을 때 나는 치료를 받으며 뉴욕 스웨덴협회에서 마사지 치료를 공부했다. 신체에 나타나는 습관적 패턴 알아내기나 사람들이 신체적 구속에서 벗어나도록 돕는 법은 무척 흥미로웠다. 마사지에 푹 빠져든 나는 내담자들이 마사지를 받으며 정서적 경험을 할 때 무슨 일이 일어나는지 이해하려면 심리학을 배워야 한다는 사실을 깨달았다. 마사지를 받는 사람들이 신체적, 정서적 효과를 어떻게 경험하는지 더 깊이 이해할 필요가 있었다.

어떻게 잊고 있던 과거의 사건이 신체 기억으로 남아 있다가 두려움, 분노, 슬픔 등의 정서를 반복적으로 일으키며 부정적 영향을 주고 현재의 삶을 방해하는 걸까? 또한 많은 이들의 삶을 황폐하게 만드는 걸까?

나는 티베트 승려 출신이 설립한 콜로라도의 나로파대학에서 신체 심리학Somatic Psychology을 배웠다. 신체에 초점을 둔 신체 심리학은 여러 전문 영역과 관련이 있는 학문이다. 전통 심리치료자와 달리 신체 심리학자는 치료 과정 전반에서 내담자의 자세, 제스처, 근육 패턴, 만성적 수축과 긴장, 움직임의 범위와 형태, 호흡 방식, 피부색과 색조, 신체 습관, 공간 활용, 맥박과 리듬 그리고 미묘한 신체 에너지를 우선적으로 고려한다.

트라우마에 특별히 관심이 있었던 나는 학대받는 여성 보호시설인 콜로라도 볼더 카운티Boulder County의 세이프하우스에서 상담 인턴 과정을 밟았다. 그곳의 여성과 아이들은 학대가 삶에 어떤 영향을 주는지 잘 보여주었다. 신체적 폭행 같은 명백한 트라우마뿐 아니라 약간 미묘해서 잊고 지낸 어린 시절의 트라우마 경험도 현재 어떤 유발요인의 자극을 받으면 자신을 부정적으로 바라보거나 파국적인 결정을 하게 만든다. 그들이 걸림돌을 극복하고 새롭게 살아갈 힘을 얻고자 고군분투하는 것을 보며 나는 많은 사람이 내가 인식하지 못한 방식으로 고통을 경험하고 있음을 깨달았다. 예측할 수 없는 감정 변화, 인간 정신의 복잡성 그리고 치유는 내게 어려운 과제로 다가왔다. 분명 나도 그들에게 도움을 줄 때가 있었지만 무언가 중요한 것을 놓치고 있다는 생각이 들었다. 나는 그 '무언가'를 알아내고 싶었다.

그 무렵 나는 세계적으로 유명한 트라우마 치료 전문가 베셀 반 데어 콜크Bessel van der Kolk 박사가 나로파 학회에서 EMDR 치료법을 주제로 강연하는 것을 들었다. 처음 강연을 들었을 때 나는 좀 회의적이었다. 비록 치료 전후의 뇌 영상은 인상적이었으나 내가 보기에 EMDR 치료는 신체 중심 정신 치료Body-Centered Psychotherapy가 아니었다. 내가 존경하는 다른 치료자들도 엇갈린 반응을 보였다. EMDR에 내포된 기본적인 신경심리학적 원리를 잘못 이해한 탓에(나도 나중에야 깨달았다) 대부분의 치료자가 EMDR 치료를 인지행동 치료의 변형, 즉 트라우마 치료 과정 중에 시행하는 일종의 대화 치료로 간주했다. 몇몇 치료자는 EMDR을 트라우마 치료의 새로운 미래 물결로 여겼으나 그보다 더 많은 치료자가 EMDR이 너무 빨리 효과를 보여(만약 효과가 있다면) 오히려 내담자에게 해가 될까 두려워하거나 그것을 일시적으로 유행했다 사라질 치료법으로 여겼다.

다시 몇 년이 흘렀다.

어느 날 나는 함께 일하는 동료에게 내가 경험한 일을 들려주었다. 당시 나는 볼더에서 약 16킬로미터 정도 떨어진 작은 마을에서 살았는데 출근할 때마다 경찰의 삼엄한 순찰을 받았다. 문제는 내가 경찰차만 보이면 과속하지 않았어도 괜히 주눅이 들고 경찰에게 체포될 것 같은 느낌에 사로잡혀 겁에 질렸다는 점이었다. 심지어 공포에 질려 식은땀이 났고 심장박동이 빨라졌으며 호흡까지 가빠졌다. 나는 동료에게 그 얘기를 들려주며 대수롭지 않은 듯 웃었지만, 다행히 그녀는 그냥 웃어넘기는 대신 내게 현명한 제안을 했다.

"너, EMDR 치료를 받아보는 게 좋을 것 같아."

"안구운동 어쩌고 하는 거? 그건 왜?"

"그 치료를 받으면 다시는 그런 느낌이 들지 않을 수 있으니까."

"에이, 별것 아냐. 정말이야."

"정말로 별것 아냐?"

그 순간 갑자기 트라우마를 생생히 경험하는 듯하던 예전 내담자들의 모습이 떠올랐다. 솔직히 내가 떠올리지 못한다고 해서 내게 외상적 사건이 하나도 없다고 장담할 수는 없었다. 그렇지만 나는 그 사실을 받아들이지 않았다. 내가 느끼는 긴장과 불안을 대단치 않게 여겼기 때문이다. 그러나 그녀가 경험 삼아 내 특별한 문제를 해결해보자고 다시 제안했을 때 나는 더 이상 거절할 수 없었다. 그것이 내 첫 번째 EMDR 경험이었다. EMDR의 자세한 치료 과정은 뒤에서 설명하고 여기서는 내 경험을 간단히 이야기하려 한다.

동료가 내게 고속도로에서 경찰관을 보고 느끼는 두려움과 신체 감각을 연결하는 질문을 했을 때, 나는 갑자기 몇 년 전 경찰차가 나를 불러 세웠던 경험을 기억해냈다. 경찰은 이유도 말해주지 않고 내게 운전면허증과 보험증을 요구했다. 경찰복, 경찰봉, 총이 매달린 가죽벨트를 본 나는 겁에 질려 몸을 떨었고 몸에서 땀까지 나기 시작했다. 공포와 당혹감에 허둥대던 나는 그에게 기간이 만료된 보험증을 내밀었다. 어찌된 노릇인지 새로 발급받은 보험증을 찾을 수가 없었다. 더구나 그때는 이사한 지 얼마 되지 않아 차 번호판도 기간이 만료된 상태였다. 경찰이 나를 불러 세운 것은 바로 그 때문이었다. 기간이 만료된 번호판과 보험증, 이보다 더 일이 풀리지 않을 수도 있을까? 한데 내게는 아무 일도 일어나지 않았다. 다행히 운전면허증을 새 주소에 등록한 상태였고 내가 모든 상황을 설명하자 경찰은 반드시 새 번호판을 받으라고 충고하고는 나를 보내줬다.

내가 기억하지도 못하는 이 일은 내 몸과 마음에 트라우마로 남아 있었다. 그 탓에 고속도로에서 경찰차를 볼 때마다 내 몸과 마음이 신체적, 정서적 불안 증상을 일으킨 것이다. 동료의 도움을 받아 나는 그 사건을 신체적, 정서적 반응 없이 회상할 수 있을 때까지 EMDR 작업을 했다. 마침내 치료가 끝났지만 나는 여전히 미심쩍었고 그것이 현실적으로 얼마나 효과가 있을지 궁금했다.

이후 며칠 동안 경찰차도, 치료도 모두 잊고 있었다. 그러던 어느 날 고속도로에서 경찰차가 내 차 곁을 지나갔는데 그것을 전혀 의식하지 못했다. 경찰차를 보고도 내게 아무런 신체적, 정서적 반응이 일어나지 않았음을 깨달은 것은 나중의 일이었다. 그제야 나는 EMDR의 도움으로 과거의 트라우마에서 해방되었다는 사실을 믿었다.

마침내 나는 EMDR이 트라우마로 고통받는 많은 내담자에게 특별한 무언가를 제시해줄 통합적 치료라는 것을 깨달았다. 나는 즉시 국제 EMDR협회에서 진행하는 기본 수련 과정을 신청했다. 치료법이 어찌나 매력적이던지 푹 빠진 나는 훈련 과정 막바지에 이르자 당장이라도 활용해보고 싶은 마음뿐이었다. 물론 EMDR 치료가 모든 내담자에게 알맞은 것은 아니다. 나는 EMDR을 그냥 사용하는 것과 지혜

롭게 사용하는 것은 다르다는 점을 금방 이해했다. 오래된 트라우마에 접근하는 것은 두렵고 정서적으로 힘든 일이므로 EMDR을 언제 어떻게 적절히 사용할지 평가하는 작업은 매우 중요하다.

치료자가 시작부터 끝까지 치료 과정을 능숙하게 안내하고 촉진하는 것에 실패하면 실제로 내담자에게 해가 될 수 있다. 안타깝게도 부적절하게 훈련을 받은 치료자는 종종 치료 과정 중에 몇 단계를 생략하는 바람에 회기를 마무리하는 데 실패한다. 이런 경험을 한 내담자는 당연히 EMDR의 효과를 불신한다. 나아가 그 부정적인 입소문이 퍼지면 트라우마로 고통받는 사람들이 EMDR의 도움을 받아 삶을 바꿀 기회를 포기하고 만다.

나는 EMDR 치료로 도움을 받을 수 있음에도 불구하고 이 치료를 잘 알지 못하거나 이 치료의 좋은 점을 의심하는 사람들에게 EMDR을 올바르게 알려주기 위해 이 책을 쓰기로 결심했다.

1987년 개발된 EMDR은 이론적·임상적으로 빠르게 발전했고 지금은 인지적, 정서적, 신체적 요소들을 통합한 심리 치료 모델로 인정받고 있다. 그리고 나는 공인받은 EMDR 치료자이자 국제 EMDR 협회의 자문가로서 10년 넘게 심리 치료를 해오고 있다. EMDR의 기본 훈련 과정을 가르치는 EMDRIA의 공인 강사 몰리 기에라시Molly Gierasch 박사도 나와 함께 작업을 한다. 공인 강사의 주된 역할은 치료자가 내담자들과 보다 충실하고 안전하게 EMDR 작업을 하도록 가르쳐주는 것이다.

이 책은 내 내담자들이 EMDR로 어떤 변화를 겪었는지 소개하고 있다(사생활 보호를 위해 이름은 가명을 사용했다). 물론 내가 어떻게 그들의 신체 변화를 추적했는지, 그들이 말로 표현하지 않은 트라우마에 어떤 방식으로 접근했는지도 나온다. 사실 트라우마에 관해 이야기하는 것은 때로 상처를 주기도 한다. 예를 들어 치료 상황에서 "그냥 다 털어놓으세요"라고 상투적으로 말하면 득은커녕 오히려 해가 될 수 있다. 외상적 사건을 여러 번 말로 설명할 경우, 그 기억과 증상이 심신에 더 깊이 파고들 수 있기 때문이다.

신체 중심 심리치료자로서 나는 내담자가 심신을 잇는 연결고리로 사고와 감정을 표현한다고 굳게 믿는다. 이는 사람들의 사고와 감정이 실제로 어떻게 움직이고 어떻게 움직이지 않는지로 표현되고, 그 사고와 감정이 정서적 행복에 커다란 영향을 미친다는 것을 의미한다. 왜 EMDR이 등장했는지, 그것이 어떻게 많은 심리 치료 모델과 신체 중심의 원리를 통합했는지는 나중에 설명한다.

내 내담자들 중 많은 사람이 EMDR을 처음 들었을 때 추상적이고 이론적으로 보인다고 했다. 어쩌면 당신 역시 그럴지도 모른다. 또한 사람들은 치료 과정이 낯설고 치료자를 신뢰해도 좋은지 알 수 없어서 치료를 시작하는 것이 두려웠다고 한다. 나도 그랬다. 그러나 EMDR이 당신에게 맞는 치료인지 알아보려면 두려움을 어느 정도 내려놓아야 한다. 나는 그럴 만한 가치가 충분하다고 확신한다. 실제로 내 내담자들의 75퍼센트가 EMDR의 도움을 받았다. 나머지 25퍼센트는 다른 치료법을 이용하거나 특별한 치료를 받도록 적합한 치료자에게 보냈다.

물론 EMDR은 마법이 아니지만 효과를 볼 경우 증상 완화가 워낙 극적이라 마법처럼 느껴지기도 한다. 나는 이 책에서 내 내담자들이 경험한 EMDR 치료 전, 치료 중, 치료 후를 보여주고 있다.

50분 정도의 치료 회기 한두 번 만에 일상적인 문제를 해결하는 경우도 있지만 대개는 여러 번의 치료 회기가 필요하다. 때로는 극적인 변화가 일어났고 또 때로는 아주 미묘한 변화가 일어났다. 여하튼 한 가지 변화는 언제나 동일했다. 그것은 기억나지 않는 트라우마로 오랫동안 고생해온 사람들이 EMDR의 도움으로 더 이상 현재 상황에 이전과 같은 방식으로 반응하지 않고, 과거에서 해방되어 완전히 자유로워졌다는 사실이다.

다른 어떤 치료도 마찬가지지만 그러한 변화를 뒷받침하는 것은 강력한 치유 의지다. 그 길이 늘 쉬운 것만은 아니다. 그렇지만 원하는 삶을 살아가는 데 걸림돌로 작용하는 두려움과 기꺼이 맞설 의지만 있다면 누구나 EMDR의 도움으로 새 삶을 찾을 거라고 믿는다.

부디 이 책이 치유를 향한 당신의 첫걸음이 되길 바란다.

목
차

서문 EMDR이라는 색다른 치료법 4

1부

EMDR 치료 들여다보기

1장 EMDR 치료 시작하기 18
2장 트라우마, 기억 그리고 당신의 뇌 53
3장 EMDR 치료 단계 76
4장 왜 EMDR은 효과가 있는가 130
5장 EMDR은 다른 치료와 어떻게 다른가 136
6장 아동을 위한 EMDR 145
7장 EMDR을 지원하는 안전도구 166

2부

EMDR 치료로 변화한 이야기

8장	아동기 트라우마 사건 이후 통제력을 회복한 메리	176
9장	통제를 내려놓아 불안감을 줄인 캐롤린	186
10장	정서적 폭식을 극복한 밥	197
11장	사랑하는 이를 잃은 슬픔을 헤쳐 나간 베시	205
12장	성적 학대 후 용기를 되찾은 조안	216
13장	전쟁의 흔적을 물리친 샘	227
14장	성폭행 사건 후 내면의 힘을 되찾은 레베카	234
15장	공포증과 맞선 타일러와 로버트	247
16장	부상당한 뒤 수행 능력을 높인 데럴	257
	감사의 글	264
	용어 해설	266
	참고 문헌	270

1 부

EMDR 치료 들여다보기

1장 EMDR 치료 시작하기

길을 벗어나는 최선의 방법은 그 길을 지나가는 것이다.

로버트 프로스트Robert Frost, 미국 시인

누군가가 내게 직업을 물어보면 나는 "사람들의 정서적 고통을 치유해줌으로써 그들이 내적인 힘과 역량을 증진하도록 돕는 일을 한다"라고 대답한다. 나는 심리치료자이자 EMDR로 트라우마를 치유하는 EMDR 치료 전문가다. EMDR은 'Eye Movement Desensitization and Reprocessing'의 앞 글자를 딴 것으로, 본딧말이 너무 길고 복잡해서 당신이 기억해줄 거라 기대하지 않는다. 그래도 이것만은 기억하기 바란다. EMDR 치료가 트라우마 사건으로 마음의 상처가 깊어 고통받는 사람들의 아픔을 덜어준다는 사실을 말이다. 즉, EMDR은 사람들이 과거의 트라우마에서 벗어나 현재에 더 큰 기쁨과 만족을 느끼고 보다 효율적으로 살아가도록 도와주는 치료법이다.

'트라우마'라는 말은 그 자체로 무섭고 어두운 느낌을 준다. 그걸 알면서도 이 말을 꺼내는 이유는 트라우마와 EMDR이 정확히 무엇인지, EMDR로 당신이 얻는 이득이 무엇인지 알려주고 싶기 때문이다.

EMDR은 전통적인 여러 심리 치료의 다양한 측면을 통합한 포괄적인 치료법이다. 이 치료의 목적은 사람들이 새롭고 건강한 방식으로 느끼고 생각하고 행동하도록 돕는 데 있다. 그렇지만 이 치료를 받겠다고 마음먹는 것은 여간 어려운 일이 아니다. 정서적인 일로 도움을 구하는 자신에게 무언가 문제가 있는 것처럼 여겨질 수도 있고, 치료 환경상 정신적으로 문제가 있는 사람으로 낙인찍혔다고 느낄 수도 있어서다. 그러니 치료를 선택한 당신은 '인간은 때로 심신과 세상을 탐색하는 데 도움이 필요한 존재'라는 것을 기꺼이 받아들인 용감한 사람이다.

우리의 몸과 마음은 완벽한 기계가 아니며 우리가 원하는 방식대로만 작동하지도 않는다. 그리고 도움을 구하는 것은 창피한 일이 아니다. 실은 대다수가 자신의 고통과 문제, 기쁨, 성공을 지켜봐주고 공유할 다른 누군가를 원한다. 만약 당신이 지금 EMDR 치료를 놓고 고민 중이라면 이 책을 꼼꼼히 읽고 치료의 길을 선택해 새롭고 흥미로운 경험을 해보길 바란다. 그 과정은 때로 힘들 수 있으나 시도해볼 가치는 충분하다. 나를 믿어도 좋다.

EMDR 치료자는 치료 과정에서 당신이 힘을 내도록 촉진하는 안내자 역할을 한다. EMDR 회기를 시행할 때마다 나는 이 치료 과정의 힘을 실감한다. 최근 나는 미국 콜로라도 주 베일Vail에서 열린 EMDR 심화 워크숍에 참석했는데, 그곳에서 호텔방을 같이 쓴 그웬이라는 친구에게 즉흥적으로 EMDR을 실행했다.

그웬은 호텔에 묵으면서 알레르기 증상이 생겼다고 불평하며 나머지 기간을 어떻게 지내야 할지 걱정하고 있었다. 그녀의 증상을 파악한 나는 현재의 느낌과 연결된 트라우마 기억이 있는지 확인한 뒤 짧게 EMDR을 시도해보자고 제안했다. 그것은 내가 이전에 해본 적 없는 주제로 EMDR을 시도해볼 좋은 기회였다. 먼저 그웬에게 알레르기 증상, 즉 눈 가려움, 목 따끔거림, 기침, 가래, 컨디션 저하에 집중하라고 한 다음 그 모든 증상을 대표하는 가장 고통스러운 장면이 무엇인지 물어보았다. 그녀는 금세 대답했다.

"나 혼자 담요로 온몸을 감싼 채 호텔방 의자에 웅크리고 앉아 재채기하는 장면이야."

"그 장면을 떠올리면 지금의 너 자신에게 어떤 생각이 들어?"

"나는 그걸 이겨낼 수 없어."

"그 장면을 떠올릴 때, 그 말 대신 너를 어떻게 생각하고 싶어?"

"나는 건강하고 괜찮아."

나는 그 장면에 집중하며 1~7점 척도 중 1은 완전한 거짓이고 7은 완전한 사실로 느껴지는 것이라고 할 때, '나는 건강하고 괜찮아'라는 말이 얼마나 사실처럼 느껴지는지 물었다. 그녀는 "2"라고 대답했다. 이어 호텔방에서 혼자 아파하는 장면과 '나는 그걸 이겨낼 수 없어'라는 생각을 떠올릴 때 어떤 감정이 느껴지는지 물었다. 그녀는 "짜증스럽고 좌절감이 느껴져. 그리고 몸이 좋지 않아 기분이 나빠"라고 말했다.

나는 그것이 0~10점 척도에서 0이 아무런 불편함이 없는 상태고 10이 상상할 수 있는 최악의 고통이 느껴지는 상태라고 할 때, 고통스러운 감정이 몇 점에 해당하는지 물었다. 그녀는 "9"라고 대답했다. 이 모든 감정과 감각이 몸의 어디에서 느껴지는지 묻자 그녀는 "얼굴과 머리, 아니 온몸에서 역겨운 느낌이 들어"라고 대답했다.

이제 어떠한 점검과 판단도 하지 말고 단지 그 느낌에 집중하면서 시간을 거슬러 올라가 어떤 과거 기억이 떠오르는지 보라고 했다. 잠시 후 그녀는 "아무것도 떠오르지 않아. 단지 역겨운 느낌만 들어"라고 말했다.

그 시점에 나는 그녀에게 양측성 자극(뒤에서 자세히 다룬다)을 주기 시작했다. 자극을 진행하는 동안 그녀는 그 느낌에 집중했다. 그러자 그동안의 수많은 여행과 여행 중에 힘들었던 여러 가지 기억이 떠올랐다. 그녀는 힘든 순간에도 늘 다른 사람들이 알아채지 못하도록 혼자 견뎌낼 수밖에 없었다고 했다.

다음으로 그웬은 초등학교 시절 양호실에 갔던 기억을 떠올렸다. 교실로 돌아왔을 때 선생님은 그녀가 양호실에 있는 동안 학생들에게 가르친 내용을 질문했고 그녀는 대답하지 못했다. 그 기억을 떠올리며 그녀는 "정말 말도 안 돼! 그때 내가 얼마나 나 자신에게 실망하고 자책했는데. 선생님이 그렇게 만든 거야"라고 말했다. 곧이어 그녀는 자신이 학회에 참석하는 것은 말이 안 되는 일이라는 걸 깨달았다.

"사실 오늘 여기에 오고 싶지 않았어. 내가 여기에 있을 필요가 없다는 사실을 내 몸이 말해주고 있는 거야. 더 이상 내게 이런 학회는 필요 없어. 난 충분히 공부했어."

나는 그녀에게 호텔방에서 홀로 아픔을 견디는 맨 처음 장면에 주목하라고 한 뒤 무엇이 떠오르는지 물었다. 그녀는 "베일이라는 곳과 이 학회에 참석하는 것을 내가 꼭 좋아할 필요는 없어. 그러니 내가 베일을 좋아하지 않고 이 자리에 있는 게 편치 않다고 해서 알레르기 반응을 일으킬 필요는 없는 거야"라고 말했다. 이런 식으로 양측성 자극을 몇 차례 더 진행한 후 그녀는 증상이 현저히 호전되고 기분이 훨씬 나아졌다고 했다. 나는 그녀에게 그 장면을 생각할 때 0~10점 척도 중 지금 얼마나 고통스럽게 느껴지는지 물었다. 그녀는 "0"이라고 대답했다. 다시 나는 그 장면과 '나는 건강하고 괜찮아'라는 말을 함께 떠올려보고, 그 말이 지금 얼마나 사실로 느껴지는지 1~7점 척도에서 점수를 매겨보라고 했다. 그녀는 "6"이라고 했다. 나는 이 신념을 강화하기 위해 양측성 자극을 몇 번 더 주고 재차 점수를 확인했다. 이제 그녀는 자신이 건강하고 괜찮다는 것을 완전히 믿었고 그 말에 7점을 주겠다고 답했다.

나는 그녀가 그 신념을 미래에도 적용하도록 나머지 워크숍 기간 동안 호텔방에 건강한 상태로 머무는 자신을 상상해보라고 했다. 그리고 그 모습을 사실처럼 강하게 느낄 때까지 계속해서 양측성 자극을 주었다. 그 뒤 원래의 장면과 '나는 건강하고 괜찮아'라는 말을 함께 떠올리며 여전히 남아 있는 불편한 신체 감각이 있는지 점검해보라고 했다. 그녀는 증상이 90퍼센트 정도 사라졌고 자신의 몸이 무엇을 말하려 하는지 더 잘 알게 되었다고 말했다. 자신의 생각과 느낌이 타당하다는 것을 깨달은 그녀는 자신이 그런 느낌에 빠지는 것을 더 이상 판단하지 않게 되면서 깊이 안도했다.

다음 날 그웬이 말했다.

"정말 놀라워. 믿을 수 없을 만큼 많이 좋아졌어. 증상도 거의 사라졌어."

그녀는 시간이 지나면서 점점 더 좋아졌다. EMDR의 속성이 그러하듯 처리는 자발적으로 계속 이뤄졌다. 그녀가 자신의 진짜 감정을 이해하고 더 이상 '그저 견디기'만 하지 않으면서 그녀는 이전과 다른 경험을 했고 몸과 마음이 훨씬 더 행복해졌다. 나머지 EMDR 워크숍 기간을 진심으로 즐긴 그녀는 EMDR 치료에 필요한 새로운 기법을 좀 더 배울 수 있었다. 나는 EMDR이 다른 사람의 삶에 일으킨 커다란 변화에 다시 한 번 감탄했다. 이제부터 EMDR 회기 과정을 차근차근 짚어가며 이해력을 높여보자.

트라우마와 EMDR

EMDR은 무엇을 포함하고 있고 또 어떤 도움을 줄까?

트라우마 하면 사람들은 보통 강간, 성적 학대, 교통사고, 전쟁 등을 떠올리지만 EMDR의 창시자 프랜신 샤피로Francine Shapiro 박사는 트라우마의 개념을 좀 더 포괄적인 의미로 정의한다. 당신이 처리하거나 감당할 수 없는 어떤 일이 벌어졌고 그로 인한 증상이 사라지지 않은 채 계속 고통을 야기한다면 그것이 바로 트라우마 반응이다. 샤피로 박사는 기억은 뇌에 저장되고 당신이 경험하는 마음의 증상은 신체도 느낀다고 말한다. 나는 이것을 몸-마음 연결성이라고 부른다. 신체 중심 요법을 강조하는 나는 한 사람을 치유하기 위해서는 그 사람의 전체, 즉 몸과 마음을 모두 다뤄야 한다고 생각한다. 그동안의 삶을 찬찬히 돌아보면 당신도 생각보다 많은 트라우마를 경험했다는 사실에 놀랄 것이다. 실은 대다수가 그렇다. 만약 그 트라우마가 미해결 상태로 남아 있을 경우 그것이 당신의 현재 삶에 여러 증상을 초래할 수 있다.

내 내담자들이 가정, 직장, 대인관계에서 경험하는 문제와 증상은 매우 다양하다. 다음 내용은 내 내담자들이 치료시간에 호소한 증상의 일부다.

- 자기주장을 하지 못하는 것
- 외모나 신체적 고민
- 오랜 시간 지속되는 불안감과 우울함
- 일을 미루는 경향
- 성과를 가로막는 행동들
- 분노나 좌절 앞에서의 내성 부족
- 집중력 저하

- 목표와 활동에 보이는 흥미 부족
- 잦은 다툼과 분노 경험
- 물질 남용(중독)
- 의사결정의 어려움
- 자살이나 자해 행동
- 신체질환
- 성기능장애
- 공황장애

이 중 당신이 현재 경험하는 증상이 있는가? 만약 있다면 EMDR이 해답을 제시해줄 것이다. 현재 이 같은 증상을 경험한다는 것은 과거에 겪은 어떤 사건이나 트라우마가 존재한다는 것을 의미한다. 당신은 그것을 EMDR로 다룰 필요가 있다.

EMDR은 인간이 본래 건강한 쪽으로 움직이고 인간의 뇌는 자체 치유 방법을 알고 있다는 것을 전제로 한다. 그런데 때로 어떤 사건이 뇌 안에 갇혀 제대로 통합이 이뤄지지 않으면 정상적으로 처리한 기억으로 남지 못한다. 그처럼 뇌 안에 갇힌 사건이나 그와 관련된 감정 혹은 감각이 현재 문제로 자극을 받을 경우, 과거에 처리하지 못한 기억이 활성화하면서 트라우마 증상이 나타난다.

아직 통합이 이뤄지지 않은 과거 트라우마 사건을 치유하는 과정도 EMDR 작업 중 하나다. EMDR은 뇌의 정보 처리 시스템이 자발적으로 제 기능을 하도록 촉진하는 역할을 한다. 이로써 뇌에 고립된 채 저장된 트라우마 기억을 처리한다. 기억 정보는 기억 네트워크에 저장된다. EMDR이 이 기억 네트워크를 활성화하면 관련 이미지와 생각, 감정, 감각에 접근할 수 있다. 이 방식으로 과거의 트라우마를 보다 빨리 치유하고 극복할 경우 현재와 미래는 더 이상 역기능적인 과거와 연결되지 않는다. 이것이 바로 트라우마 사건의 재처리 과정이다.

이처럼 재처리가 일어나면 트라우마 증상을 야기하는 고통스러운 기억을 흘려보내는 한편 자기 자신에 대한 신념이 변하기 시작한다. 때로는 고통스러운 기억이 남아 있는 상태에서 자연스럽게 기억의 긍정적 측면을 먼저 떠올리는 식으로 통합이 이뤄지기도 한다.

이것이 어떻게 가능할까? 중요한 것은 EMDR이 과거·현재·미래를 모두 다루는 세 갈래 치료법이고, 당신의 치료자는 그 치유 과정을 촉진하는 숙련된 안내자라는 사실이다. 이 치유 과정에는 양측성 자극BLS, Bilateral Stimulus 기법을 활용하는데 이는 뇌를 활성화해 역기능을 하는 저장 정보, 즉 갇힌 트라우마 기억을 적응적인 방식으로 처리하고 통합한다. 양측성 자극은 이중 주의 자극DAS, Dual Attention Stimulation 혹은 안구운동 민감소실 자극EMS으로 불리기도 한다.

양측성 자극은 간단하지만 효과가 강력한 기법이다. 이것은 뇌의 좌우를 교대로 자극하는 방법으로 안구운동, 소리, 음악, 손 진동, 두드리기 등으로 이뤄진다. 당신의 치료자는 양측성 자극을 주면서, 그러니까 당신의 몸(아마도 뇌) 좌우를 교대로 자극하면서 내면 상태(일반적으로 기억, 이미지, 신체 감각)에 주목하라고 할 것이다. 양측성 자극의 속도와 강도는 내담자가 편하게 느끼는 정도나 치료 효과의 극대화를 꾀하는 치료자의 판단에 따라 달라진다. 어떤 유형의 양측성 자극을 사용할 것인지는 내담자가 자신의 선호에 따라 결정한다. 내 임상 경험에 따르면 모든 유형의 양측성 자극이 효과적이지만 내담자마다 선호하는 자극은 다르다. 더 깊은 이해를 위해 양측성 자극의 각 유형을 자세히 살펴보자.

안구운동

EMDR을 처음 개발했을 때 샤피로 박사는 트라우마 처리를 촉진하는 방법으로 오로지 안구운동만 사용했다. 당신이 양측성 자극으로 안구운동을 선택하면 치료자는 당신과 대각선 방향으로 맞은편에 앉아 자신의 손이나 손에 쥔 물건(막대기, 볼펜 등)을 보도록 지시한다. 그런 다음 두 손가락을 모아 당신의 시야에 두고 리듬에 맞춰 좌우로 왔다 갔다 움직인다. 당신은 머리를 고정한 채 손가락 움직임에 따라 눈만 좌우로 움직이라는 지시를 받는다. 치료자는 당신이 편하게 따라오도록 적당한 속도로 움직인다. 어떤 치료자는 빛이 좌우로 움직이는 라이트 바light bar 기계를 사용하는데, 이때 기계의 빛을 따라 눈을 좌우로 움직이라고 지시한다.

만일 시각적으로 어떤 문제가 있거나 이전에 경련, 두부손상, 편두통 같은 질환을 앓았다면 안구운동은 추천하지 않는다.

촉각/청각 스캔

촉각·청각 스캔Tac · Audio Scan은 아몬드 모양의 진동기가 두 개의 줄 끝에 각각 달려 있는 작은 기계로 이것을 양손에 하나씩 쥔다. 많은 내담자가 이를 버저Buzzer라고 부르는데 내 내담자 중 하나는 '윙윙거리는 벌들Buzzy Bees'이라 부르기도 했다. 양측성 자극을 주기 시작하면 이 두 개의 진동기는 교대로 한 번씩 진동한다. 전기충격이 아니라 진동이며 내담자의 요구에 따라 속도와 강도를 다르게 할 수 있다. 많은 내담자가 이 도구를 사용하면서 안정감을 느끼며 때로는 거의 최면처럼 여기기도 한다. 나는 콜로라도에 위치한 회사 뉴로텍NeuroTek에서 제공하는 촉각·청각 스캔 도구를 사용하는데, 이 도구는 EMDR 치료 전문가에게만 판매한다.

촉각·청각 스캔 도구에는 소리와 음악을 좌우로 번갈아가며 들려주는 헤드폰도 달려 있다. 물론 속도와 볼륨은 조절이 가능하다. 간혹 진동기와 헤드폰을 동시에 사용하고 싶어 하는 내담자도 있다.

두드리기

당신이 양측성 자극으로 두드리기Touch를 선택하면 치료자가 당신의 손이나 무릎을 번갈아가며 살짝 두드린다. 일부 내담자는 다른 양측성 자극보다 손을 이용한 두드리기를 더 편하게 느끼기도 한다. 신체적 학대 경험이 있는 내담자에게는 두드리기가 좋은 방법이 아닐 수도 있다. 그래도 당신이 두드리기가 최선이라고 생각한다면 치료자에게 이 방법에 동의한다는 의사를 확실히 전달해야 한다.

양측성 자극은 EMDR 치료의 핵심 기법으로 치료의 여덟 단계 중 세 단계에서 사용한다. 우선 준비 단계에서는 당신이 여러 기법을 습득하도록 돕는다. 안정화 기법 중 하나인 자원 개발 주입RDI, Resource Development & Installation은 긍정적인 기분을 유지하고 강화하기 위해 양측성 자극을 사용한다. 이 기법은 긍정적 정서와 감각으로 몸을 이완하고 행복감이나 자신감을 강화해준다. 그다음으로 민감소실 단계에서 트라우마 요소를 처리할 때 양측성 자극을 사용한다. 마지막으로 주입 단계에서 새로운 생각과 느낌을 통합하고 강화할 때 양측성 자극을 준다.

각각의 여덟 단계는 이 책의 나머지 부분에서 자세히 설명한다. 지금은 양측성 자극이 EMDR 과정을 강력하게 촉진한다는 것과 치료 막바지에는 당신이 처음에 말한 트라우마 사건이 더 이상 고통스럽지도, 생생하게 느껴지지도 않고 트라우마 증상이 상당히 줄어들거나 아예 없어진다는 사실만 숙지해도 좋다.

EMDR 치료자 찾기

EMDR 치료를 받고 싶을 때, 어디서 치료자를 찾고 또 자신에게 잘 맞는 치료자를 어떻게 찾아야 할까? 치료자를 검색하는 방법은 이렇다.

먼저 국제 EMDR협회의 홈페이지www.emdria.org•에 접속한다. 이어 About EMDR을 클릭하고 스크롤을 내려 Find a therapist를 클릭

• 한국 EMDR협회 홈페이지는 www.emdrkorea.com이다. 이곳에서 EMDR 치료와 훈련 과정을 안내받거나 국내에서 활동 중인 EMDR 치료자 정보를 얻을 수 있다.

한다. 그곳에 당신이 사는 지역을 기입하면 그 지역 주변에서 활동하는 EMDRIA 소속 EMDR 치료 전문가의 정보가 나온다. EMDR 치료자의 전문 이력과 수준은 매우 다양하다.

- EMDRIA 컨설턴트는 자격면허를 소지하고 있거나 공인받은 치료자로 심리 치료 분야에서 적어도 3년 이상 종사한 경력이 있다. 최소 300회 이상의 EMDR 트라우마 회기를 포함해 EMDRIA-approved EMDR 훈련 프로그램을 이수하고 자문 지도를 받는다. 이 분야의 최신 동향을 파악하기 위해 EMDR 교육에 참가한다.

- EMDRIA 공인 임상가는 자격면허를 소지하고 있거나 공인받은 치료자로 심리 치료 분야에서 적어도 2년 이상 종사한 경력이 있다. 최소 50회 이상의 EMDR 트라우마 회기를 포함해 EMDRIA-approved EMDR 훈련 프로그램을 이수하고 자문 지도를 받는다. 이 분야의 최신 동향을 파악하기 위해 EMDR 교육에 참가한다.

- EMDRIA 회원은 자격면허를 소지하고 있거나 학회에 등록한 치료자로 석사학위 소지자거나 석사학위 과정 중에 있다. EMDRIA-approved 기초 EMDR 훈련 과정을 이수한 치료자다.

○ EMDRIA 비회원은 당신이 거주하는 지역의 EMDR 치료자로 EMDRIA에 등록하지는 않았지만 트라우마 치료가 가능한 자격 요건을 갖추고 있다.

EMDR 연구소의 홈페이지www.emdr.com•에 들어가 Find an EMDR Clinician을 클릭하는 방법도 있다. 원하는 도시를 클릭하면 그 도시에서 일하는 자격을 갖춘 치료자의 이름이 뜬다.

EMDR 치료를 받아본 지인에게 물어볼 수도 있다. EMDR 비전문가인 심리치료자가 EMDR 치료자를 소개해줄 수도 있다. 인터넷이나 전화번호부의 '상담 또는 심리 치료'란에서 EMDR 치료자 목록을 찾는 것도 가능하다.

가급적 두세 명의 EMDR 치료자를 찾아가 면담해보고 각각의 치료자가 전해주는 느낌을 직접 살펴보는 것이 좋다. 성공적인 치료에서 가장 중요한 요인이 치료자와 내담자의 관계라는 사실은 여러 연구가 지속적으로 보고하고 있다.

장차 나를 치료할 수도 있는 치료자를 처음 만나면 그 사람과 함께 있을 때 내 기분이 어떤지 살핀다. 치료자와 함께 있을 때 기분이 어떠한가? 치료자가 자신을 어떻게 소개하는가? 치료 중에 당신이 감정에 압도당하거나 치료를 방해할 만큼의 과격한 행동 같은 트라우마 증상을 보였을 때, 치료자가 어떻게 도와줄 수 있는지 파악하는 것도 중요하다. 긴장감이 느껴지더라도 질문을 하라. 만약 긴장감이 느껴지

• 프랜신 샤피로 박사가 운영하는 EMDR 인스티튜드다.

면 그 느낌을 솔직히 말하는 것이 좋다. 치료자는 그것을 이해해줄 것이다. 나아가 당신이 어떻게 느끼고 있는지 표현하는 것만으로도 긴장감이 줄어들 수 있다.

무엇을 질문해야 할지 몰라 걱정스럽다면 아래에 나열한 질문을 참고하거나 이 책을 가져가도 좋다. 치료자가 당신의 질문에 어떻게 답변하는지, 그 대답을 듣고 어떤 기분이 드는지, 당신의 그 기분에 치료자가 어떻게 반응하는지 살펴보라. 치료자는 당신의 친구가 아니라 숙련된 안내자다. 그러니 신뢰할 만한 사람을 선택하라. 전문가로서의 이력보다 당신의 직감을 믿어라. 당신에게 맞는 치료자를 선택하는 것은 무척 중요한 일이다. 치료 과정 중에 안내자나 촉진자로서 당신에게 안정감과 확신을 줄 수 있는 치료자를 선택해야 한다.

다음은 치료자 면담 시 참고할 만한 열 가지 질문이다.

- EMDR이 제게 맞는 치료법인지 알아보고 싶은데 EMDR이 무엇인지 설명해줄 수 있나요?
- EMDR 치료자로서 어떤 교육과 훈련을 받았나요?
- EMDR 치료자로서 어떤 이력을 갖췄나요? 자격면허를 소지하고 있나요?
- 이전에 제 문제(예: 강간, 우울, 불안, 교통사고 등)를 다뤄본 경험이 있나요?
- 저와 비슷한 문제가 있는 내담자를 EMDR로 성공적으로 치료해본 경험이 있나요?

- EMDR 치료를 얼마나 오랫동안 해왔나요?
- EMDR 치료를 정기적으로 얼마나 많이 하고 있나요?
- EMDR 한 회기당 비용은 얼마인가요?
- 제 경우 EMDR 회기는 어떤 식으로 진행하나요?
- 제 경우 EMDR 회기를 얼마나 오래 진행해야 할까요?

마지막으로 첫 면담을 한 뒤 면담 중에 어떤 기분이 들었는지 차분하게 되짚어보는 것이 좋다. 정답은 없다. 다만 치료자와의 관계가 성공적인 치료의 핵심요인임을 명심하고 자신의 직감을 잘 알아차리길 바랄 뿐이다.

치료자를 찾았다면 이제 무엇을 해야 할까?

치료자를 찾았다면 아주 중요한 결정을 끝낸 셈이다. 다음 단계는 치료를 시작하는 일이다. 당연히 두려울 수 있지만 너무 겁먹을 필요는 없다. 치료자가 치료를 하면서 당신이 좀 더 편안해지도록 돕고 당신을 위한 최선의 방법을 찾아줄 테니 말이다. 시간이 가면서 당신도 치료자를 보다 친숙하게 느낄 것이다.

나는 내담자에게 EMDR 치료가 운동과 유사하게 느껴질 때도 있다고 말한다. 헬스장에 처음 가면 살을 빼는 것이 불가능하게 느껴진다. 절대 성공하지 못할 거라는 생각이 들고 과정 자체도 너무 힘들다. 그러나 결국에는 근육이 생기고 운동이 점차 수월해지다가 어느 날 스스로 "와, 나도 할 수 있구나!"라고 말하는 순간이 온다.

트라우마 치료도 마찬가지다. 치료 과정에서 당신은 정서적 근육을 만들어간다. 처음에는 치료가 두렵게 느껴지지만 점차 앞으로 무엇을 하게 될지 감이 잡힌다. 그리고 치료 과정을 경험하며 더 많은 기법을 습득하는 것은 물론 보다 강인하고 자신감 넘치는 자신을 보게 된다. EMDR을 해보기 전에는 궁금한 게 많을 것이다. 그러다 막상 EMDR 첫 회기를 경험하면 이 치료의 진행 과정을 알고 나서 신뢰감이 생긴다. 나아가 당신의 삶이 변화하고 있음을 깨닫는다. 결국 대부분의 내담자가 EMDR을 믿고 치료 회기에 더욱 적극적으로 임한다.

EMDR 치료로 트라우마 처리하기

EMDR 치료 작업은 어떤 이유로든 과거에 제대로 처리하지 못한 트라우마 기억을 정상화하는 데 도움을 주도록 설계되어 있다. 사건 발생 당시에 경험한 것을 제대로 처리하지 못한 이유는 매우 다양하다. 그 사건이 너무 강렬해 어떻게 처리해야 하는지 몰랐을 수도 있다. 삶에 많은 일이 한꺼번에 벌어져 그 사건을 다룰 만한 여력이 부족했을지도 모른다. 나이가 어려 그 상황을 해결할 만큼 충분한 지지를 받지 못하거나 고통스러운 일을 습관적으로 밀어내는 경우도 있다.

어떤 이유로든 당신은 그 사건을 처리하지 못한 채 사건과 함께 당시 경험한 고통스런 감정 혹은 감각을 모두 뇌에 가둬놓은 것이다. 그 사건을 기억하면, 아니 기억하지 않을 때조차 너무 고통스러워 트라우마 증상이 나타날 수 있다. 한동안 그 기억을 멀리할 수도 있다. 이처럼 과거 트라우마 기억을 제대로 처리하지 않은 상태에서 그것을 떠올리게 만드는 또 다른 사건이 일어나면, 당시 기억 네트워크에 저장된 감정이 되살아나 현재와 연결된다.

많은 사람이 그러하듯 과거 기억을 잊음으로써 스스로를 보호할 수도 있으나 결국 사소한 자극에도 트라우마 기억과 연관된 감정이 활성화한다. 그 감정이 너무 강렬할 경우 스스로 통제하지 못하기도 한다. 내 내담자들은 그것을 두고 '감정에 납치된 것 같은 기분'이라고 표현한다. 감정 반응은 현재 자극의 크기에 비례해서 나타나지 않는다. 다시 말해 어떤 대수롭지 않은 사건이 폭발적인 감정을 만들어내기도 한다. 과거 사건이 일으키는 감정은 지금 이 순간 나쁜 일이 벌어질 듯한 느낌을 안겨준다. 따라서 당신의 반응은 현재의 자극과 직접적인 관련이 없을 수도 있다.

트라우마와 관련된 무언가가 자발적인 기억 처리 과정을 방해하면 트라우마 기억은 신경 네트워크 안에 갇혀버린다. 이것을 치료하지 않을 경우 트라우마와 관련된 생각, 감정, 신체 감각이 점점 더 많은 역기능적 행동이나 고통스런 증상을 초래할 수 있다. EMDR은 뇌에 갇힌 트라우마 기억을 찾아내고 처리해 당신이 증상에서 벗어나도록 도와준다. 트라우마 기억이 사라지고 신경체계가 효율적으로 기능할 때, 뇌는 비로소 입력된 정보를 정확히 분류해 장기기억으로 처리한다. 그러면 당신은 정말로 배워야 할 것을 학습할 수 있다. 물론 치료 후에도 여전히 트라우마 사건을 기억하고 그 사건을 언급할 수도 있다. 그렇지만 EMDR 치료 전에 느꼈던 어떠한 정서적 불편함 없이 그 사건을 회상하고 이야기한다.

트라우마 치료를 시작하는 시점에 나는 내담자에게 도움을 줄 만한 말을 들려준다. 예를 들면 이런 식이다. EMDR로 트라우마를 처리하는 것은 콜로라도에서 메인으로 향하는 기차를 타고 여행하는 것과 같다. 기차여행을 하면서 당신은 창밖으로 펼쳐지는 풍경을 바라본다. 그때 강, 도로, 초원, 나무, 하늘, 구름이 눈에 들어온다. 당신의 트라우마도 마찬가지다. 치료자가 당신이 트라우마를 기억하도록 안내하면 트라우마와 연관된 이미지, 감정, 감각, 생각, 신념 등이 당신의 몸과 마음을 통해 지나간다. 이처럼 당신의 뇌 안에 있는 기억에 빛을 비춰 트라우마 사건을 처리하는 것이 바로 EMDR 치료다.

기차가 움직이게 하려면 먼저 내담자에게 양측성 자극을 소개해야 한다. 뇌의 좌우를 교대로 자극할 경우 뇌는 이전에 할 수 없던 방식으로 사건을 재처리한다. 당신이 트라우마를 처리하는 동안 기차는 여러 역에서 정차와 출발을 반복한다. 기차가 출발하면 양측성 자극을 진행하고 기차가 멈추면 양측성 자극도 멈춘다. 당신이 트라우마 사건을 아무런 정서적 고통 없이 떠올릴 수 있을 때 마침내 메인에 다다른다. 메인에 도착할 무렵이면 당신은 트라우마를 헤쳐 나왔음을 깨닫고 자신감과 함께 긍정적 느낌이 강해진다.

EMDR 치료의 경이로운 부분은 치료 여정을 끝내고 나서 내담자가 안도감을 느낀다는 점이다. 나는 내담자에게 이렇게 설명해준다.

“우리는 모두 과거를 그저 과거로 남겨두기를 원한다. 과거의 기억을 완전히 지우는 것은 불가능하지만 EMDR은 당신과 기억의 관계를 바꿔놓는다. 가령 과거의 위협적인 사건이 살아 움직이며 보이지 않는 곳에서 당신의 삶을 통제하는 대신 단지 여러 기억 중 하나로 남는다.”

EMDR의 멋진 점 중 하나는 기억의 고통스런 부분은 흘려보내고 좋은 부분은 남겨둔다는 사실이다. EMDR 치료 후에도 여전히 그 사건 자체가 기분을 가라앉게 할 수 있지만 더 이상 그 사건에 휘둘리지는 않는다. 치료자는 당신의 새로운 감정과 생각, 행동이 일상생활에 잘 녹아들도록 도와준다.

내담자는 EMDR 과정을 어떻게 기술하는가

EMDR을 접해보기 전에는 EMDR 작업이 다소 추상적으로 보일 수도 있다. 내담자들은 종종 내게 EMDR을 하면 어떤 기분이 드는지 물어본다. 이 흥미로운 질문을 받을 경우 나는 내가 내담자로서 직접 경험한 것을 들려준다.

내 치료자가 회기를 시작하면 나는 어떤 이미지를 떠올리고 그 이미지와 연관된 부정적인 신념, 감정, 신체 감각을 인식한다. 양측성 자극을 받을 때 내 처리 과정은 감각적으로 변한다. 가끔은 아무런 맥

락 없이 신체 감각만 느껴지기도 한다. 예컨대 흉통, 호흡곤란, 손의 열감, 이 악물기 등이 나타난다. 나는 악기들이 서로 다른 음을 내는 것을 듣듯 내 몸에서 감각이 옮겨 다니는 것을 지켜본다.

EMDR 기차가 멈춰서면 나는 그 순간 떠오르는 것을 치료자에게 보고한다. 그것은 이미지나 생각, 감정, 감각일 수 있다. 새로운 이미지가 떠올라 어떤 이야기를 시작하기도 하고 새로운 통찰이 생기기도 한다. 이 과정은 단 한 번도 같았던 적이 없고 나를 굉장히 놀라운 곳으로 데려갔다. 나는 늘 내가 상담실에 앉아 있고 앞에 치료자가 있음을 자각하며 내면에서 신비롭게 펼쳐지는 과정을 목격했다.

EMDR을 실제 경험해본 바에 따르면 트라우마 기억이 어떻게 펼쳐질지, 그 과정에서 내담자가 무엇을 배울지 미리 알 수는 없다. 나는 내담자에게 EMDR 기차를 타고 가면서 트라우마를 처리하는 과정이 어떻게 느껴지는지 물어본다. 다음은 내담자들이 대답한 내용 중 일부다. 이것을 소개하는 이유는 당신이 EMDR 과정에 어떤 기대를 해도 좋은지 미리 보여주기 위해서다.

> "부정적인 생각을 흘려보내고 앞으로 좀 더 도움을 주는 반응을 선택할 수 있도록 내면화하는 과정이에요."

> "깨어서 꿈을 꾸는 것 같아요. 감정을 유발하는 이미지를 앞에 두고 앉아 그 감정이 내 몸 어디에서 느껴지는지 목격하는 거죠. 그 느낌은 때로 감정과 기억, 내 몸 특정 부위의 감각을 일깨워요. 그

느낌과 감각, 감정이 지나갈 때까지 깨어서 꿈을 꾸다 보면 어느새 또 다른 곳에 도달해 있죠. 꿈속에서의 이동시간은 아주 짧아서 안도감을 주는 어떠한 말도 필요 없어요. 이 과정에서 깨달은 게 있어요. 그것은 기분이나 감각을 느끼지 않으려고 회피하는 게 그것을 아무렇지 않게 여기며 함께하는 것보다 훨씬 더 어려운 일이라는 거예요. 이제 EMDR 회기 초반에 느끼던 불편함이 더 이상 나를 지배하지 못해요."

"정말 강력해요. 양손에 하나씩 쥔 작은 진동기가 교대로 진동한다고 하면 우스꽝스럽게 들릴 수도 있겠지만 그래도 효과가 있어요. 왠지 모르게 제가 달라진 것 같은 느낌이 들어요. 가끔 슬프거나 화가 나거나 두려웠는데 그런 감정을 수년간 꽉 쥐고 왔다는 걸 알았어요. 마치 수위가 높아진 댐이나 금방이라도 끓을 듯한 물처럼 느껴지고 그것이 몸 안에 물리적으로 존재하는 것 같아요. 이 느낌을 밖으로 완전히 내보낼 때 엄청난 카타르시스가 느껴져요. 그때 기분이 좋아질 뿐 아니라 새롭고 더 만족스러운 것, 예컨대 기쁨이나 희망 또는 기분 좋은 감각을 담을 공간이 생기죠."

"치료 초기에는 정서적·신체적으로 더 불편해질 수도 있어요. 감정 동요나 신체적 불편함이 나타나기도 하니까요. 하지만 진동기에서 진동을 느끼는 즉시 치유가 시작돼요. 아픔과 눈물, 신체적 불편함이 있을 수 있으나 이 작업은 그 모든 고생을 감수할 만큼 충분히 가치가 있어요."

"감정을 많이 끌어내기 때문에 이 과정이 어렵게 느껴졌어요. 너무 힘들어서 치료를 지속할 수 있을까 싶었죠. 당신의 공감 어린 지도와 격려로 저는 절묘한 해결책을 찾은 듯한 기분으로 치료를 마칠 수 있었어요. 그 일을 완전히 잊은 건 아니지만 고통스러운 감정에서 벗어났고 제 어린 시절의 일정한 패턴을 알아차리게 되었어요. 제겐 그때도, 지금도 용기가 있음을 깨달았죠."

"이 치료의 주된 특징 중 하나는 부정적 느낌을 긍정적 느낌이나 수용 가능한 관점으로 바꿔놓는다는 점이에요. 진동기는 마음의 안정을 유도하는 데 탁월한 힘이 있어요."

EMDR 단계는 어떻게 진행하는가

EMDR 치료에는 절차가 있고 시간 순서로 크게 과거, 현재, 미래로 나뉜다. 모든 심리 치료가 그러하듯 EMDR 치료도 과학이자 예술이다. 그렇다고 한 가지 방식만 고수하지는 않는다. 단 한 번의 회기만으로 모든 것을 치유하는 마술적인 치료도 아니다.

지금부터 내가 설명하는 것과 당신의 치료 과정이 정확히 일치하지 않을 수도 있다. 그래도 당신의 치료자가 하는 작업 범위에서 크게 벗어나지 않을 것이다. 당신의 트라우마는 고유한 경험이고 치료자는 언제 어느 때든 당신에게 잘 맞는 작업을 하도록 훈련을 받았다. 때론 치료 단계를 순서대로 진행하지 않거나 약간 변화를 주기도 하는데 이는 치료기간도 마찬가지다.

치료자는 당신의 요구사항, 진행 속도 그리고 이 작업을 삶에 통합하는 능력에 관해 임상적 판단을 내린다. 치료 구성은 당신이 겪는 문제와 증상에 따라 수정할 수 있다. 물론 어떻게 수정하든 그 초점은 성공적인 EMDR 치료에 둔다.

당신이 안전하다고 느끼는 것이 EMDR에서 가장 중요한 부분이다. 그래야 목표기억Target을 명확히 정하고 양측성 자극으로 기억 네트워크를 자극해 트라우마를 처리할 수 있다. 안전장치는 회기를 끝내기 전에 마련해야 한다. 이것이 다음 회기까지 기운을 내 일상생활을 효율적으로 하게 만드는 방법이다. 당신과 당신의 치료자는 성공적인 치료에 필요한 것이 무엇인지 함께 고민하고 찾아간다.

이제 EMDR 치료의 여덟 단계를 살펴보며 앞으로의 치료 여정에서 무엇을 기대할 수 있는지 알아보자. 여덟 단계는 크게 두 부분, 즉 기초 다지기와 EMDR 트라우마 회기로 나뉜다.

기초 다지기

기초를 다지는 작업으로 치료자는 당신을 더 상세히 파악하고, 당신은 자신의 삶에 역기능적 영향을 미치는 고통스러운 과거 경험을 처리할 준비를 한다. 내담자의 과거력을 청취하는 것과 준비 작업이 여기에 속한다. 치료자가 당신을 잘 파악하고 견고하게 기초를 다질수록 당신은 치료 과정을 더 안전하게 느끼면서 트라우마 작업을 효과적으로 해낼 수 있다.

1 단계: 내담자의 과거력

이 단계에서 치료자는 당신을 더 잘 파악한다. 이를테면 당신의 과거력을 면밀히 탐색해 현재 당신을 괴롭히는 증상, 문제, 행동을 이해하기 시작한다. 치료자는 당신이 어떤 트라우마를 경험했는지, 지금 당신에게 영향을 미치는 사건이 무엇인지에 주목한다. 또한 당신의 강점과 당신에게 기쁨을 주는 것도 찾아본다. 이 단계에서 당신과 치료자는 추후 EMDR로 작업할 트라우마 조각들을 확인한다.

2 단계: 준비

이 단계에서 당신과 치료자는 신뢰를 쌓기 시작한다. 아울러 내적으로 더 강해지는 방법, 마음의 안정을 도모하는 방법처럼 실제 생활에서 사용 가능한 기법을 배운다. 이때 치료자는 EMDR 치료법과 이 치료로 무엇을 기대할 수 있는지 설명해준다.

EMDR 트라우마 회기

EMDR 트라우마 회기는 여섯 단계, 즉 평가, 민감소실, 주입, 신체검색, 종료, 재평가로 구성되어 있다. 이들 단계는 안전하게 최상의 치료를 할 수 있는 순서로 진행한다. 이 시점이면 당신과 치료자는 어떤 트라우마(과거의 고통스러운 사건)를 먼저 다룰지 정한 상태일 것이다. 평가 단계에서는 처리를 시작하기 위한 기본 환경을 설정하는 데 주안점을 둔다. 설정을 완료하면 치료자는 민감소실과 주입 단계에서 트라우마 사건의 재처리를 촉진한다. 적절한 시점에 치료자는 신체 검색 단계로 넘어가 트라우마를 충분히 처리했음을 확인한다. 모든 회기는 종료 단계를 거쳐 트라우마를 안전하게 느끼는지, 기분이 괜찮은지 확인하고 끝낸다. 마지막으로 모든 트라우마 작업은 그다음 회기에 치료자를 만나 재평가한다. 이는 재처리 완료 상태를 확인하는 과정이다.

3 단계: 평가

당신과 치료자는 EMDR에서 보통 '목표기억'이라 부르는 것을 확인한다. 목표기억은 실제 트라우마, 고통스러운 기억 또는 당신이 작업해야 하는 문제다. 치료자는 목표기억을 정확히 확인하고 평가하기 위해 일련의 질문을 한다. 당신은 특정 트라우마 기억의 한 부분인 이미지, 감정, 신념, 신체 감각을 찾고 다음 단계를 준비한다.

4 단계: 민감소실

이 단계에서는 트라우마 기억 처리가 이뤄진다. 치료자는 양측성 자극으로 뇌를 활성화해 트라우마의 여러 요소를 재처리한다. 이때 트라우마를 완전히 처리했는지 판단하는 데 도움을 주는 척도를 사용한다.

5 단계: 주입

당신이 트라우마 기억을 처리하면 자연스럽게 스스로를 신뢰하는 긍정적 신념이 생겨난다. 이 단계의 목적은 목표기억 사건(트라우마 사건)과 새로 생긴 긍정적 신념을 완전히 통합하는 데 있다. 당신은 새로운 긍정적 신념을 예상하는 미래 사건과 통합하고 치료자는 양측성 자극으로 이를 강화한다. 이때 새로운 신념을 얼마나 사실처럼 느끼는지 평가하는 척도를 사용한다. 주입을 완료할 때 새로운 신념은 완전히 사실처럼 느껴진다.

6 단계: 신체검색

치료자는 당신에게 트라우마 기억의 원래 이미지와 새로운 긍정적 신념을 함께 떠올린 상태에서 몸에 어떤 긴장감, 통증, 불편함이 느껴지는지 쭉 검색해보라고 요구한다. 만약 어떤 신체적 불편함이 조금이라도 남아 있으면 양측성 자극으로 처리하고 그렇지 않으면 다음 단계로 넘어간다.

7 단계: 종료

치료자는 당신이 회기를 마치고 일상으로 돌아갈 준비를 갖췄는지 확인한다. 즉, 당신이 EMDR 회기 후 벌어지는 일에 대비하게 해 현실에서 잘 지낼 수 있도록 한다.

8 단계: 재평가

다음 회기에 치료자와 당신은 이전 회기에 작업한 트라우마 조각을 모두 처리했는지 혹은 아직 작업해야 할 것이 남아 있는지 평가한다.

각 단계에 필요한 시간은 당신이 다루고자 하는 트라우마의 수와 심각도 그리고 당신에게 힘을 주는 사회적 지지 체계에 따라 달라진다. 일단 기초 작업을 완료하면 EMDR 트라우마 회기가 시작된다. 트라우마 작업을 완료했다는 느낌이 들 때까지 그 작업을 통합하는 데 도움을 주는 다른 치료 방법과 EMDR 치료를 교대로 사용할 수도 있다.

어떤 사람은 이 모든 과정을 몇 회기 만에 끝내고 또 어떤 사람은 그 과정이 훨씬 더 길게 이어진다. 즉, 이 작업을 수행하는 데 필요한 회기 수는 여러 변인에 따라 달라진다. 반복해서 말하지만 EMDR은 한 번의 회기로 끝나는 치료법도, 의학적 상식을 엄격하게 요구하는 치료법도 아니다. 주의할 것은 비전문가가 자신을 상대로 EMDR을 연습하게 하면 안 된다는 점이다. 트라우마를 치유하고 증상을 약화하거나 제거하려면 자격을 갖춘 치료자와 함께 작업해야 한다. EMDR은 효과가 검증된 안전한 치료법이다.

어떻게 EMDR을 발견했나

여타의 효과적인 치료법처럼 EMDR도 우연한 기회에 발견했다. 그러나 유명한 과학자 루이 파스퇴르가 "관찰의 영역에서 기회는 준비된 자에게만 찾아온다"라고 했듯 위대한 발견은 우연만으로 가능하지 않다. 아무튼 파스퇴르도 우연한 기회에 치료법을 발견한 과학자 중 한 명이다. 파스퇴르가 콜레라 치료법을 찾기 위해 실험하고 있을 때, 그의 조수 중 하나가 시간이 오래 지나 약해진 콜레라 배양균을 닭에게 주사했다. 모두가 닭이 콜레라에 걸려 죽을 것이라고 예상했으나 결과는 달랐다. 닭은 콜레라를 조금 앓다가 금방 회복했고 이후 다시 콜레라균을 접종해도 더 이상 그 병에 걸리지 않았다. 백신의 원리를 발견한 순간이었다.

이 외에도 여러 가지 사례가 있다. 빌헬름 뢴트겐Wilhelm Röntgen은 전기 방전 실험을 하던 중 우연히 전기 방전관과 바륨으로 코팅한 스크린 사이에 손을 넣었는데 그 순간 피부를 투과해 뼈가 보이는 것을 목격했다. 그도 이처럼 우연한 기회에 엑스레이를 발견했고 이것으로 노벨상까지 수상했다. 미생물학자 알렉산더 플레밍은 실험실에서 세균을 배양하며 많은 시간을 보냈다. 하루는 세균을 배양하는 페트리 접시에 곰팡이가 생긴 것을 발견했다. 그 곰팡이는 열려 있는 창문으로 들어온 것이었다. 그는 현미경으로 곰팡이가 있는 부분만 세균이 죽어 있는 것을 확인했고 이로써 인류의 생명을 구한 페니실린을 발견했다.

오랜 연구 끝에 우연히 대단한 현상을 발견한 과학자들의 사례를 보면 프랜신 샤피로의 EMDR 발견도 그리 놀랄 일은 아닌 것 같다. 1987년 샤피로는 심리학을 전공하는 대학원생이었다. 당시 그녀는 어떤 일로 화가 나서 그 일과 연관된 기억, 생각, 감정에 휩싸여 있었다. 하루는 기분 나쁜 상태로 공원을 걷는데 갑자기 그녀를 힘들게 하던 생각과 감정이 사라졌다. 놀라움과 안도감이 느껴지는 동시에 의아한 생각이 든 그녀는 일부러 그 기억과 생각, 감정을 다시 떠올려보았다. 그런데 놀랍게도 그 기억들이 더 이상 이전만큼 고통스럽지 않았다. 프랜신 샤피로는 어떻게 그런 일이 일어난 것인지 그 이유를 알고 싶었다.

무엇이 변화를 일으킨 걸까? 그녀는 자신이 무엇을 하고 있었는지 마음속으로 되짚어보았다. 화가 나 있었고, 공원을 걸었고, 주변을 둘러보았고, 좌우로 흘낏 쳐다보았다. 화가 날 때 공원을 산책하며 주변을 둘러보는 것은 자주 하던 일이었다. 이전에도 여러 번 해봤지만 이 정도의 안도감은 느낄 수 없었다. 곰곰 생각해보니 이전에는 좌우로 흘낏 쳐다본 적이 없었다. 호기심에 그녀는 실험을 해보았다. 눈을 좌우로 빠르게 왔다 갔다 하자 고통스러운 기억과 생각을 둘러싼 감정의 강도가 점차 줄어들었다. 왜 그럴까? 도무지 이유를 알 수 없었다. 그렇지만 그 움직임이 고통을 상당히 줄여준다는 것을 알았기에 계속 실험을 했고 마침내 이것이 꽤 중요한 발견이라는 확신이 들었다.

이후 샤피로 박사는 친구와 대학 동료들을 상대로 실험을 했고 자신의 발견이 그들에게도 적용된다는 것을 확인했다. 그녀는 그들에게 어떤 고통스러운 일을 떠올린 뒤 눈을 좌우로 빠르게 움직이도록 했다. 그들 중 일부가 빠른 안구운동REM, Rapid Eye Movement을 어려워하자 그녀는 직접 그들의 눈앞에서 손가락을 좌우로 움직여 눈동자가 손가락을 따라오게 했다. 나아가 눈 움직임의 속도와 방향에 변화를 주어 가장 효과적인 방법을 알아냈다. 사람들이 고통스러운 기억과 더 확실하게 연결되도록 만드는 질문도 고안해냈다. 이 과정을 거쳐 마침내 샤피로 박사는 EMD 또는 안구운동 민감소실 요법이라 불리는 치료법을 개발했다.

주위 사람들을 대상으로 한 실험에서 긍정적인 결과를 얻은 샤피로는 외상 후 스트레스 장애PTSD, Post Traumatic Stress Disorder로 고통받는 사람들에게 EMD를 시도해볼 용기를 냈다. 그녀는 죽음·심각한 부상·자해·타해 같은 실질적 위협이 있는 트라우마 사건을 직접 경험하거나 목격했을 때, 강렬한 두려움·무력감·공포를 느꼈을 때, 그것이 외상 후 스트레스 장애로 발전할 수 있음을 알고 있었다. 트라우마 사건이 벌어지는 순간 사람들은 굉장히 압도적인 경험을 하는데 이 사건은 이후에도 뇌리에서 떠나지 않고 계속 문제를 일으킨다. 외상 후 스트레스 장애로 고통받는 사람들은 종종 기억, 생각, 꿈, 악몽에 시달린다. 늘 닥쳐올 위험에 대비하려다 수면장애, 짜증, 분노, 집중력 감퇴, 과다각성Hyperarousal 등의 문제도 겪는다. 때로는 현재의 사건이 과거 트라우마 사건을 떠올리게 해 그 일이 실제로 재현된 듯 느끼기도 한다. 많은 참전 군인이 경험하는 플래시백Flashback이 여기에 해당한다. 외상 후 스트레스 장애로 고통받는 사람들은 삶에서 경험하는 일상적인 스트레스를 생명을 위협하는 것으로 해석하기도 한다. 그들의 생존반응, 즉 싸움, 도망, 얼어붙음은 너무 빠르고 무의식적이라 실제로 위협적이던 과거 상황과 아무런 위협이 없는 현재 상황을 구별하는 것이 불가능하다. 두말할 필요 없이 이런 증상 중 어느 하나만 있어도 개인의 삶과 인간관계에 막대한 해를 끼친다.

프랜신 샤피로는 자신이 발견한 것을 더 깊이 이해하고 확장하기 위해 22명의 외상 후 스트레스 장애 환자를 대상으로 연구를 진행했다. 그 연구에는 성폭행이나 성 학대를 경험한 피해자와 베트남전쟁 참전 군인이 참여했다. 그녀는 연구 참여자를 통제집단과 실험집단으로 나눈 뒤 각각 한 회기의 치료를 받게 했다. 통제집단 참여자는 당시 치료자들이 가장 효과적이라고 생각한 치료법에 근거해 트라우마 사건을 가능한 한 구체적으로 기억해 설명하게 했다. 이 집단은 EMD 치료를 받지 않았다. 실험집단은 EMD 치료를 받으면서 트라우마 사건을 회상했다. 회기가 끝난 뒤 EMD 치료를 받은 실험집단은 증상이 호전되었고 불안감도 줄었다고 보고했다. 반면 통제집단은 증상에 약간 변화가 있거나 전혀 변화가 없다고 보고했다(차후 통제집단은 EMD 치료를 1회 받았다). 1~3개월 후 샤피로가 연구 참여자들을 다시 만났을 때 그들의 행동에 긍정적 변화가 일어났음을 확인할 수 있었다. 실제로 트라우마 증상과 불안 감소는 그들이 좀 더 자신감 있게 살아가도록 해주었다. 통제집단도 EMD 치료 이후 유사한 변화를 보였다(프랜신 샤피로, 1989a).

몇 년 뒤 3명의 EMDR 치료자가 이 연구를 반복 검증했다. 기초 연구는 동일하게 설계했으나 이 연구에서는 외상 후 스트레스 장애 환자 수를 남성 40명, 여성 40명으로 확대했다. 이들은 두 집단으로 나눴는데 실험집단은 세 번의 EMDR 치료 세션을 받았고, 통제집단은 어떠한 치료도 받지 않았다(연구를 마치고 나서 치료를 받았다). 이 연구에서는 두 집단 모두 치료 전과 후에 증상에 따른 고통 수준을 평가해 비교했다. 그 결과 EMDR 치료를 받은 실험집단의 증상은 눈에 띄게 감소했고 그 상태가 15개월 후 재평가할 때까지 이어졌다. 반면 통제 집단은 증상에 별다른 변화가 없었으나 차후 EMDR 치료를 받고 증상에 호전을 보였다.

한편 샤피로는 이 치료법을 계속 개선해 나갔다. 1990년 그녀는 EMD가 더 이상 이 치료법을 온전히 설명해주지 못한다는 것을 깨닫고 EMD를 EMDR로 수정했다. 그녀가 치료 과정에서 목격한 또 다른 현상을 설명하기 위해 재처리Reprocessing라는 단어를 추가한 것이다. EMD로 트라우마를 치료한 결과 내담자를 괴롭히던 부정적이고 고통스러운 이미지, 신념, 감정, 감각에 변화가 일어나고 역기능적이던 삶의 방식도 더 적응적으로 바뀌었다. 이것을 그녀는 적응적 정보 처리 과정AIP, Adaptive Information Processing이라 불렀다. 그녀는 AIP란 인간이 본래 지닌 신경학적 과정으로 이는 인간이 건강하고 적응적인 방향으로 나아가도록 도와주는데, EMDR이 그 과정을 시작하도록 만들어준다고 믿었다.

기억 정보는 지각에 기반을 둔 연상들의 연결로 이뤄진 기억 네트워크에 저장된다. 여기서 기억 네트워크란 게슈탈트Gestalt 혹은 이미지, 감정, 신념, 신체 감각을 통한 경험 전체를 가리키며 뇌 안에서 연상으로 모두 연결되어 있다(이 부분은 2장에서 더 자세히 살펴본다). 그런데 개인이 처리하기 어려운 어떤 충격적인 일이 발생했을 때 정보들은 뇌 안에서 기존의 방식과 다르게 저장된다. 즉, 트라우마와 관련된 정보들은 AIP와 연결을 이루지 못한다. 다른 한편으로 부정적인 기억뿐 아니라 긍정적인 정보와 기억도 기억 네트워크에 저장된다. 이에 따라 EMDR 과정을 시작하면 기존에 처리하지 못한 정보들이 AIP와 연결을 이루면서 기억의 여러 측면이 변화한다.

AIP 시스템의 또 다른 중요한 점은 그 과정이 역기능적 부분은 흘려보내고 좋은 부분은 그대로 유지하게 한다는 것이다. 기억은 사라지지 않는다. 지우개로 싹 지워 영영 사라지게 할 수는 없다. 대신 뇌가 고통스러운 부분을 흘려보내거나 처리하는 것은 가능하다. 트라우마 증상의 원인이 무엇이든 말이다. 부정적인 기억도 그 경험에 인식 변화가 일어나 다시 저장된다.

EMDR은 당신에게 너무 많은 트라우마 에너지와 부담을 안겨 삶을 망가뜨리는 이미지, 신념, 감정, 신체 감각 들을 처리하도록 도와준다. 이것을 처리하고 통합하면 당신의 고통스러운 증상은 줄어들거나 아예 사라진다. EMDR 치료로 당신은 트라우마 사건에 따른 불안감을 덜 느끼고 한 걸음 뒤에 서서 어떠한 불편함도 없이 그 사건을 중립적으로 떠올릴 수 있다.

치료 과정에서 사람들은 보통 자신과 타인을 향한 연민을 경험한다. 개인적으로 나는 EMDR 치료를 받고 내게 상처를 준 사람들을 다른 시각으로 바라보는 새로운 능력을 발견했다. 나 자신뿐 아니라 상대의 고통에도 깊은 연민을 느꼈고 덕분에 나는 더 확실하고 자유로운 방향으로 나아갈 수 있었다.

믿기 어려울 수도 있으나 EMDR을 하는 동안 벌어지는 일은 매우 아름다우며 어찌 보면 영적이기까지 하다. 오랜 시간 끌어안고 있던 트라우마 에너지를 몸 밖으로 발산하면 그것은 자유라는 새로운 감각을 만들어낸다. 나아가 감각이 더 선명해지고 당신의 실체가 자연스럽게 드러난다. 이것은 마치 베일이 벗겨지면서 보이지는 않아도 느낄 수는 있던 당신의 실제 본질이 드러나는 것과 같다. 내담자에게 일어나는 이 경이로운 현상을 목격하는 것은 내게 대단한 축복이다.

EMDR은 샤피로 박사의 위대한 발견 이후 20년간 외상 후 스트레스 장애 치료 연구를 활발히 진행해온 심리치료법 중 하나다. 지금은 다른 트라우마 치료로 확장하기 위한 연구가 한창 진행 중이다. 1995년에 설립한 국제 EMDR협회도 EMDR 표준 프로토콜과 EMDR 치료자 및 컨설턴트를 양성하는 한편 연구를 독려하고 전문가를 꾸준히 지원하고 있다. 앞으로 뇌 영상과 여타 신경학적 기술을 이용한 연구로 EMDR의 신경학적 기전에 관한 이해가 깊어질 전망이다.

2장 트라우마, 기억 그리고 당신의 뇌

우리는 늘 스스로 변화하고 자신을 새롭게, 활기차게 해야 한다.
그렇지 않으면 우리는 둔감해진다.

요한 볼프강 폰 괴테

트라우마란 간단히 말해 극심한 스트레스라고 할 수 있다. 좀 더 길게 설명하면 트라우마는 당신의 현재 삶에 지속적으로 부정적 영향을 끼치는 좋지 않은 과거의 어떤 경험을 말한다. 트라우마 치료자들은 트라우마 경험을 크게 빅-T big-T 트라우마와 스몰-t little-t 트라우마로 나눈다. 빅-T 트라우마는 예측하기 어렵고 공포감을 주며 자신이나 타인의 생명을 위협하는 사건에 따른 트라우마다. 전쟁, 강간, 성적 학대, 심각한 폭력, 갑작스런 사고, 자연재해, 예상치 못한 가족의 죽음 같이 충격적이고 극적이며 강렬한 감정을 유발하는 경험이 여기에 속한다. 이것은 대다수가 트라우마 사건으로 받아들일 만한 것으로 그 충격이 신체적, 성적, 심리적 증상으로 나타난다. 스몰-t 트라우마는 사건이 크든 작든 상관없이 당신이 감당할 수 없는 어떤 상황이 벌어져 고통을 겪고 그것이 일상을 방해하는 증상으로 이어지는 것을 말한다. 그 영향은 오래 지속되면서 자신과 세상을 향한 지각을 왜곡한다. 또한 자신감을 떨어뜨릴 뿐 아니라 일상생활과 대인관계에서 효율적이고 긍정적으로 행동하는 능력에 손상을 가한다.

당신이 경험한 트라우마가 빅-T든 스몰-t든 트라우마로 남은 사건은 실제로 일어난 일이다. 하지만 개인이 트라우마를 어떻게 경험하는가는 인식의 문제이기도 하다. 우리는 감각기관으로 우리가 경험하는 것을 여과한다. 그리고 당신의 현실은 그 트라우마 경험을 어떻게 인식하는지, 그것이 당신에게 어떤 의미가 있는지를 바탕으로 구성된다. 즉, 당신은 먼저 어떤 사건을 듣고 보고 냄새 맡고 맛보고 느낀다. 그런 다음 그것을 생각한다.

예를 들어 당신이 아무 생각 없이 거리를 걷다가 엄청난 속도로 돌진해오는 차를 보았다고 해보자. 그 순간 당신은 공포에 질려 두려움에 휩싸인다. 그때 차가 끼익하는 굉음을 내며 급제동하더니 당신과 충돌하기 직전 방향을 틀었다면? 당신은 나중에야 하마터면 자신이 죽을 뻔했다는 사실을 깨닫는다.

이후 당신은 불안감을 느끼며 '내가 부주의했어. 내가 어리석고 경솔해서 그런 일이 생겼어'라는 생각을 하는데 이는 트라우마 경험과 연결된다. 이처럼 트라우마 경험과 연결된 생각은 일상의 다른 부분에도 영향을 준다. 당신은 자신이 부주의하고 어리석고 경솔하다고 확신하며 매사에 더 조심하고 사소한 일에도 쉽게 불안해한다. 거리를 걷는 것 자체를 두려워할 수도 있다. 심지어 당신의 자녀가 도로변을 걸을 때조차 공포를 느끼기도 한다.

이는 외상 후 스트레스 장애 혹은 트라우마에 따른 스트레스 반응이다. 이처럼 과거의 트라우마 경험은 현재를 사는 당신의 현실 지각을 왜곡하고 행동에도 영향을 준다. 트라우마로 고통받는 사람은 과거 경험이 현재에도 일어나는 것처럼 지각하고 느끼는 탓에 지금은 실제 위험이 존재하지 않는다는 것을 알아차리기 어려울 수 있다. 아니면 실제로는 위험하지 않다는 것을 알아도 이성과 몸-마음 사이의 연결고리가 제대로 이어지지 않아 그것이 위험을 느끼는 감각과 느낌에 별다른 도움을 주지 않을 수도 있다. EMDR 치료자들이 이 과정을 어떻게 생각하는지, 왜 그렇게 생각하는지는 뒤에서 다룬다.

트라우마 증상들

트라우마로 고통을 겪는 사람들은 대개 과다각성, 즉 계속해서 경계하는 상태와 회피 사이를 왔다 갔다 한다. 경험하는 상황은 사람마다 다르지만 아래에 제시한 목록은 과다각성이나 회피와 관련된 증상을 이해하는 데 도움을 준다.

과다각성 증상

- 주의집중 곤란
- 수면 문제(입면장애와 수면 지속의 어려움)
- 과다 경계(항상 경계하는 느낌)
- 이전에는 방해받지 않던 소리나 환경적 요인에 예민하게 반응함
- 짜증, 분노, 폭발적인 감정 반응
- 악몽
- 트라우마 사건에 관한 반복적이고 침투적인 사고Intrusive Thoughts
- 현재 삶에서 그 사건이 다시 일어나는 것처럼 반응하거나 느낌
- 트라우마 사건의 일부를 떠올리게 하거나 형상화하는 내·외적 자극에 노출될 때 발생하는 강렬한 심리적 고통과 생리적 각성
- 플래시백(현재 그 사건이 일어나고 있는 것 같은 갑작스러운 느낌)

회피 증상

- 입면장애와 수면 지속의 어려움(종종 그 사건과 관련된 악몽을 꾸지 않기 위해)
- 트라우마 사건과 관련된 생각이나 느낌을 회피하려는 시도
- 트라우마 사건의 기억을 자극하는 상황과 활동을 회피하려는 시도

- 트라우마 사건의 중요한 부분을 회상하지 못함
- 주변 사람들과 자신의 일상생활에서 멀어지거나 분리된 듯한 느낌
- 이전에 느끼던 기분을 느끼지 못함. 무감각하거나 멍한 기분. 누군가를 보살피거나 사랑의 감정을 느끼기 어려움
- 어떤 활동에 관한 흥미와 즐거움 감소
- 불길한 예감. 한정된 미래를 예상하고 직업, 결혼, 자녀, 장래에 대한 계획이 없음

트라우마 사건을 겪으면 위에 열거한 증상 중 어느 것이라도 나타날 수 있고 그 반응은 무척 고통스럽다. 만일 현재 당신 자신이나 당신이 사랑하는 누군가가 트라우마로 고통을 받는다면 당신은 위 증상을 이미 알고 있을 것이다. 한 가지 혼란스러운 점은 트라우마 사건을 겪은 모든 사람이 트라우마 문제를 표출하는 것은 아니라는 사실이다. 가령 교통사고로 이어질 뻔한 충격적인 일을 겪어도 어떤 사람은 그 일을 그냥 흘려보내고 별다른 영향 없이 지낸다. 전쟁에서 돌아온 뒤 외상 후 스트레스 장애 증상 없이 잘 지내는 많은 참전 군인처럼 말이다.

왜 그럴까? 이 질문에 확실하게 대답할 수 있는 사람은 아직 없다. 다만 트라우마를 다루는 EMDR 치료자와 다른 전문가들의 경험을 종합해볼 때, 확실한 한 가지는 충격적인 사건이 나중에 트라우마로 남는 데는 아래에 기술한 다양한 요소가 영향을 미친다는 것이다.

- 이전의 트라우마 과거력
- 이전의 트라우마에서 회복된 정도
- 트라우마에 가족이 어떻게 대처했는가, 도움을 요청할 수 있었는가, 자신의 생각과 느낌을 말할 수 있었는가
- 성별
- 성격
- 연령
- 선호하는 방어기제
- 안전한 지지 체계가 있는가, 그것이 도움이 되는가
- 트라우마로 남을 만한 사건의 강도
- 정서적 안정감이나 취약함의 정도

뇌의 기본 구조

잠시 뇌를 생각해보자. 모든 생명체에는 뇌의 가장 원시적인 부분인 뇌간이 있다. 뇌간의 주된 역할은 생명유지의 기본 기능, 즉 호흡과 신진대사 과정을 의식적인 자각 없이 조절해주는 일이다. 이것은 사전에 프로그램된 기능으로 달리 말하면 여기에는 학습 기능이 없다.

중뇌 혹은 변연계는 학습, 기억, 정서를 담당하는 영역으로 편도체와 해마는 이 구조의 일부분이다. 이러한 중뇌는 감각으로 인식하는 모든 정보를 받아들이고 현재 경험을 과거 경험과 비교해준다.

신피질 또는 '생각하는 뇌'라 불리는 이 부분은 가장 나중에 진화한 영역으로 인간을 다른 동물과 구별해준다. 이것은 뇌의 집행기관으로 우리가 이성적 사고를 하게 해준다. 나아가 우리 자신의 생각과 감정을 스스로 반추해보도록 한다.

위협과 스트레스

앞서 설명한 요소가 충격적인 사건을 겪은 후 트라우마로 남을지 아닐지에 어떻게 영향을 주는지 이해하려면 스트레스를 알아야 한다. 스트레스Stress는 고통Distress의 줄임말로 '끌어내다' 혹은 '뜯어내다'라는 뜻의 라틴어 districtia에서 유래했다. 이 단어는 문자 그대로 '산산이 흩어진 상태'를 묘사한다. 극심한 스트레스를 한 번이라도 경험해본 사람이라면 이 말의 어원을 쉽게 수긍할 것이다.

스트레스가 뇌에 어떤 영향을 미치는지, 뇌 안의 화학적 변화가 기억에 어떤 영향을 미치는지를 이해하는 것도 중요하다. 뇌에서 일어나는 현상은 워낙 복잡해 이해하기가 어려운데, 이를 과학자들이 어떻게 설명하는지 핵심적인 부분을 요약해보겠다.

당신(혹은 동물)은 위협을 받으면 본능적으로 세 가지 방법 중 하나로 반응한다. 즉, 도망가거나 싸우거나 공포에 질려 얼어붙는다. 이 중 어느 것이든 당신의 교감신경계는 변연계를 통해 즉각 위협에 반응한다. 진화론적 입장에서 변연계는 뇌의 가장 오래된 영역이다.

여기에는 편도체라 불리는 작은 아몬드 모양의 부위가 있는데, 이것이 변연계에서 중요한 역할을 담당한다. 편도체는 정보를 비언어적으로 받아들이고 저장한다. 이 영역에 언어를 담당하는 능력이 없는 이유는 위협적인 상황에서는 말이 필요치 않기 때문이다.

비단뱀에게 잡아먹히기 직전인 침팬지, 아프리카 사바나에서 사자에게 공격당하기 직전의 얼룩말, 사무실에서 상사에게 심한 모욕을 당할 위기에 처한 비서의 입장을 상상해보면 이를 어렵지 않게 이해할 수 있을 것이다. 변연계는 인간에게 태초부터 있던 영역이며 그중 생명을 위협하는 상황을 가장 먼저 파악하는 것이 편도체다. 뇌 영역 중 이성적 사고를 관장하는 전전두엽이 위협적인 상황을 인지적 과정으로 처리하기 전에, 다시 말해 무슨 일이 일어나고 있는지 의식적으로 알아차리기도 전에 편도체는 당신이 지각하는 소리·냄새·맛·시각·촉각·몸이 느끼는 공간적 위치로 정보를 수집한다. 그런 다음 위협이 될 만한 것이 있는지, 그것에 어떻게 반응할 것인지(도망, 싸움, 얼어붙음) '결정한다Decides.' 결정한다에 따옴표를 붙인 이유는 우리가 이 단어를 주로 의식적 사고 과정으로 결정할 때 사용하기 때문이다. 여기서는 아무런 사고 과정도 포함되지 않는다. 편도체는 순전히 그 순간의 감정(아마도 두려움)에 기반을 두고 결정한다.

편도체의 역할을 맨 처음 발견한 사람은 뉴욕대학교 신경과학센터의 신경과학자 조지프 르두Joseph LeDoux다. 그의 연구는 신피질이 사고 과정으로 싸움과 도망 혹은 다른 어떤 적절한 반응을 결정하기 전에 편도체가 신경계를 어떻게 활성화하는지 보여준다. 좀 다르게 표현하면 우리의 감정은 편도체를 포함해 그 자체로 마음Mind을 갖고 있다. 이성적인 마음Rational Mind과 별개로 말이다. 외부에서 자극이 들어오면 편도체는 과거 경험을 알아보기 위해 즉각 기억 시스템을 스캔한다. 만약 현재 일어난 일의 어느 부분이 과거 트라우마 사건과 유사하면 편도체는 신경계를 활성화하고 동시에 신피질에 있는 조절 스위치는 위협의 정도를 평가해 우리가 위험 상황에 보다 효과적으로 대처하게 한다. 이때 편도체가 신피질보다 더 빨리 반응하는 까닭에 신경계는 과거 트라우마의 자극을 받는다. 이 과정에서 이성적 사고 과정은 감정에 압도당한다. 즉, 제대로 생각하는 것이 어려워진다.

편도체가 위험하다고 판단하면 우리 몸은 싸우거나 도망가거나 얼어붙을 준비를 하느라 스트레스 호르몬을 분비한다. 이전에 유사한 상황에 처한 적이 있다면 당신, 구체적으로 당신의 편도체가 그 위협에 잘 반응하도록 이미 패턴이 존재할 것이다. 예컨대 당신이 예전에 사자 사냥을 해봤거나 골치 아픈 상사와 일한 적이 있을 경우 당신은 그 과거 경험에서 위험 신호를 알아차리는 법을 배운다. 만일 하나의 새로운 상황이라면 패턴이 만들어지기 시작한다. 그 패턴 덕분에 앞으로 또다시 사자 사냥을 하거나 상사에게 대응할 상황이 생겼을 때 당신은 위협을 느꼈던 첫 번째 상황을 떠올린다.

행동 반응도 항상 있게 마련이다. 예를 들어 당신의 몸은 위협에 맞서 움직이거나 도망가거나 그 자리에 멈춰버린다. 별안간 위험하지 않다는 것을 알아차려도(알고 보니 사자가 아니라 집고양이다) 당신의 몸과 마음은 이미 당신을 보호하기 위한 반응을 시작한 상태다. 위협요인이 클수록 편도체를 비롯한 나머지 변연계 영역은 더 강하게 각성한다. 그리고 그 경험이 강렬할수록 기억 속에 더 오래 남는다.

일단 편도체가 위험한 상황이라고 판단하면 그 정보는 변연계의 또 다른 주요 영역인 해마를 스쳐간다. 여기서 '스쳐간다'고 한 것은 이 과정의 빠른 속도만 의미하는 것이 아니다. 보다 정확히 말하자면 당신은 무슨 일이 일어나고 있는지 의식적으로 알아차리지 못한다. 당신이 알 수 있는 것은 뭔가 좋지 않은 일이 일어나고 있는 듯한 느낌뿐이다.

해마는 들어오는 자극을 보다 이성적인 방식으로 평가하고 분류한다. 기억할 수 있는 유사한 사건이 있는가? 지각한 것은 정확히 무엇인가? 그것을 묘사할 만한 단어나 개념이 있는가? 사자? 집고양이? 어미사자? 새끼사자? 해마는 당신이 위험하다고 지각한 것을 따로 분류해 부신에게 아드레날린 호르몬을 분비하라고 명령한다. 호르몬이라는 말은 그리스어에서 유래한 것으로 '뭔가 움직이도록 하다'라는 뜻이다. 아무튼 당신의 몸과 마음은 생존하기 위해 작동하기 시작한다. 심장박동이 빨라지고 혈압이 올라가며 호흡이 가빠지고 땀이 난다. 몸 냄새가 달라지기도 하고(공포의 냄새) 싸우거나 도망가는 데 쓰이는 근육으로 피가 몰리면서 소화 기능은 멈춘다. 사자가 아직 당신을 공격하기 전이라면 사냥꾼인 당신은 창을 던지거나 커다란 나무 위로 올라가거나 수풀 속에 쪼그리고 앉아 사자가 식사한 지 얼마 지나지 않았기만 바랄 것이다.

위협요인이 지나가면 부교감신경이 작용해 당신이 안정을 되찾도록 도와준다. 그렇지만 스트레스가 지속되거나 그 강도가 높으면 이것이 원활하게 이뤄지지 않는다. 뇌에서 교감신경계의 싸우거나 도망가거나 얼어붙는 반응은 부교감신경계의 이완 반응보다 항상 우위에 있다. 만일 당신이 위협이 지속된다고 인지하면, 즉 사자를 피해 수풀 속에 숨어 있는 상태라면 시상하부는 코르티코스테로이드나 코르티솔로 알려진 스테로이드 호르몬을 분비한다. 코르티솔은 당신이 즉각적인 위협에서 살아남게 도와주긴 하지만 당신의 몸과 뇌에 아드레날린보다 더 오래 지속적인 영향을 준다는 문제가 있다. 심한 경우 기억의 저장·인출과 관련된 뇌세포에 손상을 가한다. 뇌세포들의 의사소통에 필요한 신경전달물질 기능을 방해하기도 한다. 특히 과다 분비된 코르티솔은 장기기억의 회상을 어렵게 만든다. 또한 심각한 위기상황에서 정신을 잃게 만들거나 그와 비슷한 느낌을 경험하도록 한다. 즉, 정신이 멍해지고 이전에 알고 있던 내용이 잘 기억나지 않는다. 이를 신경학적 용어로 '신경회로가 차단되었다'라고 표현한다.

물론 스트레스가 다 나쁜 것은 아니다. 조절 가능한 범위에 있는 적정 수준의 스트레스는 실제로 당신의 학습 능력을 높여준다. 몇몇 연구에서는 스트레스를 해소할 때 해마가 회복되고 새로운 신경세포가 형성된다는 것을 밝혀냈다. 반면 지속적이거나 강렬한 스트레스는 문제를 일으킨다. 앞서 말했듯 충격적인 사건을 겪은 후 이것이 트라우마로 남을지 아닐지에는 여러 요인이 작용하는데, 지속적인 스트레스에 노출되거나 아동기에 적절한 대처 기법을 학습하지 못한 것은 트라우마가 생기는 분명한 요인이다. 경직된 심리적 방어기제와 안전한 지지 체계의 부재는 당신을 더욱 취약하게 만든다. 또한 충격적인 사건의 영향력이 강력할수록 이것이 트라우마로 발전할 가능성이 크다.

성별도 영향을 주는데 여성은 좀 더 유리하다. 많은 여성이 스트레스 반응으로 싸우거나 도망가는 대신 다가가서 친구가 되는 식으로 반응한다. 여기서 다가간다는 것은 타인, 특히 아이를 보살핀다는 의미와 관련이 있다. 그리고 친구가 된다는 것은 친구와 통화하며 이야기하듯 사회적으로 상호작용하는 것을 가리킨다. 연구자 셸리 테일러Shelley E. Taylor(2000)는 여성에게 나타나는 '다가가서 친구 되기'는 자연선택으로 진화해온 것이라고 설명한다. 아주 오래전부터 스트레스 상황에서 도망가거나 싸우는 것은 임신과 자녀 양육을 도맡은 여성에게 좋은 대처 방법이 아니었다. 여성에게는 사회적 유대를 형성하고 이를 유지하는 것이 더 많은 자녀를 양육하기에 보다 나은 방법이었다는 얘기다.

이와 관련해 신경생물학적인 설명도 있다. 옥시토신은 스트레스에 반응하는 호르몬으로 남성과 여성 모두 분비하는데, 이는 쥐와 인간을 침착하게 만들어 불안을 줄이고 좀 더 사회적으로 행동하게 하는 기능을 한다. 남성과 여성 모두 옥시토신을 분비하지만 남성호르몬 테스토스테론은 옥시토신의 안정 효과Calming Effect를 떨어뜨리는 반면, 여성 호르몬 에스트로겐은 이를 증폭한다. 남성과 여성이 스트레스에 반응하는 방식의 차이는 왜 여성이 남성보다 평균 7년 정도 더 오래 사는지 설명해주기도 한다.

스트레스 호르몬과 기억

스트레스 호르몬 코르티솔은 당신이 싸우거나 도망갈 수 있도록 혈당을 근육으로 보내고 해마에 도달하는 포도당 에너지의 양을 줄인다. 해마는 학습과 기억 저장이라는 중요한 역할을 하는데, 코르티솔이 충분한 양의 포도당 에너지가 해마로 가는 것을 차단하면 학습과 새로운 기억을 만드는 해마의 기능이 손상된다. 이 사실은 동물실험으로 밝혀졌다.

한 연구에서 쥐에게 전기충격을 가해 스트레스를 받게 한 다음 그 쥐가 익숙하게 알고 있는 미로에 넣었다. 이때 전기충격을 받은 시점이 미로에 들어가기 4시간 전이든 2분 전이든 쥐는 별다른 문제를 보이지 않았다. 그런데 미로에 들어가기 30분 전에 스트레스를 주자 쥐는 미로를 탈출하는 길을 기억하지 못했다. 왜 그랬을까? 그 이유는 코르티솔이 기억에 영향을 주었고 특히 스트레스가 유발한 혈중 코르티솔 농도가 전기충격을 가한 지 30분 후 가장 높았기 때문이다.

참전 군인, 폭력이나 강간을 당한 여성, 정서적·신체적 학대로 지속적인 두려움을 느껴온 아동의 코르티솔 수준이 기억에 미치는 영향을 생각해보자. 만성적으로 코르티솔 수준이 높은 것은 일부 사람들이 트라우마 사건을 기억하지 못하는 이유 중 하나다. 또한 단기기억과 학습에 문제가 있는 것도 일생동안 겪은 스트레스가 커다란 원인이다.

또 다른 동물연구에서는 지속적으로 스트레스를 받은 쥐가 해마가 손상된 듯 그 이전부터 살아온 주변 환경을 탐색했다. 이전부터 살아온 곳을 학습하거나 기억을 유지하는 능력이 없어졌기 때문이다. 로버트 새폴스키Robert M. Sapolsky는 스트레스를 더 오래, 더 강하게 받을수록 코르티솔을 더 많이 분비하고 결국 해마가 손상될 가능성이 크다고 보고했다(1990). 이것이 심각한 이유는 시상하부가 코르티솔을 차단하도록 조절하는 곳이 해마인 까닭이다. 즉, 반복된 스트레스로 해마 세포가 손상되면 시상하부와 효과적으로 상호작용하지 못한다. 이 경우 당신은 충분히 이완하지 못하고 계속 각성 상태에 놓인다.

왜 충격적인 사건으로 받은 스트레스가 외상 후 스트레스 장애로 발전하는 걸까? 많은 연구가 충격적인 사건으로 스트레스를 경험하는 사람은 위협을 분류하는 해마의 능력이 손상되고, 편도체와 해마를 연결하는 신경전달물질에 혼란이 일어난다는 사실을 밝혀냈다. 위협을 분류하는 능력, 즉 무슨 일이 일어나고 있는지 이해하고, 나아가 얼마나 위험한지 평가하지 못하면 당신은 외부 자극에 단순하게 반응한다. 이는 의식적인 사고나 언어 중재 없이 처음에 느낀 위협 그대로의 감정과 감각(본 것, 들은 것, 냄새 맡은 것, 맛본 것, 느낀 것 그리고 당시 몸의 자세)이 편도체에 저장된다는 얘기다.

매사추세츠 주 브루클린에 있는 트라우마센터 책임자 베셀 반 데어 콜크 박사는 트라우마와 기억 분야 전문가로 EMDR 효과를 연구했다. 이 연구에서 그는 3회기 EMDR 치료 전과 후 SPECT 스캔(단일 방자 방출 단층촬영)을 시행했다. SPECT 촬영 영상은 뇌의 활성화 정도를 명암, 색조, 강도에 따라 다르게 보여준다. 예비 연구(통제집단 없이 6명의 실험참가자로만 진행한 연구)에서도 다루긴 했으나 이 연구는

EMDR 치료 후 대뇌피질에서 새로 처리한 기억이 변연계의 각성을 안정화하고, 결국 트라우마를 경험한 사람이 현재 느끼는 위협이 현실의 실제 위협인지 아니면 과거의 기억에서 지각한 것인지 구별할 수 있음을 밝혀냈다(우리 베르크만Uri Bergmann, 1998).

충격적인 사건을 경험한 것이 트라우마 반응으로 발전할 때 나타나는 증상은 본래의 충격에 따른 스트레스뿐 아니라 현재의 스트레스에도 영향을 미친다. 가령 트라우마에 따른 스트레스는 플래시백으로 나타날 수 있고 그 부정적 영향은 현재의 삶에서 경험하는 스트레스를 더욱 강화한다.

당신의 신경계가 유쾌하고 중립적인 이미지보다 고통스러운 이미지에 더 빠르게 반응한다는 것을 많은 연구가 보여주고 있다. 당신은 충격적인 사건을 잊으려 최선을 다하겠지만 그것과 연관된 이미지(생각이나 감정도)가 떠오르면 신경계는 당신이 의식적으로 알아차리기도 전에 민감하게 반응한다. 그 순간 당신은 이 반응을 의식적으로 자각하는 것이 아니기 때문에 당장은 자연스런 반응으로 느낄 수 있다. 하지만 실제로는 지속적인 스트레스 상황 아래 놓여 있는 셈이다.

트라우마로의 발전

충격적인 사건이 외상적 스트레스 반응Traumatic Stress Reaction으로 나타나면 무슨 일이 일어날까? 충격적인 사건을 별다른 증상 없이 삶의 한 부분으로 통합하는 것은 그 경험이 주는 의미뿐 아니라 그것을 기억하고자 하는 당신의 의지와 능력에 달려 있다. 트라우마 사건을 이야기할 때 우리는 종종 그 사건이 너무 압도적이고 무서워서 당시에는 그것을 처리할 수 없었다고 말한다.

이게 무슨 뜻일까? 현재까지 최선의 설명(과학적으로 검증이 가능한 교육적인 설명)은 충격적인 사건에 직면할 때 뇌는 이미지, 감정, 신체 감각, 냄새, 소리 같은 정보에 압도당하고 이는 즉각적이고 심각한 스트레스를 유발한다는 것이다. 스트레스는 해마에 손상을 가하고 해마와 편도체 사이의 연결에 혼란을 일으키는 신경화학적 활성화로 정상적인 정보 처리를 방해한다. 이 경우 본래의 고통스러운 경험이 기억의 파편으로 흩어져 편도체에 남는다.

이제 과학자들은 기억이 뇌의 특정 영역에만 저장되는 게 아니라는 것을 알고 있다. 실제로 동일한 기억도 다양한 자극을 어떻게 지각하느냐에 따라 뇌의 여러 다른 영역에 저장된다. 예를 들면 시각적 이미지는 시각피질, 소리는 측두엽, 냄새는 후각피질, 사고는 전전두피질, 감정은 편도체 등에 저장된다. EMDR 치료자들은 이렇게 흩어진 기억을 하나의 기억 네트워크로 연결한다. 기억 네트워크는 연상으로 연결되며 이들 기억은 사고, 감정, 감각일 수 있다. 이 네트워크는 무한한 가닥과 연결고리로 이뤄진 거미줄과도 같다. 당신의 몸과 마음에 영향을 주는 어떤 일이 발생하면 그것은 무언가가 거미줄을 건드린 것이나 마찬가지다.

전기적이고 화학적인 신경전달물질의 떨림은 뇌 전체에 빠르게 전달된다. 만일 당신이 지각한 것이 새로운 것이면 뇌는 새로운 별개의 기억을 형성한다(당신이 기억하는 것은 수많은 요인의 영향을 받는다). 어떤 일이 발생할 경우 대개는 다른 여러 가지 것(의식적, 잠재적, 무의식적으로)이 함께 떠오른다. 이러한 연상으로 과거의 기억은 현재의 경험과 연결된다. 프랜신 샤피로 박사에 따르면 우리가 트라우마를 겪으면 충격적인 사건과 관련된 사고, 기억, 이미지, 감정, 감각 등이 서로 연결되고 그 상태로 저장된다. 손상된 해마가 이들을 분류하는 데 실패하는 탓에 이들 정보는 원래의 고통스러운 상태 그대로 편도체 내에 기억의 파편으로 남는 것이다(프랜신 샤피로, 2011).

가령 최근 교통사고를 당한 생존자는 그 고통스러운 기억의 일부를 과거 유사한 자동차 사고 기억이 저장된 곳에 함께 저장해 기억의 파편을 유지한다. 이후 최근 사건(예를 들어 끽 하는 브레이크 소리)을 회상할 때마다 연관된 과거 사건(유리가 깨지는 소리, 피, 고통)의 기억을 떠올린다. 이는 충격적인 과거 사건과 관련된 특별한 자극이 없을 때도 일어날 수 있다. 만약 충격적인 경험이 당신의 삶에 잘 통합되어 있지 않다면 한 가지나 그 이상의 기억 파편은 언제든 명백한 이유 없이 당신을 자극할 수 있다.

만약 당신이 어떤 소리를 들었는데 불안해지면서 땀이 나기 시작했다고 해보자. 왜, 무엇이 걱정스러운 걸까? 소리 자체는 별것 아니다. 어떤 촉발요인은 의식에서 알아차리지 못할 수도 있다. 그런데 그것이 무엇인지 알지 못하면서 보거나 듣기만 해도 당신의 몸과 마음이 반응한다. 당신이 의식적으로 자각하지 못해도 현재의 자극이 고통스러운 기억 파편 중 하나를 자극하면 이는 트라우마 증상을 유발할 수 있다.

EMDR 치료자로서 나는 당신이 충격적인 사건을 잊었을 때는(기억하지 않기로 했든 기억하지 못하는 것이든) 당신의 경험을 처리하지 못한다. 이것은 아직 통합하지 않은 충격적인 사건을 설명할 때 내가 간혹 사용하는 은유다. 많은 과학자가 수면이 기억 형성에 중요한 역할을 하고 많은 단기기억이 당신이 자는 동안, 아마도 빠른 안구운동을 하는 렘REM수면(뇌는 깨어 있고 몸은 자는 신체의 잠-옮긴이) 동안 장기기억으로 바뀐다고 믿고 있다. 물론 모든 단기기억이 장기기억으로 저장되는 것은 아니다. 당신이 정말 중요하다고 생각하는 것은 의식적으로 기억할 수 있으나 하루 동안 당신이 경험하는 것은 대부분 장기적으로 기억할 만큼 그리 중요하지 않다.

당신이 자고 있을 때 뇌는 무엇을 장기기억으로 저장할지 결정해 당신에게 알려준다. 왜 뇌는 어떤 것은 기억하고 또 어떤 것은 기억하지 않도록 결정하는 것일까? 아직 정확히 밝혀지지 않았지만 몇몇 연구는 당신이 점심에 무엇을 먹었는가보다 정서적 공명Emotional Resonance을 수반하는 무언가를 더 잘 기억한다고 설명한다. 아직 처리하지 못한 충격적인 사건에는 늘 정서적 여운이 따른다. 해마가 제 역할을 다하고 편도체와 효과적으로 상호작용하는 상태라면 충격적 사건의 세부적인 부분은 분류되어 장기기억에 안정적인 기억으로 저장된다. 이 경우 당신은 트라우마 반응 없이 기억을 회상할 수 있다. 반면 충격적 사건 이후 기억 처리 과정이 미흡해 장기기억이 원래의 고통스러운 기억 파편으로 채워지면 이 트라우마 기억(관련된 다른 트라우마 기억까지도)은 일상의 평범한 사건에도 지속적으로 자극을 준다. 그러면 더 이상 증상을 억누르는 것이 어려워지고 당신은 삶과 대인관계를 방해하는 트라우마 증상을 경험한다.

외상 후 스트레스 장애를 겪고 있는가?

1970년대 베트남전쟁에서 돌아온 참전 군인들을 연구한 연구자들은 외상 후 스트레스 장애라는 공식적인 진단을 제안했다. 연구에서 얻은 정보는 트라우마를 이해하고 그것이 기억에 어떤 영향을 미치는지 알아내는 데 결정적인 역할을 했다. 현재 외상 후 스트레스 장애는 삶에서 끔찍한 일을 겪은 뒤 특정 증상으로 고통받는 사람들을 진단하는 공식적인 질환으로 인정받고 있다.

《정신장애 진단 및 통계 편람Diagnostic and statistical Manual of mental Disorders DSM-Ⅳ: American Psychiatric Association》(1995)은 외상 후 스트레스 장애를 이렇게 설명한다.

"개인이 자신과 타인의 실질적인 죽음 혹은 생명의 위협을 느낀 사건이나 심각한 부상을 비롯해 자신과 타인의 신체적 온전성에 가해진 위협을 경험·목격·직면하는 것처럼 트라우마가 될 만한 극심한 스트레스 요인에 노출되어 특징적 증상을 보이는 것"

만일 당신이 트라우마로 고통을 받고 부정적인 생각과 문제,

행동을 반복하고 있다면 EMDR 치료가 도움을 줄 수 있다. EMDR 치료가 트라우마로 고통받는 사람들에게 효과적임을 입증하는 연구는 아주 많다. 한 가지 기억해야 할 것은 트라우마는 단순히 어떤 사건이 일어났느냐가 아니라 개인의 주관적 경험으로 정의한다는 점이다. 프랜신 샤피로는 자신의 저서 《안구운동 둔감화 재처리법》(2011)에 다음 사례를 소개하고 있다. 이 사례를 읽어보면 내가 말하고자 하는 바를 더 잘 이해할 수 있을 것이다.

- 베트남전쟁, 한국전쟁, 2차 세계대전에서 살아남은 참전군인 중 전통적인 정신치료법으로 도움을 받지 못한 사람들이 EMDR 치료 후 PTSD 증상이 의미 있게 감소했음을 발견했다(사례의 자세한 내용은 2부 13장 참조).
- 성폭행 피해자들이 EMDR 치료로 정서적 위안을 얻고 삶을 새로운 자세로 대했다(사례의 자세한 내용은 2부 14장 참조).
- 외과환자, 사고와 화재로 고통을 경험한 사람들 중 신체적 기능을 회복한 뒤 EMDR 치료를 받은 사람은 삶을 온전히 살아갈 수 있게 되었다고 말했다.
- 범죄 피해자와 응급처치 요원들이 폭행에 따른 트라우마를 EMDR 치료로 해결했다.
- 학대, 폭행, 자연재해로 고통받던 아동 피해자들의 증상이 EMDR 치료로 호전되었다(사례의 자세한 내용은 6장 참조).
- 해결하지 못한 슬픔과 가족의 갑작스러운 죽음으로 고통받

던 유족이 EMDR 치료로 슬픔에서 벗어났다(사례의 자세한 내용은 2부 11장 참조).

○ 약물중독, 병적 도박꾼들이 EMDR 치료로 안정을 찾고 재발 가능성이 낮아졌다고 보고했다.

○ 예술가, 운동선수, 사업가들은 EMDR이 실행에 따른 불안을 줄이고 수행 능력을 높여주었다고 보고했다(사례의 자세한 내용은 2부 16장 참조).

○ 아직 EMDR 치료가 공포증에 얼마나 효과적인지 충분한 연구가 이뤄지지 않았으나 비교적 많은 자료들이 EMDR 치료가 도움을 준다는 것을 보여주고 있다(사례의 자세한 내용은 2부 15장 참조).

외상 후 스트레스 장애를 정확히 진단하려면 검증받은 의사나 치료자에게 심층 평가와 진단을 받아야 한다. 그러나 아래 질문 목록 중 혹시 당신에게 해당하는 것이 있는지 살펴보기 바란다. 질문에 '그렇다'라는 답이 많이 나온다면 전문가를 찾아가 조언을 구하고 EMDR 치료를 고려해보는 것이 좋다.

설령 트라우마 사건을 경험한 적이 없다고 생각할지라도 다음 증상은 당신의 삶에 트라우마가 있었음을 알려주는 지표일 수 있다. 트라우마는 당신의 삶을 방해하는 증상을 몸과 마음이 지각하고 유지하게 하는 어떤 사건이라는 점을 기억하기 바란다.

○ 외상 후 스트레스 장애 증상 체크리스트 ○

☐ 나는 생명에 위협을 느낄 만한 어떤 충격적인 사건을 경험했다.

☐ 나는 생명에 위협을 느낄 만한 어떤 충격적인 사건을 목격했다.

☐ 내게는 떠올리면 고통스러운 이미지나 기억이 있다.

☐ 나를 압도하는 반복적인 생각이 있고 그것 때문에 내가 원하는 것에 집중하기가 어렵다. 또는 원치 않는 생각이 계속 반복되고 그것을 멈출 수가 없다.

☐ 나는 현재 삶에서 그 사건이 반복해서 일어나고 있는 것처럼 느껴진다.

☐ 어떤 것은 그 사건을 떠올리게 해 나를 혼란스럽게 만든다.

☐ 그 사건이 생각날 때마다 나는 땀이 나거나 몸이 떨리거나 숨 쉬기가 힘들어진다.

☐ 나는 그 사건을 떠올리게 할 만한 것이면 무엇이든 피하려고 한다.

☐ 나는 그 사건을 이야기하는 것이 너무 힘들어 가급적 말하지 않으려고 애쓴다.

☐ 나는 삶에서 그 어떤 것도 더 이상 즐겁지가 않다.

☐ 내 가족과 친구가 가깝게 느껴지지 않는다. 나는 대체로 내가 혼자라고 느낀다.

☐ 나는 내 감정을 느끼는 것이 어렵고 모든 것이 무미건조하게 느껴진다.

☐ 때로 내 인생이 곧 끝날 것 같은 느낌이 든다.

☐ 나는 잠들기 어렵거나 자다가 자주 깬다.

☐ 나는 쉽게 짜증을 내며 화가 폭발한다.

☐ 내가 하고 있는 일에 집중하기가 어렵다.

☐ 나는 쉽게 주의가 산만해진다.

☐ 나는 절벽 위에 서 있는 것처럼 느껴진다.

- ☐ 나는 긴장을 늦출 수가 없다. 항상 긴장한다.
- ☐ 나는 쉽게 놀란다.
- ☐ 나는 악몽을 꾼다.
- ☐ 나는 그 사건의 다른 부분을 회상하는 것이 어렵다.
- ☐ 나는 내가 하는 일에서 거의 즐거움을 느끼지 못한다.
- ☐ 나는 미래가 빤할 것 같고 직업과 결혼, 아이를 갖는 데 실패할 듯한 느낌이 든다.

3장 EMDR 치료 단계

누군가가 내면 깊숙한 곳의 귀중하고 경청할 가치가 있고 신비롭고
성스러운 무언가를 표출해줄 때까지 우리는 스스로를 믿지 않는다.
우리가 스스로를 믿으면 호기심, 자발적인 기쁨,
인간의 정신을 드러내는 어떤 경험이라도 할 수 있다.

에드워드 에이틀린 커밍스Edward Estlin Cummings, 미국의 시인·소설가

3장에서는 EMDR을 여덟 단계로 설명해 치료의 각 단계에 좀 더 익숙해지도록 한다. 교통사고에 따른 트라우마 증상을 치유하기 위해 EMDR 치료를 받은 토드의 사례가 이해를 더해줄 것이다. EMDR 치료의 각 단계를 보여주는 이 사례는 EMDR 치료에서 어떤 작업이 이뤄지는지, 내담자가 무엇을 하는지 감을 잡는 데 도움을 준다. 다만 모든 내담자의 처리 과정이 각기 다르므로 당신이 치료 과정에서 보고 느낄 것을 정확히 반영하는 것은 아님을 기억하기 바란다.

기초 작업

치료는 당신이 상담실에 들어가는 순간부터 시작된다. 이때 치료자는 당신을 잘 알고 싶어 한다. 그래야 최선을 다해 당신을 도울 수 있기 때문이다. 기초 작업은 두 단계로 이뤄진다. 1단계는 내담자의 과거력 정보를 수집해 치료자가 당신을 더 자세히 알아가는 단계다. 2단계는 준비 단계로 트라우마를 안전하게 치료하기 위한 기반을 다진다. 그러면 기초 작업의 두 단계를 자세히 알아보자.

1단계: 내담자 과거력

EMDR 치료는 여러 단계로 이루어져 있다. 초반에는 치료자가 당신에게 개인적인 질문을 한다. 꼬치꼬치 캐묻는 것처럼 느껴질 수도 있지만 치료자가 당신의 과거력을 아는 것은 매우 중요하다. 당신을 이해하고 도우려면 당신이 살아오면서 어떤 경험을 했는지, 그것이 당신의 감정과 핵심 문제에 어떤 영향을 미치고 있는지 알아야 하기 때문이다. 또한 당신이 EMDR로 치료할 준비를 갖췄는지 평가할 필요도 있다. 치료자가 하는 질문은 아래와 같다.

현재 호소하는 문제

- 치료를 받으러 온 이유가 무엇입니까?
- 이 문제가 언제부터 시작되었습니까?
- 최초 사건은 무엇입니까?

- 어떤 증상을 경험하고 있습니까?
- 이 증상들은 언제 시작되었습니까?
- 현재 당신을 화나게 하거나 자극하는 일이 있습니까?
- 치료의 목적이 무엇입니까?

가족력

- 가족과의 삶은 전반적으로 어떠했나요?
- 부모님은 어떤 분이었나요?
- 당신의 기억에 오래도록 각인된 중요한 사건들이 있습니까?
- 부모님이 약물중독이나 성 학대 혹은 다른 트라우마를 경험했나요?
- 당신 자신이 약물중독이나 성 학대 혹은 다른 트라우마를 경험했나요?

건강

- 현재나 이전에 약물 치료를 받은 적이 있습니까? 있다면 어떤 약을 복용했습니까?
- 현재 앓고 있는 질환이 있습니까?
- 자기관리를 위해 어떤 식이요법을 하고 있나요?
- 교통사고나 두부손상을 경험한 적 있습니까?

강점

- 어떤 긍정적인 기억이 있나요?
- 어떤 문제에 성공적으로 대처한 경험이 있나요?
- 당신 자신의 어떤 점을 좋아합니까?
- 스스로를 안전하고 강인하고 만족스럽게 느꼈던 때가 있습니까?
- 멘토나 닮고 싶은 사람 또는 당신에게 관심이 있거나 당신을 돌봐주는 사람이 있습니까?

목표

- EMDR 치료로 얻고자 하는 것은 무엇입니까?
- 무엇을 보고 이 치료의 완결 상태를 알 수 있을까요?

치료자는 다양한 방식으로 당신을 알아가려 할 것이다. 위 질문은 치료자가 할 수 있는 몇 가지 예에 불과하다. 과거력을 수집하는 과정은 당신의 인생사와 삶의 경험에 따라 한 회기에 끝날 수도, 여러 회기에 걸쳐 이뤄질 수도 있다. 이들 질문은 상당히 중요하다. 치료자가 당신을 잘 알고 서로 정보를 공유하며 공감하는 과정에서 신뢰와 라포Rapport(심리적 교감, 친밀도-옮긴이)가 형성되기 때문이다.

치료자와 내담자의 관계는 성공적인 치료의 기반이자 핵심 요소다. 당신이 이 치료를 신뢰하고 필요한 작업을 수행하려면 치료자를 편하게 느껴야 한다. 심각한 트라우마를 겪은 경우 누군가를 신뢰하는 것이 매우 어렵기 때문에 라포 형성에 시간이 더 걸릴 수 있다. 당신이 EMDR 치료를 하면서 안전함을 충분히 느끼는 것이 중요하므로 치료자는 당신과 함께 안전지대Safe Place 작업을 할 것이다. 트라우마를 처리하는 동안 치료자는 당신이 매 순간 경험하는 것을 알아야 한다. 그래야 당신을 안전하게 지키기 위해 적절한 판단과 결정을 할 수 있다. 질문하고 답하는 전 과정에서 두려움이나 염려가 조금이라도 느껴진다면 치료자에게 알려야 한다. 두려움은 치료에 영향을 줄 수 있으므로 치료자는 당신이 최대한 편안하고 안전함을 느끼도록 해준다.

내담자를 알아가는 과정에서 치료자는 과거 경험이 그들의 삶에 얼마나 많은 영향을 미쳤는지, 그것 때문에 현재 어떤 문제를 겪고 있는지 이해한다. 나는 가급적 최선을 다해 내담자를 이해하려 애쓰고 그들의 대답을 기반으로 치료 계획을 세운다. 치료 간격도 내담자의 의견을 반영해 결정한다. 어떤 내담자는 일주일에 한 번 치료하고 또 어떤 내담자는 일주일에 두 번 치료한다. 치료 초기에는 관계, 신뢰, 라포 형성을 위해 일관성 있게 만나는 것이 중요하다. 우선 나는 EMDR 정보를 제공하고 내담자가 무엇을 기대해도 좋은지 설명한다. 그리고 내담자의 질문을 경청하며 그들이 경험할 치료 과정을 이해할 때까지 충분한 시간을 보낸다.

나는 내담자에게 고통스럽고 위협적인 일이 벌어지면 인간도 동물과 마찬가지로 싸움, 도망, 얼어붙음 중 한 가지 방법으로 반응하도록 유전적으로 프로그램되어 있음을 말해준다. 교통사고나 전쟁처럼 반드시 빅-T라야 뇌에 트라우마로 남는 것은 아니다. 어떤 일을 제대로 처리하지 못하면 그날의 많은 사건이 몸과 마음에 스몰-t 트라우마로 저장된다.

"아름다움은 보는 사람의 눈에 따라 다르다"라는 속담처럼 트라우마도 신경계의 눈에 따라 다르게 저장된다. 누군가에게는 트라우마로 남을 일이 다른 사람에게는 아무것도 아닌 일로 여겨지고 그 반대도 마찬가지다. 심지어 교통사고를 당하고도 아무런 후유증이 없는 사람들도 있다. 그런가 하면 운전을 하다가 경찰관의 제재를 받는 단순한 사건도 트라우마로 남는 나 같은 사람도 있다. 나는 내담자들에게 이렇게 강조한다.

"스스로를 판단하지 마세요. 당신이 느끼는 방식이 잘못되었다고 말하는 다른 사람들의 말에 귀 기울이지도 마세요. 어떤 사건이 당신에게 트라우마로 느껴지거나 당신을 괴롭힌다면 그것은 트라우마입니다."

내담자들은 흔히 내게 묻는다. 왜 과거의 일을 잊지 못하는 것일까요? 왜 그 일이 그토록 상처를 주는 걸까요?

그것은 어떤 이유로든 당신의 신경계가 고통스러운 사건에 관한 감각 정보, 즉 당신의 감정과 생각뿐 아니라 당신이 보고 듣고 냄새 맡고 맛보고 느낀 것의 일부나 전부를 처리하는 데 실패해 몸과 마음에 갇힌 채 저장되어 트라우마로 남았기 때문이다. 때로 어떤 정보는 뇌에 저장된(실제거나 상상일지도 모르는) 다른 정보와 결합해 트라우마 증상을 악화한다.

기억은 뇌 안에서 연상으로 이뤄진 네트워크에 저장된다. 이해를 돕기 위해 자동차 충돌 사고를 예로 들어보겠다. 교통사고를 당하면 뇌는 과거에 유사한 사건을 경험한 적 있는지 확인하는 작업을 수행한다. 이때 과거의 정보는 실제일 수도 있고 상상일 수도 있다. 현재의 사건과 과거의 정보 간에 어떤 관련성을 확인하면 기억은 '자동차 충돌 사고 네트워크'상에서 연상으로 과거 기억과 연결을 이룬다. 때로 그렇지 않은 경우도 있는데 이는 뇌의 불가사의한 점이다.

기억이 어떤 식으로 저장되었는지는 치료를 시작하기 전까지 확실히 알 수 없다. 다만 신경계는 일반적으로 당신의 경험을 효율적이고 효과적으로 처리한다. 이 과정의 일부는 다른 사람과 대화하거나 생각하는 동안 일어나고 또 일부는 밤에 꿈을 꾸는 렘수면 동안 이뤄진다. 한데 주변 환경이 처리를 방해하거나 사건이 너무 고통스러워 마음이 차단되면 고통스러운 경험은 제대로 처리되지 않는다.

가령 참전 군인을 생각해보자. 참전 경험은 명백한 트라우마이고 초기에 EMDR로 치료한 트라우마 중 하나이기도 하다. 한 참전 군인이 가장 친한 친구가 총에 맞아 죽는 것을 목격했다고 해보자. 이후 그는 여러 날 동안 잠을 이루지 못한다. 친구의 죽음이 너무 괴로워 마음속에서 그 일을 지워버리려 노력한다. 하지만 완전히 정반대의 상황이 벌어진다. 끔찍한 사건(전쟁과 친구의 죽음)이 잊히기는커녕 그 기억이 얼어붙은 채 마음속에 갇히고 고통스러운 기억의 파편이 몸으로 느껴진다. 시간이 지나면서 그는 자신의 삶을 방해하는 말도 안 되는 여러 가지 증상을 경험한다. 이성적으로는 자신이 안전하다는 것을 알면서도 두려움을 느끼고, 잠을 이루지 못하고, 작은 소리에도 소스라치게 놀라고, 가족을 두려워하고, 악몽과 플래시백을 경험하고, 죄책감과 우울을 느낀다. 이 모든 증상은 과거 트라우마와 관련이 있다. 이 군인에게는 전쟁과 친구의 죽음이 현재 다시 일어나고 있는 것처럼 느껴질 수 있다.

내담자가 트라우마를 비롯해 트라우마가 몸과 마음에 미치는 영향을 더 많이 이해하면 EMDR 치료 용어인 목표기억을 정할 수 있다. 목표기억이란 기억 네트워크에 갇혀 내담자의 현재 삶을 괴롭히는 끔찍한 사건, 기억, 문제 들을 말한다. 치료자마다 다양한 방식으로 목표기억을 확인하지만 목적은 항상 동일하다. 그것은 괴로운 사건, 기억, 문제의 고통 수준을 확인하고 현재 증상을 가장 빠르고 크게 완화할 목표기억의 순서를 정하기 위함이다. 목표기억이 될 만한 사건 목록을 만들고 나면 여기에 기반을 두고 치료 계획을 논의한다.

이 단계에서 내담자가 EMDR 치료를 진행할 준비를 갖췄는지도 평가한다. 나는 EMDR 재처리 작업에 필요한 긍정적 자원을 구축하도록 도와주고 지지하는 동시에 민감소실 단계를 언제 시작해야 할지 평가한다. 또한 EMDR로 작업할 문제, 기억, 증상 들을 확인해 치료 계획을 세운다. 나아가 내담자에게 도움이 될 만한 것을 내 관점에서 평가하는 한편 내담자 자신이 치료에 중요하다고 생각하는 부분을 알아내기 위해 내담자의 말에 주의를 기울인다. 치료는 내담자와 치료자가 함께하는 공동 작업이기 때문이다.

2단계: 준비

당신을 어느 정도 파악하면 나는 당신에게 다양한 기법을 가르쳐주면서 EMDR 치료에 대비하게 한다. 이는 준비 단계의 일부이자 효과적인 트라우마 치료의 핵심이다. 이 과정에서 나는 당신의 내·외적 강점을 알아내는데 치료자들은 이를 '내·외적 자원'이라 부른다.

먼저 외적 자원부터 살펴보자. 나는 당신이 일상적인 일을 어떻게 처리하는지, 기본적인 욕구를 적절히 충족하는지 알아낸다. 당신 주위에 안정감과 안전함, 안심이 느껴지도록 해주는 사람이나 무언가가 있으면 치유 작업에 도움을 준다. 거주할 집, 안정적인 직업, 친구나 가족 같은 지지 집단이 있는가? 아니면 홀로 생계를 이어가느라 고군분투하고 있는가? 기본적인 욕구를 해결한 상태에서는 트라우마 작업이 더 수월해진다. 현재 중요한 변화를 겪는 중에 과거의 상처를 치유하려 시도하면 엄청난 스트레스를 초래할 수 있다. 지금 당장 자신이 처한 상황을 어떻게 극복할지 생각하는 것만 해도 만만치 않은 일이기 때문이다.

만약 당신이 현재 무언가에 압도된 상태라면 EMDR로 과거 트라우마를 다루려 시도하는 것은 적절치 않다. 이 경우 치료자는 일상의 안정화를 꾀하는 작업을 할 수 있다. 당신은 충분히 안정을 찾고 더 많은 지지 시스템과 자원을 개발한 뒤 EMDR 치료를 하는 것이 낫다. 만일 현재 기본적인 욕구를 충족하지 못한다면 치료자는 먼저 당신이 필요한 자원을 구축할 좋은 선택을 하도록 도와준다. 이를테면 구직 활동, 보육시설 탐색, 돌봄과 지지를 제공하는 사람과의 만남 같은 실질적인 조치가 있다.

이제 내적 자원을 살펴보자. 내적 자원이란 내면에서 강인함과 즐거움, 기쁨, 행복 등을 느끼는 능력을 말한다. 때로 트라우마는 사람이 자신의 환경이나 스스로를 긍정적으로 느끼는 능력에 손상을 준다. 부정적이고 고통스러운 감정은 습관이 되고 일부에게는 전부가 되기도 한다. 치료자는 당신이 편안한 마음으로 스스로를 좋게 여기도록 하고 또 그래도 된다는 것을 깨닫게 도와준다. 어떤 감정 상태에서 다른 감정 상태로 전환하는 능력은 당신이 습득해야 할 중요한 기법 중 하나다. 직장 스트레스로 길고 힘겨운 하루를 보낸 뒤 집으로 돌아와 좋아하는 음악을 듣거나 맛있는 요리를 하거나 친구와 담소를 나누거나 읽고 싶은 책을 보는 것처럼 기분이 좋아지게 만드는 능력이 있는가? 보호받는 느낌, 안전함, 편안함을 느낄 방법을 찾을 수 있는가? 이런 기법을 개발하는 데는 도움이 필요하며 여기에 드는 시간은 내담자마다 다르다.

필요할 경우 당신은 스스로를 진정하고 증상을 관리하며 자기 조절을 하는 한편, 어려운 상황을 더 쉽고 자신 있게 다룰 방법을 배운다. 곧바로 기분이 나아지는 방법을 연습할 수도 있다. 이러한 자원을 얼마만큼 구축할지는 내담자의 현재 상태에 달려 있다. 이 단계의 목표는 당신이 일상에 최대한 적응하게 하면서 EMDR 치료와 더 깊이 있는 치유 과정을 잘 준비하도록 하는 데 있다. EMDR 민감소실 단계로 들어가기 전에 이러한 준비 작업이 거의 필요치 않은 내담자도 있는 반면 어떤 내담자는 강화, 자원 개발, 지지 작업에 많은 회기가 필요하다. 예컨대 어떤 내담자는 먼저 문제해결이 필요할 수 있다. 활력이 생기는 순간 인식하기, 더 나은 경계 설정하기, 효과적으로 의사소통하기, 감정을 더 잘 다루기 등을 배워야 할지도 모른다. 치료자는 당신에게 필요한 기법이 무엇인지 결정한 다음 당신이 그 기법을 익히고 발전하도록 도와준다.

내적 자원을 구축할 때 치료자는 자원 개발에 필요한 주입 작업을 시행한다. 이 작업은 양측성 자극으로 긍정적인 내적 상태를 강화하는 데 도움을 준다. 이때 치료자는 당신이 느끼고 싶은 것을 나타내는 강한 이미지나 심상을 떠올려보라고 한다. 그 이미지는 색상, 소리, 질감, 온도 등 어떤 감각 정보라도 상관없다. 당신이 이미지를 떠올린 순간 치료자는 당신이 무엇을 인식하고 있는지 알아차리도록 도와준다. 신체 중심 치료자인 나는 내담자의 자각을 몸으로 가져와 느낌을 자세로 표현해보라고 말한다. 때로는 자각한 느낌에 따라 움직여보는 실험도 한다. 그런 다음 그 경험을 떠올리게 하는 단어나 구절을 찾아보라고 한다.

이미지, 정서, 자세와 관련된 단어나 구절을 찾는 것은 몸과 마음을 연결하는 데 유용하다. 이 단어와 구절은 나중에라도 당신이 그 감각과 느낌으로 다시 돌아가고자 할 때 지시어로써 도움을 준다. 당신이 이미지를 떠올리고 그 자원과 연결된 느낌을 느끼면 치료자는 경험을 강화하기 위해 양측성 자극을 준다. 이때 나는 "그 감정을 최대한 키워보죠"라고 말한다. 그러나 긍정적인 느낌에 머물기 위해 안간힘을 쓰는 상황이라면 곧바로 양측성 자극을 시행하지 않는다. 양측성 자극이 없어도 긍정적인 느낌을 느낄 때 비로소 양측성 자극을 사용한다.

이제 내적 자원을 보다 구체적으로 살펴보자. 치료자는 안전지대 기법과 컨테이너Containment 기법을 알려주고 당신이 이 기법을 사용하도록 도와준다. 앞으로 다룰 내적 자원들은 EMDR에 필수적인 것은 아니지만 신체 중심 관점에서 트라우마 작업에 매우 중요하다. EMDR을 진행하는 중에 치료자가 필요하다고 판단할 경우 이 기법들을 추가로 사용할 수 있다. 여기에는 이완, 복식호흡, 그라운딩Grounding, 마음챙김 연습 등이 있다. 당신이 원한다면 몇 가지를 혼자 시도해도 좋다. 가령 연습 대본을 읽는 당신의 목소리를 녹음해 그 목소리를 따라가며 반복해서 연습하는 방법도 있다. 이는 EMDR 치료 준비 단계의 시발점이자 자기 돌봄 능력을 높이는 방법이다. 당신이 이들 자원에 친숙해지면 치료자가 이것을 적용할 때 그 의도를 쉽게 이해할 수 있다. 그렇다고 이러한 자원이 트라우마 치료를 대체하는 것은 아니며 내면의 자기감Sense of Self을 강화하고 지지하는 데 그 목적이 있다.

안전지대

안전지대란 내담자가 마음의 눈으로 만든 실제 또는 상상의 장소를 의미한다. 안전지대를 상상하면 몸과 마음이 고요하고 평온하며 이완되는 느낌이 든다. 나는 EMDR 민감소실 단계를 시작하기 전에 모든 내담자가 안전지대를 만들도록 도와준다. 안전지대를 만들 경우 필요할 때 그 장소를 떠올려 그 순간의 느낌을 바꿀 수 있다. 특히 트라우마를 경험한 사람들에게 세상은 몹시 위험하게 느껴지는데, 안전지대는 치료가 안전하게 느껴지도록 해준다.

안전지대 작업에서 나는 내담자에게 안전지대에 어울리는 이름을 찾아보라고 한다. 예컨대 안전지대에 내적 도피처, 평화로운 공간, 영혼이 담긴 공간 등의 이름을 붙일 수 있다. 당신이 적합하다고 생각하는 이름이면 무엇이든 가능하다. 이 연습으로 당신은 더 차분해지고 당신이 느끼는 방식과 세상을 인식하는 방식을 통제할 수 있다. 단, 상상의 장소를 만들 때는 그 공간이 어떤 식으로든 트라우마와 연결되지 않게 해야 한다. 그 공간은 그저 몸과 마음, 영혼을 기분 좋게 만들어주는 순수한 이미지여야 한다.

연 습

먼저 의자에 편한 자세로 앉는다. 이 연습을 하는 동안 눈은 감거나 떠도 좋다. 이제 안전하고 보살핌을 받아 몸이 이완되는 듯한 느낌을 주는 장소를 떠올린다. 그곳은 실제로 가본 장소일 수도 있고 상상의 장소일 수도 있다. 이미지나 감각, 단어일 수도 있다. 구체적으로 어떤 것이 떠오르는가? 온도가 느껴지는가? 색상이 있는가? 어떤 생명체가 존재하는가? 당신의 주변에 안전함을 느끼고 안심할 수 있도록 도와주는 어떤 사물이 있는가? 그 장소에서 안전감과 보살핌을 받는 느낌을 주는 것은 무엇인가? 당신의 몸을 확인해보고 그것이 어떤 느낌인지에 주목한다. 긴장감이 사라지고 몸이 더 편안하게 느껴지는가? 심호흡을 하면서 이완해본다. 더 이완이 일어나도록 몸을 움직인다. 그 장소의 느낌을 나타낼 단어나 구절이 있는가? 그 장소에 어울리는 이름이 있는가? 그 단어와 구절을 말해보고 그 느낌이 잘 맞는지 확인한다.

나중에 그 단어와 구절을 말하면 다시 그 이미지를 떠올려 같은 기분을 느낄 수 있겠는가? 예를 들면 '나는 평온하다. 모든 것이 괜찮다. 나는 이완되어 있다'라고 해도 좋다. 혹은 '해변, 산, 초원'이라고 할 수도 있다. 정답은 없다. 단지 마음의 눈으로 그 장소에 갔을 때 기분이 좋아지면 된다. 심호흡을 하면서 이 순간을 즐겨라. 원하는 만큼 안전지대에 머물면서 당신이 충분히 즐기는 것을 알아차려라. 다 되었으면 눈을 뜨고 방을 둘러보며 천천히, 조심스럽게 현재로 돌아온다. 바닥에 닿은 발의 감각을 느껴보고 심호흡을 하며 그 느낌에 머물러보자.

마음의 눈으로 시각화하기 어렵거나 긍정적 느낌을 주는 장소가 생각나지 않아 안전지대를 만들지 못해도 걱정할 것 없다. 당신의 치료자가 다른 방법으로 당신이 편안해지도록 도와줄 것이다. '안전한'이라는 단어가 어렵게 느껴진다면 편안한, 이완된, 고요한, 평온한, 차분한 같은 단어로 바꿔 시도해도 좋다. 그 장소에서 다른 무언가와 함께할 수도 있다. 동물, 바위, 담요 등 마음을 편안하게 해주는 것이면 무엇이든 상관없다. 치료자가 당신이 함께하고 싶은 무언가를 상상하도록 도와줄지도 모른다. 예를 들어 강인한 느낌을 원한다면 오크나무나 산의 이미지를 연상하는 것도 괜찮다. 어린 시절 악기를 연주할 때의 긍정적인 기억을 떠올릴 수도 있다. 내가 만난 내담자 중 한 명은 피아노를 연주하던 기억을 떠올리면 기분이 좋아졌다. 이 연습의 목적은 심신의 이완과 차분함에 있으며 그 과정에서 당신은 신경계를 진정시키는 법을 배운다.

컨테이너

컨테이너 기법은 마음속 이미지로 불쾌한 문제, 감정, 생각 들을 넣어둘 상상의 컨테이너를 만드는 것이다. 이 기법의 목적은 불쾌한 생각과 느낌의 방해를 받지 않고 일상생활을 잘 관리하는 데 있다. 이 기법을 배우면 자신의 정서 상태를 적절히 다루고 통제감과 안전감을 느낄 수 있다. 컨테이너 기법은 EMDR을 본격적으로 시작하기 전에 배워야 한다.

아무리 치료 환경에 놓여 있어도 트라우마를 다시 찾아가는 것은 고통스러울 수 있다. 또한 EMDR 회기에서 완전한 처리가 이뤄지지 않을 때 고통스러운 이미지, 사고, 감정, 감각이 남기도 한다. 컨테이너 기법은 고통스럽게 느껴지는 모든 것을 상상 속 컨테이너에 넣는 것이기 때문에 치료 작업을 하면서도 행복과 성취감을 느끼며 일상생활을 할 수 있다. 사실 컨테이너 기법은 자랄 때 가정에서 배운다. 물론 어떤 사람은 가정에서 한 가지 불쾌한 사건 때문에 하루 종일 혹은 일주일이 망가지는 것을 배우기도 한다.

이 기법에 사용하는 또 다른 용어는 구획화Compartmentalizing다. 예를 들어보자. 미국의 가수이자 배우인 마리 오스먼드Marie Osmond는 TV쇼 〈스타와 함께 춤을〉에 출연하고 있을 때 아버지의 사망 소식을 들었다. 그때 그녀는 "쇼는 계속 진행해야 해요"라고 말했다. 공연 중에 슬픔을 잠시 옆으로 미뤄둔 그녀는 공연이 끝나고 그 마음을 표현할 적절한 시간과 장소가 주어지자 마음껏 슬퍼했다. 공연하는 사람들은 구획화를 일찌감치 배운다. 이 기법을 배우면 그 순간의 감정 상태를 전환해 현재 하는 일에 좀 더 집중할 수 있다. 이 기법으로 감정을 꾹꾹 눌러버려 다시는 아예 느끼지 않는 것이 아니다. 오히려 이것은 자신의 감정을 잘 조절해 나중에 그것을 표현하고 처리할 적절한 방법을 찾도록 도와준다.

나는 일단 내담자들이 고통스러운 생각, 감정, 문제 들을 담을 튼튼한 컨테이너와 나중에 다시 돌아갈 안전한 장소를 상상하게 한다. 그런 다음 치료 회기에서 고통스런 감정을 다룰 준비를 마치면 그 느낌을 꺼내도록 돕는다. 내담자들이 사용한 컨테이너에는 번호 자물쇠를 단 은행금고, 쇠사슬로 고정한 보물 상자, 지울 수 있는 컴퓨터 디스크, 사무실의 서류 캐비닛 등이 있었다. 한 내담자는 컨테이너로 플라스틱 주방용기 타파웨어를 상상했는데, 그녀는 그것이 충분히 튼튼하다고 느껴지지 않아 그 컨테이너를 벽장에 넣고 자물쇠로 잠갔다. 그런 뒤에야 그녀의 불편한 느낌이 사라졌다. 이처럼 당신이 타당하다고 생각하는 방식으로 컨테이너를 만들어야 한다. 컨테이너를 떠올렸을 때 마음의 안정을 찾고 호흡이 깊어지며 괜찮다는 느낌이 들면 효과가 있는 것이다. 컨테이너를 상상하는 것이 어렵다면 당신의 하루를 되짚어보며 마음이 어떻게 바뀌는지 생각해보자.

개인적으로 나는 컨테이너를 상상하는 게 어려워서 심호흡을 하며 현재에 집중하는 방법을 사용한다. 가령 내가 머무는 공간과 내 눈에 들어오는 것, 즉 색상, 모양, 사물 등에 집중한다. 또 내가 하려는 것에 초점을 맞추고 따로 보관할 필요가 있는 것은 생각과 행동으로 치워둔다. 당신에게 어떤 것이 더 효과적인지 살펴보라. 다음은 집에서 시도해볼 수 있는 컨테이너 기법 연습이다. 컨테이너에 담을 때 절대 당신의 일부를 넣지 말고 단지 불쾌한 문제와 감정만 넣어야 한다.

연 습

느긋한 마음으로 심호흡을 한다. 눈은 감거나 떠도 좋다. 이제 마음의 눈으로 당신을 불쾌하게 만드는 것을 담을 컨테이너를 상상한다. 컨테이너의 모양, 크기, 질감은 어떠한가? 당신을 불쾌하게 만드는 것을 담을 만큼 충분히 큰가? 충분히 튼튼한가? 아무것도 빠져나오지 못하도록 단단히 밀봉할 수 있는가? 상상력을 발휘해 당신에게 잘 맞는 컨테이너를 찾아보라. 불쾌한 것을 컨테이너에 넣은 뒤 심호흡이 가능하고 몸의 이완을 느낄 수 있어야 한다.

컨테이너에 불쾌한 것을 다 넣은 것을 상상하고 그 느낌이 어떤지 살펴보자. 불쾌한 것을 다 넣었는가? 심호흡이 가능하고 몸이 이완되며 기분이 좋아지는가? 당신에게 잘 맞는 컨테이너를 찾을 때까지 계속 시도해보라. 봉인해야 할 것을 모두 컨테이너에 넣고 나면 안전지대로 가서 시간을 보낸다.

치료 회기에서는 그다음 회기에 작업할 트라우마 기억 조각을 컨테이너에 담는 것을 배운다. 당신은 그 기억들을 처리할 시간과 안전한 장소를 확보할 때까지 고통스런 느낌을 컨테이너에 저장해둘 수 있다. 이는 당신의 감정을 억압하거나 이미 벌어진 나쁜 일을 부인하려는 것이 아니라, 불편함을 유발하는 문제를 구획화해 적절한 때와 장소가 주어졌을 때 작업하는 기법을 배우는 것이다.

이완

치료할 때 내담자는 자신의 문제를 말하는 것 외에도 여러 가지 중요한 기법을 배워야 한다. 그중 하나가 자신의 몸과 마음을 이완하는 방법이다. 안정을 취할 때 교감신경계는 싸움-도망 상태에서 휴식과 소화 상태로 바뀌어 점차 긴장이 풀어진다. 트라우마 사건을 겪을 때 당신은 싸움, 도망, 얼어붙음 중 한 가지 상태를 보인다. 트라우마를 처리하면 그 신체 반응에서 빠져나오지만 그렇지 않을 경우에는 그 상태가 몸과 마음에 그대로 갇혀 긴장과 경직, 심지어 고통을 초래한다. 당신이 몸을 이완하는 법을 배우면 트라우마 작업을 준비하는 것이 보다 쉽고 고통이 몸의 어디에 갇혀 있는지 인식할 수 있다.

다음 연습은 프랜신 샤피로의 저서《안구운동 둔감화 재처리법》(2011)에서 발췌한 것이다.

연 습

편안한 자세로 앉는다. 눈은 감거나 떠도 좋다. 치유와 가장 잘 어울리는 색을 떠올려본다. 마음속에 떠올렸을 때 기분이 좋아지는 색이어야 한다. 색은 그날의 기분에 따라 달라질 수 있다. 그 색이 당신의 정수리로 계속 흘러들어오는 것을 상상한다. 색이 안으로 흘러들면 긴장하고 경직된 마음이 누그러진다. 햇볕에 아이스크림이 녹아내리듯 당신의 긴장이 그 색으로 녹아내리는 것을 느껴본다. 그 색은 당신의 눈, 턱, 뺨, 입, 입천장을 부드럽게 하고 뇌와 모든 근육을 포함해 당신의 머리도 부드럽게 한다. 이 치유의 색은 목 아래쪽으로 내려오면서 당신이 느끼는 긴장을 풀어주고 목구멍을 부드럽게 한다. 이제 그 색은 당신의 팔을 지나 손가락 끝까지 흘러간다.

다시 주의를 당신의 몸으로 돌린다. 아름다운 그 색은 몸속으로 흘러들어가 심장, 폐, 간, 위를 둘러싼다. 각각의 장기가 그 에너지 덕분에 편안해질 때까지 기다린다. 다음으로 그 색이 등과 척추로 흘러내려 긴장을 풀어주면서 근육이 계속 부드럽고 유연해진다. 당신의 몸이 아름다운 색으로 가득 차는 것을 느껴본다.

이제 그 색은 당신의 골반, 다리, 발을 타고 흘러내려 발이 닿은 땅속으로 흐른다. 그때 당신의 몸에게 묻는다. 지금 이 순간 떠나보내고 싶은 것이 있는지. 떠나보내고 싶은 것을 다리, 발을 지나 땅으로 흘려보낸다. 모든 것을 마무리했다는 느낌이 들고 몸과 마음이 온전히 편안해질 때까지 이 과정을 여러 번 반복한다. 천천히, 부드럽게 의식을 방 안으로 다시 가져온다. 방을 둘러보며 당신의 몸이 견고하게 잘 있음을 확인한다.

이 이완은 TV 앞에서 긴장을 푸는 것과 달리 당신의 주의를 의식적으로 내적 경험으로 가져가 몸 안에서 긴장을 완화한다. 간혹 몸이 한동안 경직된 상태로 있기도 하는데 사람들은 대개 잘 알아차리지 못한다. 이완 기법으로 몸의 긴장을 스스로 흘려보내는 것을 경험하면 긴장과 이완의 차이를 느끼고 적잖이 놀란다. 이완은 심박수, 호흡수, 혈압, 근육긴장도, 생각 등을 줄이고 뇌 속 알파파(긴장을 풀고 휴식을 취할 때 나오는 뇌파-옮긴이)를 높여준다는 이점이 있다. 매일 20분씩 정기적으로 연습하면 당신의 몸과 마음을 치유하는 데 좋고 치유 여정을 좀 더 성공적으로 만들 수 있다.

복식호흡

복식호흡은 치유 의지를 북돋워주는 훌륭한 기법이다. 우리가 매일 무의식적으로 호흡을 하다 보니 내가 내담자들에게 호흡에 변화를 줄 수 있다고 말하면 놀라곤 한다. 호흡을 의식하고 주의를 기울일 경우 정말로 신경계에서 일어나는 일을 바꿀 수 있다. 호흡은 의식과 무의식 사이의 가교 역할을 한다. 당신이 두려움을 느낄 경우 교감신경계 활성화로 호흡이 가빠지고 심장이 빨리 뛴다. 이처럼 가쁜 호흡은 불안과 공포감을 강화한다.

그러나 복부에서 충분히 편안하게 호흡하면 이완이 더 많이 일어난다. 복식호흡이 부교감신경계, 즉 휴식과 소화를 위해 설계된 자율신경계의 한 부분을 자극하기 때문이다. 복식호흡이 깊어짐에 따라 몸이 점점 더 이완되는 것을 알 수 있다. 이때 당신은 더 강렬한 감정 상태를 다루고 몸은 안정적인 상태에 머문다. 이처럼 당신은 의식적으로 교감신경계에서 부교감신경계로 전환하는 법을 배울 수 있다.

연 습

편안한 자세로 앉는다. 당신의 의식을 내면으로 가져와 몸의 긴장을 알아차린다. 배에 손을 올려놓는다. 코와 입으로 숨이 들어가고 나가는 것을 알아차리는 것부터 시작한다. 천천히 숨을 들이마셔 폐를 채우고 그 아래쪽도 채운다. 잠시 숨을 멈췄다가 천천히 코와 입으로 숨을 내쉰다. 숨을 내쉴 때 남아 있는 숨이 없도록 완전히 내뱉는다. 이 과정을 10회 반복한다.

자연스럽고 일정하게 반복한다. 이 과정이 원활해지도록 마음속으로 수를 세어도 좋다. 셋을 셀 때까지 들이마시고 또 셋을 셀 때까지 참았다가, 다시 셋을 세면서 내쉬는 것을 반복한다. 이 훈련을 마무리할 때쯤이면 들숨과 날숨의 길이가 처음보다 길어졌음을 확인할 수 있다. 어지러우면 잠깐 멈추고 숨을 가다듬은 뒤 다시 해본다. 많은 양의 산소를 들이마시는 것에 익숙지 않아 연습이 좀 필요할 수도 있다.

나는 내담자들에게 집에서 자신의 호흡 패턴을 관찰하고 그때마다 어느 정도 깊이로 숨을 들이마시는지 알아차려보라고 한다. 호흡에 주의를 기울이면 교감신경계가 언제 활성화하는지 느낄 수 있다. 또 호흡법을 바꿈으로써 부교감신경계로 전환하는 방법도 배울 수 있다. 이것은 정서 상태를 조절하는 데 도움을 준다.

그라운딩

그라운딩은 내 몸과 지면이 연결된 느낌으로 아주 중요한 경험이다. 정신없이 하루를 보내는 우리는 다리와 발이 지면과 연결되어 있음을 간과한다. 매 순간 생각하고 행동하기 바빠서 에너지가 몸의 위쪽으로 올라가기 때문이다.

트라우마를 겪으면 에너지가 몸의 다양한 부위로 이동한다. 에너지가 싸울 때는 팔과 손으로 가고 도망갈 때는 다리와 발로 가며, 얼어붙을 때는 에너지도 함께 얼어붙는다. 간혹 어떤 사람은 경험을 곧바로 차단한다. 이 반응은 압도적인 느낌을 받을 때 일어난다. 이는 일종의 생존 기제로 삶을 계속 유지하는 데 효과적일 수 있다. 그러고 나면 이 차단 방법이 대처 기제로 자리 잡기도 한다.

몸과 지면이 견고하게 연결된 느낌이 들면 당신은 더 많은 감정 상태를 조절하고 트라우마를 보다 쉽게 처리할 수 있다. 또한 주변 환경을 더 잘 자각하고, 더 강인하고 안정적인 느낌을 받고, 더 자신감 있게 움직이고, 스트레스 상황을 더 잘 관리할 수 있다. 그라운딩 작업은 발을 지면 위에 딛고 땅속으로 뿌리내리는 것을 상상하면서 진행한다.

당신 자신을 강하고 유능하게 느꼈던 때를 떠올리게 하는 물건을 들고 그라운딩을 해도 좋다. 그것이 당신이 스트레스를 받을 때마다 쥐는 매끄럽고 작은 돌멩이여도 괜찮다. 그 돌멩이를 쥘 때마다 그것을 발견한 아름다운 여행이 떠오를 것이다. 발을 구르거나 벽에 손을 대고 미는 행동도 바닥이나 벽과 연결해준다. 다음에 걸을 기회가 생기면 느긋한 마음으로 당신의 발과 다리를 알아차려보자. 지면과 연결된 느낌을 느껴보자. 여유로운 마음으로 주의를 기울여보자. 너무 서두르느라 아무것도 느끼지 못하는 것은 아닌가? 천천히 느껴보자.

연 습

신발을 벗고 바닥을 딛고 있는 발을 느껴본다. 먼저 당신의 발에 땅속으로 자라는 뿌리가 있다고 상상해본다. 당신과 연결된 그 뿌리는 아주 강해서 당신을 견고하게 지탱해주는 느낌을 준다. 당신의 몸을 통해 그 느낌을 위로 옮기면서 당신이 지면과 잘 연결되어 있는지, 당신 자신이 강하게 느껴지는지 확인한다. 당신과 지면의 연결에 주의를 기울이며 이 과정을 천천히 진행한다.

당신의 몸이 충분한 지지를 받고 있음을 느낀다. 발과 다리부터 상반신까지 이것을 느껴본다. 천천히 걸으면서 체중이 한쪽 발에서 다른 쪽 발로 어떻게 옮겨가는지 느낀다. 얼마나 견고하고 강하게 연결되어 있는지 느껴본다. 그 느낌에 주의를 기울이며 천천히 주변을 둘러본다. 무엇이 눈에 들어오는가? 가는 곳마다 그 느낌을 느껴본다.

우리 문화에는 뭐든 빠르면 빠를수록 좋다는 믿음이 있다. 이 믿음은 사람들을 그라운딩과 멀어지게 만들고 실수를 저지르게 하며 스트레스를 안겨준다. 나아가 압도당하는 듯한 느낌을 준다. 내담자가 아무것도 해내지 못할 거라고 느끼면 나는 내담자에게 속도를 늦추고 천천히 나아갈 것을 요청한다. 그러면 같은 일을 더 적은 에너지로 효율적으로 작업하면서 보다 많은 것을 해낸다. 여기에다 몸의 에너지를 그라운딩하는 방법을 배우면 트라우마 작업을 더 쉽고 안전하게 할 수 있다.

마음챙김

명상에는 여러 종류가 있다. 그중 당신에게 잘 맞는 것을 찾아야 마음챙김Mindfulness 기법을 개발할 수 있다. 이 연습은 차분한 상태에서 주의를 내면으로 가져가 그 순간 내면에서 일어나는 현상을 그대로 자각하는 일이다. 우리는 미래를 걱정하거나 마음에 남아 있는 과거의 어떤 부분에 집중하는 경향이 있다. 마음챙김을 배우면 당신은 자신의 경험을 판단하지 않고 그저 바라보기 시작한다. 전문가들은 이 연습이 고통과 스트레스 감소에 효과적이라고 말한다.

당신이 큰 충격을 받았을 때 마음챙김 상태에 있기란 꽤 어려운 일이다. 과거 트라우마가 당신의 느낌을 장악해 현재에 머무는 것을 방해하기 때문이다. 당신이 있는 그대로 존재하고 마음을 차분히 가라앉혀 알아차린 것을 그저 바라보기만 하려면 연습이 필요하다. 이것은 당신의 경험을 있는 그대로 바라보는 내면의 관찰자를 개발하는 일부터 시작한다. 아래 제시한 마음챙김 연습을 시도해보자. 그리고 이 연습을 시작할 때와 끝냈을 때 어떤 기분이 드는지 알아차려보자. 마음챙김 연습으로 많은 사람이 차분함과 편안함을 경험하고 이전에 인식하지 못한 몸과 마음을 더 깊이 자각한다.

연 습

당신의 몸을 알아차리도록 주의를 몸 안으로 옮긴다. 이때 눈은 감거나 떠도 좋다. 의자에 앉아 있는 감각을 알아차린다. 숨이 코와 입으로 들어가고 나가는 것을 자각한다. 천천히, 깊게 호흡하면서 복부를 편안하게 한다. 정수리, 머리, 얼굴, 턱, 눈 등으로 주의를 옮기고 계속해서 목, 어깨, 팔, 등, 복부, 허벅지, 종아리, 발로 주의를 옮긴다. 오로지 거기에 무슨 일이 일어나고 있는지 알아차린다.

당신은 약간의 긴장, 고통, 열감, 따끔거림, 저림, 차가운 느낌을 느낄 수 있다. 알아차리는 것을 단지 따라가 본다. 어떤 것도 바꾸려 하지 말고 그저 알아차리기만 한다. 각 신체 부위에 필요한 만큼 충분한 시간을 보내면서 그 부위가 말하고자 하는 것을 알아차린다. 심호흡을 하며 머리부터 발끝까지 따라 내려간다. 지금 이 순간 몸 안에서 느껴지는 감각이 무엇인지 스스로에게 질문한다. 그 느낌과 함께 그대로 머문다. 어떤 생각이 떠오르든 그것을 알아차린다. 다 마치고 나면 조심스럽게 눈을 뜨고 천천히 방으로 돌아와 현재 머무는 곳에 주의를 기울인다.

치료자는 당신의 내·외적 강점을 살피며 당신이 다음 단계인 평가로 넘어갈 준비를 갖췄는지 확인한다. 당신의 현재 삶이 안정적이고, 안전지대 이미지를 쉽게 찾고, 고통스러운 느낌을 별다른 어려움

없이 컨테이너에 담고, 감정을 인식하고, 그라운딩 상태를 유지하면 다음 단계로 넘어간다. 당신이 이 중 어느 것에서든 어려움을 겪을 경우, 치료자는 EMDR을 더 쉽고 성공적으로 해내기 위해 안정화 기법을 구축하는 데 더 많은 시간을 할애한다.

EMDR 트라우마 회기

이제 EMDR 트라우마 회기의 나머지 여섯 단계, 즉 평가, 민감소실, 주입, 신체검색, 종료, 재평가 단계를 살펴보자. 이들 단계에서 치료자는 선택한 '목표기억'을 재처리해 완결하도록 도와준다. 그 후 모든 작업을 완료했는지, 치유 결과를 충분히 통합했는지 확인하기 위해 각각의 목표기억을 신중하게 재평가한다.

3단계: 평가

평가 단계에서는 EMDR로 처리할 목표기억의 구성 요소를 확인한다. 이를 위해 치료자는 몇 가지 질문을 한다. 이것은 뒤에서 자세히 살펴보겠다.

치료자는 당신에게 목표기억인 트라우마 사건이나 기억, 문제를 떠올리게 한 뒤 그중에서 가장 고통스러운 부분을 표현하는 이미지를 찾도록 한다. 내담자들은 대개 트라우마와 관련된 이미지를 떠올리는 것 자체를 원치 않기 때문에 이 작업이 힘들게 느껴질 수도 있다.

그러나 이 작업으로 기억을 저장한 신경 네트워크를 활성화하고 그것을 EMDR로 처리해야 하므로 이는 매우 중요하다. 당신이 트라우마 사건의 한 이미지와 연결되면 그 이미지를 살펴 무엇이 눈에 들어오는지 알아차린다. 그것은 색, 질감, 온도, 다른 사람, 당신의 위치, 나이, 움직임, 행동일 수 있다. 인식 가능한 모든 감각 정보를 수집해 이미지를 더 풍성하게 만들어보자. 이 작업은 기억 네트워크에 조명을 비춰 그것을 활성화하는 데 도움을 준다.

그다음으로 치료자는 그 이미지와 관련해 당신에게 어떤 부정적 인지NC, Negative Cognition가 있는지 찾도록 도와준다. 부정적 인지란 사실이 아님에도 불구하고 사실처럼 느끼는 스스로에 대한 신념으로 본질적으로 부정적 의미를 담고 있다. '나'로 시작하는 이 짧은 문장은 보통 한 사람의 인생을 일반화하며 여기에 감정은 담기지 않는다.

부정적 인지는 현재 사실처럼 느껴지고 고통스러운 감정을 불러일으킨다. 이는 다른 사람들이 당신을 어떻게 느끼느냐가 아니라 당신이 자기 자신을 어떻게 믿느냐에 관한 것이다. 부정적 인지는 사실이 아닐 뿐 아니라 비합리적이다. 그렇지만 이 신념은 당신의 삶에 굉장한 영향력을 행사하며 그것과 접촉할 때 당신은 고통을 느낀다.

다음은 EMDR 치료에서 많은 내담자가 보고한 부정적 인지의 목록이다.

- 나는 사랑받을 자격이 없다.
- 나는 나쁜 사람이다.

- 나는 무가치한 사람이다.
- 나는 부적격자다.
- 나는 사랑스럽지 않다.
- 나는 모자란 사람이다.
- 나는 어리석다.
- 나는 실패자다.
- 나는 흠이 있는 사람이다
- 나는 이미 망가졌다.
- 나는 나쁜 일을 당할 만하다.
- 나는 나 자신을 믿을 수 없다.

이제 치료자는 당신에게 긍정적 인지PC, Positive Cognition, 즉 트라우마의 고통에서 벗어나면 자신을 어떻게 믿고 싶은지 묻는다. 긍정적 인지를 찾는 작업은 당신이 인생에서 이루고자 하는 것의 방향을 제시해주고 또 그렇게 변할 수 있다는 믿음도 심어준다. 긍정적 인지는 자신을 향한 긍정적 믿음으로 대개 '나'라는 표현으로 시작한다. 이것은 당신의 삶에 충분히 통합될 만큼 사실적이고 믿을 만해야 한다. 예를 들어 '나는 모든 것을 통제할 수 있다'는 적절치 않은 긍정적 인지다. 살아가면서 모든 것을 통제하는 것은 불가능하므로 우리는 이 신념을 받아들이지 않는다. 그보다는 '나는 좋은 결정을 내릴 수 있다'가 적절하다. 긍정적 진술을 생각하다 보면 긍정적 정서가 생기고 이는 당신의 인생에서 일반화할 수 있다.

다음은 많은 내담자가 EMDR 치료에서 보고한 긍정적 인지의 목록이다.

- 나는 좋은 사람이다.
- 나는 가치 있는 사람이다.
- 나는 믿을 만한 사람이다.
- 나는 성공할 수 있다.
- 나는 이제 선택권을 쥐고 있다.
- 나는 강하다.
- 나는 최선을 다했다.
- 나는 감당할 수 있다.
- 나는 이대로 괜찮은 사람이다.
- 나는 할 수 있다.

긍정적 인지를 찾으면 치료자는 긍정적 인지가 인지타당도 척도VoC, Validation of Cognition에서 몇 점에 해당하는지 평가하라고 요청한다. 인지타당도 척도는 프랜신 샤피로가 EMDR 치료를 위해 개발한 도구다. 이 도구의 척도는 1~7점까지로 1은 거짓(긍정적 인지를 마음이 전혀 사실로 믿지 않음), 7은 사실(긍정적 인지를 마음이 기꺼이 사실로 믿음)을 의미한다. EMDR의 목표는 긍정적 인지가 인지타당도 척도에서 7점에 도달하는 데 있다. 이 척도는 치료 초기와 목표기억 처리를 끝내는 시점에 사용하는데 두 시점에 평가한 점수를 비교하면 당신에게 얼마나 많은 변화가 일어났는지 알 수 있다. 내담자의 인지타당도 척도 점수는 대개 치료 초기에 낮았다가 마지막에 이를수록 높아지는 경향이 있다. 이 척도에 정답은 없으며 당신의 주관적인 느낌에 따른다. 그저 그 순간 그 말이 얼마나 사실처럼 느껴지는지 점수로 매길 뿐이다.

그다음 단계는 트라우마 사건의 이미지나 부정적 인지와 관련된 감정을 확인하는 일이다. 감정과 신념은 다르다. 감정은 느낌으로 우리는 충격적인 경험에서 비롯된 고통스러운 감정을 회피하거나 부정하는 경향이 있다. 그 감정을 느끼지 않으려고 밀어내는 것이다. 당신의 느낌을 인식하는 것은 무척 중요하다. 슬픔, 분노, 격노, 좌절을 구별할 수 있는가? 아래에 제시한 감정 단어 목록은 신념과 감정의 차이를 이해하는 데 도움을 준다.

버림받은	불행한	겁나는	쑥스러운
배신당한	다정한	쓸모없는	관대한
용감한	지루한	화가 난	취약한
낙담한	호기심 많은	평온한	불안한
당황스러운	고통스러운	패배한	신중한
행복한	격노한	황홀해하는	절망적인
성난	굴욕적인	불평이 많은	격분하는
처참한	질투하는	상처받은	죄책감이 드는
거절당한	참을성 있는	즐거운	짜증난
어리석은	창피한	평화로운	몹시 화가 난

자랑스러운 미안한 인정받지 못한 경이로운

당신의 감정에 이름을 붙이고 나면 치료자는 그 사건이 현재 당신에게 얼마나 고통스러운지 확인하기 위해 또 다른 도구를 사용한다. 그것은 주관적 고통지수SUDS, Subjective Units of Discomfort Scale 척도로 정신과 의사 조셉 울프Joseph Wolpe가 개발했다. 주관적 고통지수는 0점에서 10점까지의 척도로 0은 아무런 고통이 없는 상태고, 10은 심리적 고통이 최대인 상태를 의미한다. 치료자는 EMDR 회기 초기에 내담자가 느끼는 고통 수준을 평가할 때 이 척도를 사용하고, 이후 회기 도중 처리가 효과적으로 이뤄지고 있는지 평가할 때도 사용한다. EMDR의 목표는 당신의 주관적 고통지수 수준이 가능한 한 0점에 가까워지도록 낮추는 데 있다. 많은 내담자들이 주관적 고통지수가 10점에서 0점으로 떨어질 수 있다는 사실에 놀란다. 이런 일은 늘 일어난다. 다시 말하지만 이 척도는 본질적으로 주관적이며 전적으로 당신의 경험에 근거한다. 여기에 옳고 그른 것은 없다. 기차가 콜로라도에서 출발할 때 주관적 고통지수 점수가 높았어도 메인에 도착할 때는 0점이 되기도 한다.

목표기억을 평가하는 마지막 질문은 당신의 몸 어디에 불편한 느낌이 있는지 알아낸다. 예를 들면 턱의 긴장, 복통, 목구멍 수축, 가슴의 열감, 호흡곤란이 있다. 몸에서 사건이 유발하는 불편함을 찾아내면 그 사건이 불러온 영향을 알아차리고 그것이 몸의 어디에서 생기는지 자각할 수 있다. 이 과정은 당신을 현재 당신이 경험하는 것과 연결해 성공적인 처리를 도와준다.

다음은 평가 단계에서 사용하는 질문 내용을 순서대로 기록한 것이다.

가장 고통스러운 이미지 — 지금 그 경험(사건)을 생각할 때, 가장 고통스러운 부분(장면)은 무엇인가요?

부정적 인지 — 그 장면을 떠올릴 때, 지금 자신에 대한 부정적 믿음을 가장 잘 나타내는 말은 무엇인가요?

긍정적 인지 — 그 장면을 떠올릴 때, 그 말 대신 자신을 어떻게 믿고 싶습니까?

인지타당도 척도 — 완전히 거짓말처럼 느껴지는 상태가 1, 완전한 사실처럼 느껴지는 상태가 7이라면 그 기억을 떠올릴 때, 그 말(긍정적 인지)이 지금 얼마나 사실로 느껴지나요?

감정 — 그 기억과 그 말(부정적 인지)을 떠올릴 때, 지금 어떤 감정이 느껴지나요?

주관적 고통지수 척도 — 불편함과 별다른 느낌이 없는 상태가 0, 최악의 고통이 느껴지는 상태가 10이라면 그 경험은 지금 얼마나 고통스럽게 느껴지나요?

EMDR을 진행하면서 당신은 이런 질문에 익숙해진다. 치료자는 매번 일정 순서에 따라 질문하는데 이는 목표기억인 트라우마 사건으로 뇌 안의 신경 네트워크를 활성화하기 위해서다. 그 이미지를 다시 떠올리면 그것과 연결된 부정적 인지와 감정이 되살아난다. 그것이 몸의 어디에 위치해 있는지 느낄 경우 당신은 트라우마 경험으로 완전히 들어간다.

치료자가 그 사건과 비슷한 느낌을 경험한 최초의 과거 기억을 찾고자 시간을 거슬러 올라가도록 지시하는 경우도 있다. 이는 기억 네트워크상의 연결로 문제의 뿌리를 찾기 위함이다. 기억 네트워크에는 문제의 원형이 저장되어 있고 우리는 그 원형에 근거해 느끼고 행동한다. 더 어린 시절의 목표기억을 찾으면 치료자는 그 기억을 살펴 이미지와 연관된 부정적 인지, 감정, 신체 감각을 평가한다. 그 후 시기상 더 이른 어린 시절의 트라우마를 먼저 처리해 뿌리 사건 또는 원형을 제거한 다음 현재 문제를 처리한다. EMDR의 힘과 경이로움 중 하나는 트라우마의 세부사항을 모두 말하지 않아도 신경 네트워크에 저장된 정보를 평가할 수 있다는 것이다.

4단계: 민감소실

목표기억 평가 과정이 끝나면 민감소실 단계를 시작한다. 치료자는 내담자가 처리 상황을 더 잘 이해하도록 비유를 들어 설명한다. 가령 당신이 기차를 타고 창밖으로 푸른 잔디, 구름, 개울, 자동차가 지나가는 풍경을 본다고 상상해보자. 당신은 그 모든 것을 그저 바라보고만 있다. 기차 안에 편안하게 앉아 풍경이 지나가는 것을 바라본다. 풍경은 이미지, 생각, 감정, 감각일 수 있다. 당신은 그것들이 지나가는 것을 바라보고 어떤 것도 그 순간에 고정되어 있지 않다.

어떤 내담자는 스크린에 상영 중인 영화에 비유하는 것을 좋아한다. 이는 당신이 영화를 본다고 상상하는 것이다. 어떤 비유든 당신에게 효과적인 것을 사용하라. 중요한 것은 그 순간 어떤 종류의 움직임이 있고 그것이 특정한 것에 고정되어 있지 않다는 점이다. 당신이 의도적으로 무언가가 일어나게 하지 않아도 된다. 대신 그 과정을 믿어라.

EMDR 치료자는 뇌가 여타의 신체질환과 마찬가지로 회복과 치유를 목표로 한다고 가정한다. 아직 누구도 이 과정이 어떻게 작동하는지 정확히 다 아는 것은 아니지만 수년간의 내 EMDR 경험으로 미뤄보건대 이 치유 과정은 확실히 효과가 있다. 당신이 이 치유 과정을 따라가면 얼어붙어 있던 이미지, 생각, 감정, 감각이 녹기 시작한다. 마치 꿈을 꿀 때처럼 말이다. 이 과정을 관찰하는 당신은 기차에 앉아 창밖의 풍경을 바라보고 있는 것과 같다. 양측성 자극은 기차를 움직이고 당신은 지나가는 풍경과 트라우마 기억을 바라본다. 물론 그것은 뒤로 사라진다. 이 여행을 하는 동안 당신은 강렬한 감정을 경험하거나, 무서운 이미지를 보거나, 예기치 않게 고통스러운 뭔가를 기억하거나, 기질적 원인이 없는 생소한 신체 감각을 느낄지도 모른다. 이런 일이 생기면 치료자는 그 과정을 계속하도록 독려해 그 경험이 드러나게 한다. 또한 당신이 트라우마 기억을 통합하는 동안 치료자는 당신을 이끌어주고 지지하고 힘을 북돋워준다.

민감소실은 일련의 양측성 자극 세트의 반복으로 일어난다. 한 세트는 양측성 자극이 주어지는 동안 이미지, 생각, 감정, 신체 감각을 처리하는 시간을 의미한다. 양측성 자극 한 세트의 길이는 길 수도 있고 짧을 수도 있다. 이러한 양측성 자극은 내담자의 반응과 치료자의 판단에 따라 다양하게 선택하며 빠르기와 강약도 달라진다. 그 종류에는 안구운동, 촉각·청각 스캔, 두드리기 등이 있다. 당신이 원하면 언제든 그 과정을 중단하도록 정지신호도 정한다. 정지신호는 만일 당신이 눈을 감고 있다면 눈을 뜨는 것일 수도 있고, 손을 살짝 들거나 고개를 끄덕이는 것일 수도 있다. 당신과 치료자가 동의하는 것이면 뭐든 상관없다.

민감소실 과정에서 어떤 내담자는 눈을 뜨고 싶어 하고 또 다른 내담자는 눈을 감은 채 진행하고 싶어 한다. 당신과 치료자는 양측성 자극의 종류와 함께 지속시간과 강도를 결정한다. 양측성 자극이 멈추는 것은 당신이 타고 있는 기차가 멈춘 것과 같고 이는 양측성 자극의 한 세트를 완료했음을 의미한다. 각 세트가 끝날 때마다 치료자는 양측성 자극을 주는 동안 어떤 변화가 있었는지 알기 위해 질문한다. 그때 당신은 알아차린 것을 가능한 한 분명히 말해주는 것이 좋다. 그렇다고 당신이 기차여행에서 경험한 모든 것을 치료자에게 알려줄 필요는 없다.

이것이 EMDR과 대화 치료 사이의 주요 차이점이다. 대화 치료는 당신이 경험한 모든 것을 의식화하기 위해 언어로 설명하는 것을 전제한다. EMDR에서는 이것이 필요치 않다. 다만 각 세트를 마치고 나면 EMDR 치료자는 그 순간 당신이 알아차린 것이 무엇인지 알고 싶어 한다. 이때 옳고 그른 대답은 없다. 내담자는 이미지와 생각, 감정, 신체 감각 등을 포함해 무슨 일이 일어나고 있는지 말하면 된다.

모든 내담자는 자기 고유의 방식으로 처리를 진행한다. 어떤 사람은 이미지가 많고 또 어떤 사람은 순전히 신체 감각으로만 경험한다. '이렇게 해야 한다'라고 정해진 것은 없다. 단, 당신을 이끌어가는 치료자가 적절히 조정하고 개입하도록 당신의 경험을 사실대로 말해야 한다. 목표기억과 관련된 몸과 마음의 불편함이 중립적인 수준으로 감소할 때까지 세트는 여러 회기에 걸쳐 이어진다.

이 여행을 하면서 치료자는 당신의 안내자로서 어떤 일이 일어나든 당신이 잘 따라오도록 지지해준다. 사실 민감소실 단계에서 당신이 해야 할 일이 따로 있는 것은 아니다. 당신의 임무는 오로지 양측성 자극을 경험하는 동안 뇌가 트라우마를 처리하도록 하는 것뿐이다. 양측성 자극은 뇌신경과 함께 작업한다. 즉, 양측성 자극이 주어지면 당신의 뇌는 무엇을 해야 하는지 알고 그것을 해나간다. 당신이 할 일은 각각의 세트 사이에 무슨 일이 일어나고 있는지 치료자에게 최대한 분명히 보고하는 것이다. 만일 이미지, 생각, 감정, 감각이 당신을 압도하기 시작하면 치료자에게 정지신호를 보내라. 치료자는 당신이 그 과정을 계속 진행하도록 충분한 안전감을 제공할 것이다. 회기를 마무리하는 순간까지도 어떤 불쾌한 느낌이 남아 있다면 치료자는 당신이 그 불편함을 컨테이너에 담고 안전지대에서 충분히 쉬도록 이끌어준다. 미완결한 목표기억은 그다음 회기에 작업한다. 어떤 목표기억은 한 회기 만에 완결되지만 대개는 몇 회기가 필요하다.

치료자와 당신은 중립 상태에 다다랐다는 것을 어떻게 알 수 있을까? 이때 필요한 것이 주관적 고통지수 척도다. 이 척도는 초기에는 목표기억에 관한 고통의 강도를 평가하는 데 사용하고, 이후에는 목표기억 처리를 완료했는지 확인하기 위해 사용한다. EMDR의 목표는 트라우마 사건의 주관적 고통지수 점수가 0점에 가까워지도록 최대한 낮추는 데 있다. 그러면 과거 트라우마 사건을 기억에서 아예 지워버릴 수는 없어도 최소한 그 사건이 생각날 때 더 이상 고통 속에서 허우적대지 않는다. 즉, 당신은 그 사건을 현재 시점에서 기억한다. 이 경우 얼어붙어 있던 트라우마 중 일부는 소멸하거나 폐기되고 또 일부는 기억에 '녹아버려' 어떤 일이 일어났는지 기억하긴 해도 트라우마 증상은 감소하거나 사라진다.

5단계: 주입

주관적 고통지수 척도에서 0점을 보고해 민감소실 단계를 성공적으로 마치면 자연스럽게 주입Installation 단계로 넘어간다. 주입 단계에서는 트라우마와 관련된 부정적 인지를 긍정적 인지로 대체해 내담자의 내면 자원을 강화하고 작업에 더 필요한 부분을 마저 처리한다. 이것이 어떻게 가능할까? 치료자가 양측성 자극을 시행하는 동안 당신은 원래의 트라우마 사건과 이전 평가 단계에서 정한 긍정적 인지를 떠올린다. 이때 먼저 찾은 긍정적 인지가 민감소실 단계를 거치며 다른 긍정적 진술문으로 바뀔 수도 있으므로 치료자는 처음의 긍정적 인지가 여전히 유효한지 다시 질문해 가장 정확한 긍정적 인지를 찾도록 도와준다. 그런 다음 인지타당도 척도로 긍정적 인지가 얼마나 사실처럼 느껴지는지 확인한다. 척도는 1점부터 7점까지 있으며 1은 거짓(당신은 긍정적 인지를 전혀 믿지 않는다), 7은 사실(당신은 긍정적 인지를 의심할 여지없이 믿는다)을 의미한다. EMDR 과정이 성공적이면 트라우마 기억은 충분히 민감소실되고 긍정적 인지는 인지타당도 척도 중 7점에 도달한다. 이 단계가 끝나면 과거 기억에 편안함을 느낄 뿐 아니라 현재 문제를 다룰 힘과 미래에 건강한 선택을 할 힘을 얻는다.

이 단계에서는 새로운 긍정적 인지를 통합하는 일이 자연스럽게 발생한다. 덕분에 많은 내담자가 이 단계에서 경이로운 느낌을 경험한다. 일부 내담자는 새로운 긍정적 인지를 믿기 어려워한다. 트라우마의 영향으로 생긴 부정적 인지를 오랫동안 사실로 여겨왔기 때문이다. 그러나 대다수 내담자는 이 단계에서 새로운 힘을 얻은 자신을 느낀다. 그들 중 일부는 새로운 관점을 확인하거나 현실세계에 어떻게 적용되는지 알고 싶어 한다. 나는 내담자에게 이렇게 말하곤 한다.

"당신의 삶에서 이 새로운 신념과 일치하는 경험을 하며 그 차이를 직접 느껴보세요. 그때 깨달은 것을 몇 달 뒤 우리가 다시 만날 때 말해주세요."

6단계: 신체검색

새롭게 긍정적인 생각과 감정을 느끼고 이것을 양측성 자극으로 강화했다면 이제 신체검색 단계로 넘어갈 차례다. 신체검색은 민감소실과 주입 단계를 완료한 이후에만 시행한다. 치료자는 내담자에게 원래의 목표기억과 긍정적 인지를 함께 떠올리게 한 뒤, 마치 MRI 기계 안에 있는 것처럼 몸을 쭉 스캔해 아직 처리하지 못한 긴장감이나 불편함이 있는지 확인한다. 당신은 그 결과를 치료자에게 보고한다.

어떤 불편함이 남아 있으면 치료자는 양측성 자극으로 그것을 흘려보내도록 도와준다. 사건과 관련된 새로운 내용이나 전혀 새로운 정보가 나타나면 치료자는 그 내용을 메모한다. 그런 다음 당신이 그 내용과 불편한 느낌을 컨테이너에 넣도록 도와주고 그다음 회기에 당신과 함께 그것을 확인한다.

7단계: 종료

이 회기의 작업을 완료하면 당신은 다시 일상 속으로 돌아간다. 치료자는 이 회기의 작업을 간단히 요약한 뒤 당신의 기분이 어떤지 물어본다. 나는 내담자의 마음 상태가 일상으로 돌아가는 데 문제가 없는지 확인한다. 또한 집으로 돌아간 후에도 처리는 계속되므로 만약 꿈, 생각, 기억, 그 밖에 마음에 떠오르는 무언가가 있다면 그게 무엇이든 알아차려보라고 말한다. 아울러 이 작업과 관련된 뭔가가 더 떠오를 경우 메모했다가 다음 회기에 가져오라고 안내해준다. 만일 긍정적 인지를 충분히 주입했다면 새로운 신념과 함께 그것이 일상생활에서 어떻게 느껴지는지 자각해보라고 한다. 그것은 직장이나 가정, 친구들과의 관계에서 나타날 수도 있다. 치료자는 내담자가 몸과 마음 모두에서 이 새로운 느낌을 잘 알아차리도록 독려한다.

일부 EMDR 회기에서는 처리(민감소실과 주입)를 완료하지 않은 채 끝내기도 한다. 이는 회기를 마무리하는 시점에 주관적 고통지수 점수가 0점보다 높음을 의미한다. 그래도 걱정할 필요는 없다. 치료자는 내담자에게 불편함과 함께 미처 해결하지 못한 이미지, 생각, 감정, 감각을 컨테이너에 넣어두고 안전지대로 이동하도록 지시한 후 회기를 종료한다. 컨테이너 기법은 당신이 불편한 느낌에 지속적으로 노출되어 취약해지는 일이 없도록 도와준다. 그리고 안전지대 기법은 다음 회기에 만날 때까지 안전감을 유지하도록 돕는다.

나는 회기를 마치면 내담자와 함께 내담자가 무엇을 해야 하는지, 어떤 문제가 발생할 수 있는지, 스스로를 어떻게 돌봐야 하는지 확인한다. 또한 다음 회기에 만날 때까지 우리가 진행하는 작업과 관련해 느끼고 생각한 내용을 간단히 기록하라고 한다. 이는 이후의 처리 작업에 도움을 준다. 만약 회기를 마친 뒤에도 불편하거나 압도당하는 느낌이 지속되면 치료자에게 연락해 우선 그 느낌을 적절히 차단하도록 도움을 받고 치료 약속을 잡아 그 문제를 다룬다.

EMDR은 신경학적 과정으로 회기를 끝내도 효과가 지속된다. 당신은 꿈을 꾸거나 새로운 통찰이 일어나거나 다른 기억을 떠올릴 수 있다. 이 중 어느 하나라도 나타나면 곧바로 기록하고 그것을 다음 회기에 가지고 간다. 그러면 치료자는 기록 중에서 EMDR이 필요할 만큼 불편한 것이 있는지 당신과 함께 판단할 것이다. 어떤 내담자는 회기를 마친 뒤 기분이 좋아지고 활력을 얻지만 또 다른 내담자는 피곤함을 느껴 쉬고 싶어 한다.

회기를 마치면 충분히 쉬어야 한다. 당신의 몸과 마음이 막 처리한 중요한 것을 통합할 시간이 필요하기 때문이다. 치료 회기 이후에는 자신이 평소보다 좀 더 취약하게 느껴져 스스로를 보살피고 싶을 수도 있다. 이때 성급하게 직무로 복귀하거나 중대한 결정을 내리지 않는 것이 좋다. 산책을 하든 명상을 하든 맛있는 것을 먹든 기분이 좋아지는 것을 하라. 당신 자신을 위한 시간이 필요하다. 치료 여정에서의 여유로운 시간은 EMDR 치료 효과를 높여준다.

8단계: 재평가

EMDR 치료의 마지막 단계는 재평가다. 내담자가 오면 치료자는 지난 회기 이후 알아차린 것을 물어보면서 한 주간 어떤 경험을 했는지 당신과 함께 확인한다. 지난주의 작업을 상기시켜 작업을 완전히 마무리했는지도 파악한다. 만일 작업을 완료하지 못한 경우 지난 시간에 미완결한 작업을 계속 진행한다. 치료자는 내담자가 꿈을 꾸었는지, 새로운 기억이나 생각 또는 통찰 같은 것이 떠오르지 않았는지 알고 싶어 한다. 그래서 어떤 성취감이나 새로운 감정, 생각을 알아차렸는지 질문한다.

당신에게 변화가 일어나고 있는지, 변화가 있다면 무엇이 변화하고 있는지 알아차리는 것은 매우 중요하다. 당신이 자각한 내용을 얘기하며 이후의 과정을 계속 이어갈 수도 있고, 처리 작업을 시작하기 전에 준비를 더 할 수도 있다. 이 속도는 당신의 진행 상황을 보고 결정한다.

EMDR 치료 과정을 보여주는 사례: 토드의 교통사고

이제 토드의 사례로 EMDR 치료 단계와 그 처리 과정이 실제로 어떻게 진행되는지 살펴보자.

◇ 기초 작업

1단계: 내담자 과거력

토드는 40세로 5년 전에 일어난 교통사고 때문에 나를 찾아왔다. 사고 이후 그는 운전할 때마다 불안감에 몸서리를 쳤다. 그의 마사지치료사는 수 시간에 걸친 작업에도 불구하고 그가 여전히 극심한 트라우마에 시달리고 있음을 알고 그에게 EMDR 치료를 제안했다. 그는 EMDR 치료가 생소했으나 시도해볼 만하다고 판단했다.

토드는 자신이 겪는 트라우마 증상의 원인이 교통사고라는 것을 알고 있었고 나는 그 사고를 자세히 물어보았다. 그날 교회 캠프를 마친 그는 콜로라도 남부의 2차선 시골길을 따라 속도를 내며 집으로 돌아가고 있었다. 캠프는 그야말로 영적부흥의 장이었다. 그는 운전 중에 캠프에서의 일을 되짚어보며 그 감흥을 기록하고 싶다는 생각을 하고 있었다. 당시 그는 '마음이 붕 떠 있는' 느낌이라 주의가 산만했다. 다행히 쭉 뻗은 한적한 도로 위에 다른 차는 없었다. 그때 갑자기 노란 새 한 마리가 도로 위에 나타났다. 그는 차마 새를 칠 수 없어서 핸들을 반대 차선으로 꺾었다. 그런데 다시 원래 차선으로 핸들을 돌렸을 때 그 새가 그의 시야로 날아들었다. 그 순간 그의 차는 좌우로 미끄러지면서 통제할 수 없는 상태에 놓였다. 엑셀에서 발을 뗀 그는 차가 전복될지도 모른다는 두려움에 브레이크를 밟지 않았다. 100킬로미터의 속도로 달리던 차가 좌우로 격렬하게 흔들리는 상황이라 그는 속도가 서서히 줄어들기만 기다릴 수밖에 없었다. 불행히도 상황은 원하는 대로 되지 않았고 그는 자신이 생사의 기로에 서 있다고 생각했다. 결국 그는 굽은 도로에서 차선을 이탈해 도로 옆 배수로에 처박혔다.

사고 직후에는 아무 감각이 없었으나 얼마 지나지 않아 자신의 차가 원래 가던 길의 반대쪽을 향하고 있고 자신이 차 안에 있다는 것을 깨달았다. 엔진은 멈췄지만 라디오 소리는 계속 흘러나왔다. 다행히 최근에 내린 비로 축축해진 땅이 충격을 흡수하는 쿠션 기능을 해 차가 구르는 최악의 상황은 피했다. 그러나 타이어 밑에 있는 진흙 때문에 배수로에서 차를 빼낼 수 없었다. 차 안에 앉아 구조를 기다리며 그는 자신이 살아 있다는 사실에 놀랐고 큰 부상을 입지 않은 것에 안도했다.

차를 수리하는 동안 토드는 친구의 차를 빌려 사용했는데 노면 위 요철을 지날 때마다 소스라치게 놀랐고 운전을 할수록 긴장감이 높아졌다. 그는 마사지치료사를 찾아가 근육의 긴장을 이완하는 치료를 받았다. 한데 시간이 갈수록 불안감이 커져 공포 수준에 이르렀고 그의 정서적·신체적 반응은 최고조에 달했다. 상당히 이성적인 그는 자신이 위험하지 않다는 것을 머리로는 잘 알았고 자신에게 괜찮다고 말해주기도 했다. 하지만 몸과 마음이 일치하지 않았다.

운전할 때마다 그의 몸은 금방이라도 끔찍한 일이 일어날 것처럼 반응했다. 즉, 심장이 격렬하게 요동쳤고 땀이 비 오듯 흘렀다. 그는 핸들을 꽉 움켜쥔 채 숨을 쉬지 못하다가 차 밖으로 나와야만 비로소 숨을 쉴 수 있었다. 그건 명백한 트라우마 증상이었다. 평소대로 운전할 때조차 그의 몸이 마치 교통사고를 다시 겪는 것처럼 반응한 것이다.

나는 그가 이전에 두부손상을 당한 적 있는지 확인하기 위해 그의 개인력과 병력을 면밀하게 조사했다. 또한 다른 사고나 트라우마를 경험한 적이 있는지 질문했다. 간혹 이 같은 트라우마 사건이 과거의 유사한 트라우마를 다시 활성화하는 일도 있기 때문이다. 다행히 토드는 그런 경우에 해당하지 않았다. 내가 볼 때 토드는 이전에 현재의 트라우마와 연결되는 그 어떤 사건도 경험한 적이 없었다. 토드의 교통사고는 단일 트라우마Single Trauma였다. 예기치 않은 상황이 벌어지지만 않으면 치료는 비교적 빠르고 쉽게 진행될 것 같았다.

교통사고는 토드가 통제할 수 있는 상황이 아니라서 그는 소위 싸우거나 도망갈 수 없었다. 그 상황을 피할 수 없었기에 그는 목숨을 잃을지도 모른다는 두려움 앞에서 꼼짝없이 얼어버렸다. 그 일은 분명 끔찍한 사건이지만 그는 왜 그 사건을 '과거로 흘려버리고' 다시 정상적인 삶으로 돌아갈 수 없는지 궁금해 했다. 나는 그에게 트라우마 사건이 일어날 때와 그 사건에서 살아남기 위해 애쓸 때 어떤 일이 벌어지는지 설명해주었다. 그리고 그의 신경계가 어떤 이유로 교통사고 경험을 처리하지 못했는지도 말해주었다. 사고가 발생했을 때 그의 모든 감각 정보가 신경계 안에서 얼어붙어 먼저 몸과 마음이 근육 긴장으로 반응했다. 그런 다음 불안으로 반응해 운전이 거의 불가능한 상태로 만들어버렸다.

교통사고가 있기 전까지 토드는 꽤 안정적인 삶을 살았다. 안정적인 직업에다 대인관계가 원만했으며 다양한 집단의 친구들도 만나고 있었다. 이번 교통사고만 겪지 않았다면 그는 자신 있게 살아갔을 터였다. 그와의 면담에서 나는 이번 사건과 연관된 과거력을 발견하지 못했다. 토드의 이야기를 듣고 난 뒤 나는 그에게 일어나고 있는 일을 설명해주고 EMDR이 도움을 되리라는 확신을 주었다. 나는 그가 치료 과정을 신뢰하기만 하면 머지않아 사고가 일어나기 전처럼 운전할 수 있을 거라고 예측했다. 그는 이 작업을 해낼 각오를 다졌다.

2단계: 준비

토드가 EMDR 치료를 준비하도록 우리는 먼저 안전지대를 찾았다. 처음에 그는 이 개념을 감상적으로 여겨 필요 없다고 했으나 점차 자신이 좋아하고 안전하다고 느끼는 공간을 생각해냈다. 그곳은 바로 숲 속이었다. 그곳에서 그는 통나무 위에 걸터앉아 시냇물 소리를 듣고 산들바람을 느끼며 자그마한 숲 속 동물들을 바라봤다. 이 안전지대 이미지에 집중하면서 그의 기분이 좋아지자 나는 양측성 자극을 주었다. 그 평화로운 장소에서 느끼는 경험을 강화하기 위해서였다. 양측성 자극으로 그는 그 감정에 더 잘 접촉해 충분히 즐겼다. 토드는 안전지대에 머무는 것을 좋아했고 그 장소를 떠올리는 데도 능숙해져 치료 회기에 오지 않는 동안 뭔가 화나는 일이 생기면 그것을 사용했다.

다음으로 나는 토드에게 컨테이너 기법을 알려주었다. 그는 밀봉이 가능한 아주 커다란 상자를 떠올렸다. 그는 괴로운 일이 생길 때마다 "상자에 넣어!"라고 말했고 그 일은 상자에 담겼다. 연습을 할수록 그는 이 기법이 일상에서 매우 유익한 기법임을 깨달았다.

토드가 안전지대와 컨테이너 기법을 능숙하게 다루자 나는 트라우마 처리 단계로 넘어가기로 했다. 토드는 명상법도 알고 자신을 돌보기 위해 마사지 치료도 받고 있었기 때문에 나는 그가 자기 몸을 이완할 수 있음을 알았다. 그래서 운 좋게도 몸을 이완하는 기법을 가르치는 데 많은 시간을 할애할 필요가 없었다. 나는 토드가 갖춘 내·외적인 힘과 충분한 자원을 보고 트라우마 작업을 시작해도 좋다고 판단했다.

◇ EMDR 치료 회기

3단계: 평가

우리는 토드의 핵심적인 목표기억이 교통사고라는 것을 알고 있었다. 먼저 우리는 정지신호부터 정했다. 이는 그가 목표기억을 처리하는 도중 압도당하는 느낌을 받거나 나와 함께 확인하고 싶은 게 있을 때 사용하기 위해서다. 이처럼 내담자에게는 치료 작업을 통제할 권한이 있고 필요하면 언제든 회기를 중단할 수 있다. 토드는 정지신호로 양측성 자극이 주어지는 동안 눈을 감고 있다가 중단하고 싶을 때 눈을 뜨는 것으로 정했다. 또한 양측성 자극으로 안구운동보다 진동기 자극을 선호해 그 방식을 선택했다. 이제 우리는 평가와 민감소실 단계를 시작할 준비를 갖췄다. 나는 그가 자신의 경험을 둘러싼 느낌에 접근하고 기억 체계를 활성화하도록 몇 가지 질문을 했다.

가장 고통스러운 이미지 — 지금 그 경험(사건)을 생각할 때, 가장 고통스러운 부분(장면)은 무엇인가요? "손으로 핸들을 꽉 쥔 상태로 곧 나쁜 일이 일어날 거라는 걸 직감하고 있어요."

부정적 인지 — 그 장면을 떠올릴 때, 지금 자신에 대한 부정적 믿음을 가장 잘 나타내는 말은 무엇인가요? "나는 바보 같다."

긍정적 인지 — 그 장면을 떠올릴 때 그 말 대신 자신을 어떻게 믿고 싶습니까? "나는 살아 있고 괜찮다."

인지타당도 척도 — 1~7점 척도에서 완전히 거짓말처럼 느껴지는 상태가 1, 완전한 사실처럼 느껴지는 상태가 7이라면 그 기억을 떠올릴 때, 그 말("나는 살아 있고 괜찮다")이 지금 얼마나 사실로 느껴지나요? "3"

감정 — 그 기억("손으로 핸들을 꽉 쥔 상태로 곧 나쁜 일이 일어날 거라는 걸 직감하고 있어요")과 그 말("나는 바보 같다")을 떠올릴 때, 지금 어떤 감정이 느껴지나요? "공포"

주관적 고통지수 척도 — 0~10점 척도에서 불편함과 별다른 느낌이 없는 상태가 0, 최악의 고통이 느껴지는 상태가 10이라면 그 경험은 지금 얼마나 고통스럽게 느껴지나요? "10"

신체 감각 위치 — 몸의 어느 부위에서 그 고통이 느껴지나요? "온몸이 얼어붙은 것 같고 심장이 요동치고 있어요."

4단계: 민감소실

목표기억을 평가한 후 나는 토드에게 그 장면과 '나는 바보 같다'는 말을 떠올리며 몸에서 느껴지는 감각에 집중하라고 했다. 그러자 그는 사고 기억에 점점 더 깊이 연결되었다. 나는 민감소실 과정을 시작할 준비가 되면 알려달라고 했고 얼마 지나지 않아 그는 머리를 끄덕여 신호를 보냈다. 그 시점에 진동기로 양측성 자극을 주기 시작했다.

세트를 진행하면서 나는 토드가 트라우마 경험으로 들어가는 것을 지켜보았다. 말은 필요치 않았다. 나는 다른 EMDR 치료자처럼 몸 전체에 일어나는 미묘한 변화를 인식할 줄 알았다. 세트가 이어지면서 그의 몸에 감정적 파도가 일어나고 있음을 알 수 있었다. 나는 그 상태를 유지하는 동시에 그가 안전감을 느끼도록 그에게 일어나는 일을 따라갔다. 비록 토드는 아무 말이 없었지만 나는 그가 트라우마 사건을 처리하고 있음을 알았다. 그의 팔이 아주 조금씩 꿈틀거렸고 감은 눈이 일그러졌다. 또한 턱과 손이 움츠러들면서 얕고 가쁜 숨을 내쉬었다. 민감소실 단계 초기에 어떤 내담자는 짧게 30~45초만 양측성 자극을 주어야 하는 반면 또 다른 경우는 더 길 수도 있다. 세트 길이에 정해진 답은 없다. 확실히 말할 수 있는 것은 내담자의 몸과 마음이 스스로 하는 일을 알고 있고, 나는 그에 맞게 도움을 주도록 훈련받았다는 사실이다.

토드에게 시행한 첫 번째 양측성 자극은 몇 분 동안 이어졌다. 그는 조용했으나 나는 그의 몸 전체에서 일어나는 미묘한 변화를 보고 그가 내적 경험을 하고 있음을 알았다. 나는 양측성 자극을 멈추고 질문을 했다.

"지금 무엇이 떠오르나요?"

"두려움이 커지고 가슴에서 통증이 느껴져요."

나는 그에게 "그대로 계속 가겠습니다"라고 말했다. 이는 그가 그 순간 경험하는 몸과 마음 상태로 다시 들어가라는 것을 의미한다.

나는 양측성 자극을 좀 더 길게 주었다. 토드의 얼굴이 고통으로 일그러졌고 호흡이 가빠졌다. 나는 그의 얼굴이 편안해지고 호흡이 깊어질 때까지 계속 진행했다. 그렇게 그 세트를 마친 후 질문했다.

"지금 무엇이 떠오르나요?"

"나는 곧 죽을 것이고 아무에게도 작별인사를 하지 못할 거예요."

"그대로 계속 가겠습니다."

또 양측성 자극을 몇 분간 진행했다.

"지금 무엇이 떠오르나요?"

"어찌된 노릇인지 내가 살아 있어요. 이해할 수 없어요. 혼란스러워요. 어떻게 그럴 수 있죠?"

"그대로 가겠습니다."

나는 다시 양측성 자극을 주기 시작했다. 이번 세트는 아주 길게 진행했다. 양측성 자극을 주자 토드의 다리와 몸통에서 몇 분간 작은 떨림이 있었다. 이것은 또 다른 트라우마 조각으로 이동하고 있음을 뜻했다. 그 순간 그는 세트를 중단했고 자신이 경험한 것을 나와 함께 확인했다.

"지금 무엇이 떠오르나요?"

"두려움은 사라졌지만 무언가가 머리와 가슴을 엄청나게 조이는 느낌이에요."

"그대로 계속 가겠습니다."

나는 또다시 양측성 자극을 시작했다. 그는 계속 다리를 떨었고 호흡이 얕고 가빠졌다. 몇 분 후 그는 깊은 숨을 길게 내쉬고 눈을 떴다. 나는 양측성 자극을 멈췄다.

"지금 무엇이 떠오르나요?"

"조이는 느낌이 줄어들고 안정감이 느껴져요. 하지만 차 안에 있는 장면이 계속 떠올라요."

"그대로 계속 가겠습니다."

양측성 자극을 계속 주자 그의 몸에 작은 변화가 일어났다. 진동기를 손에 쥔 채 어깨가 한 번 들썩였고 그의 발은 뜀박질하는 듯한 움직임을 보였다. 마치 신체 감각과 움직임으로 표출되는 감정에 따라 그가 파도타기를 하는 듯했고 그것은 감정의 파도가 끝나야 멈출 터였다.

"지금 무엇이 떠오르나요?"

"조심하지 않고 과속한 나 자신에게 화가 나요. 이 일은 절대 일어나지 말았어야 했어요."

나는 동일하게 지시하고 또 한 번의 세트를 진행했다. 그런 다음 같은 질문을 했다.

"그건 단지 사고였을 뿐이에요. 누구에게나 일어날 수 있는 일이었어요. 단지 조금 슬프네요."

"그대로 계속 가겠습니다."

세트를 진행한 후 나는 또다시 같은 질문을 했다.

"지금 무엇이 떠오르나요?"

"기분이 좋아요. 나는 괜찮아요."

그는 정말 기분이 좋은 걸까? 그는 정말 괜찮을까? 치료 중 이 단계에 도달한 모든 내담자에게 나는 항상 다음과 같이 제안한다.

"좋아요, 이제 목표기억으로 다시 돌아가 보죠."

나는 토드에게 물었다.

"지금 그 사고를 생각할 때 고통스럽게 느껴지는 부분이 있나요?"

"아뇨. 난 괜찮아요. 고통스럽지 않아요."

나는 그에게 다시 한 번 양측성 자극을 시행하고 뭔가 더 떠오르는 것이 있는지 주목해보라고 했다. 그는 "아무것도 없어요"라고 말했다. 나는 주관적 고통지수 척도로 그 기억이 지금 얼마나 고통스럽게 느껴지는지 평가해보라고 했다.

"0~10점 척도에서 불편함과 별다른 느낌이 없는 상태가 0, 최악의 고통이 느껴지는 상태가 10이라면 그 경험은 지금 얼마나 고통스럽게 느껴지나요?"

그가 대답한 점수는 0이었다. 이는 그리 놀라운 일이 아니다. 토드의 사례가 단일 트라우마 사건이기 때문이다. 그 사건과 연결된 기억 체계가 없으면 연관 기억을 다룰 필요 없이 처음부터 끝까지 그 사건을 처리해 나갈 수 있다. 주관적 고통지수가 0이라는 것은 민감소실을 완료했고 이제 주입 단계로 넘어갈 수 있음을 의미했다.

5단계: 주입

이 작업의 큰 부분을 해낸 토드는 점차 몸과 마음이 자연스럽게 적응적 반응을 보이면서 긍정적 상태로 바뀌었다. 그는 자신이 살아 있고 괜찮다고 믿고 싶어 했다. 나는 그에게 물었다.

"사건(기억)과 함께 '난 살아 있고 괜찮다'라는 말을 떠올렸는데 그 말이 지금도 적당한가요, 아니면 더 적절한 다른 긍정적인 말이 있나요?"

"그 말이 맞아요."

내가 또 물었다.

"좋아요. 그 사건과 '난 살아 있고 괜찮다'라는 말을 떠올려보세요. 1~7점 척도에서 완전히 거짓말처럼 느껴지는 상태가 1, 완전한 사실처럼 느껴지는 상태가 7이라면 그 말이 지금 얼마나 사실로 느껴지나요?"

토드는 주저 없이 "6"이라고 대답했다. 회기 초반에 인지타당도 점수가 3이었으므로 긍정적 변화가 일어난 것이 분명했다. 이 긍정적 인지를 강화하기 위해 나는 양측성 자극을 몇 번 더 했고 마침내 긍정적 인지는 확실하게 7로 바뀌었다.

6단계: 신체검색

이제 나는 토드에게 원래 사건(기억)을 긍정적 인지와 함께 떠올려보라고 했다. 그런 다음 주의를 내부로 돌려 아직 처리하지 못한 긴장감이나 이상한 느낌이 있는지 머리부터 발끝까지 몸의 여러 부위에 집중해보라고 했다. 그는 마음의 눈으로 온몸을 검색하고 나서 "아무런 불편함이 없어요. 괜찮아요"라고 말했다. 신체검색은 그렇게 마무리했다. 그다음으로 현재 유발요인을 처리해야 했다.

나는 치료 초기에 토드가 고통스러운 반응을 보인 운전 상황을 떠올리게 했다. 그때 그는 "직장에 갈 때나 친구를 만나러 갈 때, 슈퍼마켓에 갈 때 등 어디든 가려고 운전할 때마다!"라고 말했다. 우리는 각각의 현재 유발요인을 목록으로 만들었고 그것을 상상하는 동안 느껴지는 고통 수준을 점수로 매겼다. 이어 현재 유발요인 중 하나를 목표기억으로 정했다. 그런 다음 그 목표기억을 완전히 처리해 아무런 고통이 느껴지지 않을 때까지 민감소실 작업을 하고 주입 단계도 마무리했다. 이 과정은 현재 유발요인 전체에 각각 진행했다. 그 결과 그는 각각의 상황에서 모두 '나는 살아 있고 괜찮다'라고 느꼈다. 이 긍정적 자기 신념이 몸이나 마음과 더 깊이 통합하도록 양측성 자극을 더 시행했다. 나는 그에게 새로운 자신감을 몸으로 느껴보고 그것을 자세로 나타내보라고 했다. 그렇게 각 목표기억을 놓고 신체검색을 했을 때 새로운 불편함은 나타나지 않았다.

이제 그는 미래로 나아갈 준비를 갖췄다. 토드는 얼마 후 산속에서 열리는 또 다른 영적부흥회에 참석할 예정이었다. 경험상 그는 그 장소로 이어지는 도로가 울퉁불퉁하고 구불구불할 거라고 예상했고 그 길을 운전하는 것을 상상하며 조금 불안해했다. 나는 그에게 예상하는 여행 과정을 처음부터 끝까지 상상해보라고 했다. 우선 마음의 눈으로 그가 가야 하는 길을 보고, 얼마나 잘 운전하며 가는지 느끼게 했다. 그리고 그 이미지와 감각을 '나는 살아 있고 괜찮다'라는 긍정적 인지와 연결하게 했다. 양측성 자극을 받으며 그 '마음의 영상'을 네 번 정도 돌려본 뒤, 그는 어떠한 감정적 동요 없이 여행할 수 있다는 자신감과 안정감을 느꼈다.

어쩌면 이 모든 것이 실제보다 덜 극적으로 들릴지도 모른다. 다른 많은 내담자처럼 토드도 긍정적 자기 신념 아래 작업을 하면서 몸과 마음 전체에 변화를 느끼기 시작했다. 그는 머리부터 발끝까지 새로운 긍정적 자기 신념을 느꼈고 자신이 만들어낸 모든 변화를 통합했다. 이 수준에 이른 내담자는 간혹 EMDR이 마술처럼 느껴진다고 말한다. 토드가 결국 '나는 살아 있고 괜찮다'는 긍정적 자기 신념을 갖게 된 것에서 알 수 있듯 EMDR 치료로 토드의 트라우마 증상은 줄어들었고 현재 삶에서 자유를 얻었다. 토드에게도 EMDR은 분명 마술 같았다.

7단계: 종료

나는 토드에게 치료시간 동안 대단한 작업을 했고 그 시간 이후에도 처리가 계속될 수 있음을 알려주었다. 그리고 집에 돌아간 뒤 꿈, 생각, 새로운 기억을 알아차리고 작업과 연결된 뭔가가 떠오르는지 살펴보라고 했다. 그다음 시간에 우리는 그 정보들을 평가해 추후 회기에서 다룰 미완결한 뭔가가 있는지 확인할 것이었다. 또한 나는 EMDR 작업을 한 날은 평소보다 예민할 수 있으므로 그날 저녁에는 충분한 휴식을 취하라고 일러주었다. 그는 집으로 돌아가 쉬고 싶다고 말했다.

어떤 날은 활력을 되찾고 또 어떤 날은 너무 피곤해서 다루고 있는 사건에 관심이 가지 않을 수도 있지만 그래도 괜찮다. 그저 그 마음 상태를 알아차리기만 하면 된다. 그는 빨리 회기를 마치고 실제로 운전을 하면서 EMDR이 정말로 효과를 발휘하는지 알고 싶어 했다.

8단계: 재평가

토드의 트라우마는 연결된 기억이 없는 단일 사건이라 EMDR 한 회기만으로도 처리가 가능했다. 그의 불안과 신체 증상은 완전히 사라졌다. 얼마 후 그는 영적부흥회에 참석하고 나서 나를 찾아왔다. 산에서 주말을 보낸 뒤 강풍을 뚫고 흙길을 운전했지만 자신감과 편안함이 느껴졌다고 했다. 이후 수개월 동안 여러 상황에서 운전을 해본 그는 더욱 자신감을 얻었다. EMDR 치료가 굉장히 강력하고 효과적이라는 것을 경험한 그는 자신의 인생을 방해하고 영향을 미치는 또 다른 과거 기억을 처리하기 위해 치료를 계속하기로 결정했다.

4장 왜 EMDR은 효과가 있는가

자기 자신 외에 누구도 자신을 구할 수 없다.
아무도 해줄 수 없고 해주지도 않는다. 자기 스스로 길을 만들어가야 한다.

붓다

여러 해가 지난 뒤 많은 임상가와 과학자가 EMDR이 트라우마를 성공적으로 치료한다는 것을 확신했다. 하지만 그 이유를 두고 여전히 많은 논란이 일고 있다. EMDR 치료에서 트라우마 기억을 떠올리는 동안 양측성 자극을 주는 민감소실 과정은 실제로 어떤 기전으로 이뤄지는가? 이 의문을 놓고 한창 연구가 진행 중이며 그것은 대개 뇌 영상과 고급 기술 장치들을 활용한다. 지금까지 EMDR이 왜 이토록 효과적인지 설명하는 이론은 많이 나왔다.

양측성 자극 형태로 안구운동을 활용하는 EMDR 치료를 처음 개발한 사람은 샤피로 박사다. 그녀는 눈을 좌우로 움직이는 것이 불쾌한 사고나 감정을 처리하도록 도와준다는 것을 발견했다. 눈을 빠르게 움직이는 것을 어려워하는 사람을 만나면 그녀는 자신의 손가락을 따라 눈을 움직이게 했다. EMDR 치료자들은 여러 해 동안 안구운동만 사용했으나 지금은 양측성 자극으로 손에 쥐는 촉각 진동기, 소리와 음악 듣기 혹은 손이나 무릎 위를 손으로 두드리는 것 같은 다양한 방법을 활용한다.

일단 당신에게 가장 적합한 양측성 자극을 찾으면 치료자는 당신이 내면에 집중하도록 안내한다. 이것은 그 순간 당신의 내면에서 일어나는 일에 렌즈의 초점을 맞추는 것과 같다. 그 렌즈를 통해 당신은 내면에 떠오르는 이미지, 감정, 믿음, 신체 감각에 주목한다. 설령 초반에 '내면 바라보기'가 어렵게 느껴져도 걱정할 필요가 없다. 치료자가 당신이 그 과정을 어떻게 해야 하는지 알려줄 테니 말이다. 당신이 내면에 초점을 맞추는 동안 치료자는 양측성 자극을 준다. 이 과정 자체는 매우 간단하다. 당신이 내적 상태, 즉 트라우마 사건과 연관된 기억에 집중할 때 양측성 자극을 주면 당신의 몸과 마음은 동시에 자극을 받는다.

이때 당신은 긍정적 감정이나 좀 더 복잡하고 고통스러운 것을 다룬다. 양측성 자극과 관련해 흥미로운 사실은 당신이 긍정적 측면에 집중할 경우 그것이 더 커져 보다 강하고 선명해진다는 점이다. 반대로 고통스러운 부분에 집중하면 그것은 힘을 잃고 점차 새로운 것으로 변하며 당신은 보다 힘을 얻은 느낌을 경험한다.

시간이 지나면서 EMDR 치료자들은 양측성 자극 종류에 따른 치료 효과에 차이가 없음을 깨달았다. 안구운동 연구는 상당히 많이 이뤄졌으나 치료자와 연구자들은 눈을 움직이는 것만 성공적인 EMDR 과정의 열쇠인지 의문을 품기 시작했다. 국제 EMDR협회의 공인 트레이너 우리 베르크만은 안구운동에 국한하지 않고 양측성 자극에 따른 주의 이동은 뇌가 트라우마를 통합하도록 시동을 거는 요인이라고 가정했다(1998). 보다 많은 연구가 이 부분을 좀 더 명확히 밝혀주겠지만 현재 치료자들은 다양한 양측성 자극을 활용해 좋은 결과를 얻고 있다.

그러면 EMDR 치료가 성공적인 이유를 뒷받침해주는 몇 가지 이론을 살펴보자.

렘수면

연구자들은 렘수면이 EMDR 치료 효과를 설명해줄지도 모른다는 생각에 동물과 인간을 대상으로 연구하고 있다. 렘수면은 정상적인 수면주기의 한 부분으로 이때 우리 눈은 뇌 활성화에 따른 반응으로 좌우로 빠르게 움직인다. 렘수면 동안 뇌가 여러 종류의 기억을 처리한다는 것은 기정사실로 알려져 있다(피에르 마케Pierre Maquet 등, 1996). 우리가 렘수면에 들면 뇌의 전기적 활성화는 델타파(아주 깊은 수면 상태에서 발생하는 뇌파-옮긴이)를 생성하고 이것은 해마에서 관찰이 가능하다(조너선 윈슨Jonathan Winson, 1985). 이렇게 생성된 델타파는 뇌의 편도체 영역을 활성화하는데 만일 렘수면이 트라우마 사건으로 방해를 받으면 기존에 처리해서 통합한 정보가 왜곡된다. 가장 먼저 기억이, 그다음으로 정서와 인지 해석의 왜곡이 일어난다. 이 경우 실제 사건에 관한 기억은 편도체에 갇히고 전두엽은 이를 중재하지 못한다. 뇌에서 이성적으로 사고하는 영역의 기능이 멈춰버려 편도체가 감정을 처리하고 통합하도록 도와주지 못한다는 얘기다.

이처럼 연구자들은 트라우마 기억이 편도체에 영구적으로 갇힌다고 믿어왔다(조셉 르두Joseph Ledoux, 1994). 이제 그것이 사실이 아니라는 것이 속속 밝혀지고 있다. 우리 베르크만은 양측성 자극이 뇌 상태를 렘수면 상태와 유사하게 만듦으로써 편도체를 포함한 뇌의 다른 영역을 활성화해 이전에 편도체에 갇힌 기억을 처리하고 통합한다고 주장한다(1998). 그는 양측성 자극으로 편도체를 활성화하는 동안 내담자가 트라우마 사건과 연관된 고통스러운 감정이나 신체 감각에 집중하면 뇌가 기억 통합 과정을 시작한다고 설명한다. 양측성 자극을 줄 경우 변연계가 안정을 찾고 전두엽이 고차원적 기능을 수행해 결국 기억을 통합한다는 말이다.

정향 반응

양측성 자극은 정향 반응Orienting Response, 즉 주변 환경의 사소한 변화에도 즉각적인 생리적, 행동상의 반응을 일으키는 반사작용을 자극한다고 가정한다. 또한 반복적으로 동일한 자극을 주면 반응 정도 Response Magnitude가 점진적으로 감소한다고 본다. 이는 트라우마에서 미해결로 통합하지 못한 기억이 촉발한 정서적, 신체적 증상의 강도에 적용해 생각해볼 수 있다.

트라우마로 고통받는 사람이 트라우마 경험을 기억해내 반응하는 동안, 양측성 자극은 정향 반응을 자극해 처리 과정이 일어나도록 한다(프랜신 샤피로, 2011). 실제로 뇌가 현재 위협이 없음을 지각하면 몸과 마음은 이완된다. 정향 반응은 과거의 부정적 사고나 감정과의 연결을 방해하고 과거 자극(이를테면 트라우마 사건)과 새로운 관련성이 생기도록 만들어 트라우마 기억이 장기기억에 통합되게 한다. 즉, 양측성 자극은 보다 적응적인 반응을 촉진하고 과거 상황을 깊이 이해하며 새로운 의미를 깨닫도록 자극한다(로버트 스틱골드Robert Stickgold, 2002).

뇌 양쪽 영역 자극

뇌 자극과 관련된 또 다른 가설은 양측성 자극이 미해결 상태로 뇌에 갇힌 정보가 보다 민첩하게 움직이도록 자극해 기억 시스템을 활성화하고 정보 통합을 촉진한다는 것이다. 안구운동은 해마를 활성화하고 기억 평가와 응고화consolidation(초기 기억의 흔적을 안정화하고 확고하게 형성함-옮긴이) 과정을 재정비하도록 자극한다. 또한 양측성 자극은 내면의 정서 상태에 집중하도록 만드는 동시에 뇌의 기민성을 촉진하고 기억의 신진대사 능력을 높인다(로렐 파널Laurel Parnell, 2007). 마지막으로 아동 치료 분야의 세계적인 권위자 브루스 페리Bruce Perry에 따르면 양측성 자극 리듬은 드럼 치기나 춤추는 것과 유사한데, 이 방식은 여러 문화권에서 트라우마 기억을 처리하는 과정에 사용해왔다. 좌우로 움직이는 자극은 신경계 진정 효과가 있고 트라우마 반응 회로를 약화시킨다.

앞으로 보다 많은 연구가 필요하겠지만 우리가 기억해야 할 것은 최종 연구 결과가 무엇을 증명하든 EMDR 치료는 효과적이라는 사실이다. 이미 수백만 명이 효과를 봤고 당신도 그럴 수 있다.

5장 EMDR은 다른 치료와 어떻게 다른가

어디든 마음 가는 대로 가라.

공자

오늘날 대학에서 가르치는 가장 흔한 정신 치료는 정신역동 심리 치료Psychodynamic Psychotherapy와 인지행동 치료CBT, Cognitive Behavioral Therapy다. 둘 다 어떻게 발달했고 어떤 방식으로 작용하는지 설명하는 분명한 역사 자료가 있다.

정신역동 심리 치료는 심리학 초기 선구자 지그문트 프로이트와 카를 융의 연구에서 발전해왔다. 그동안 많은 변화가 있었는데 이 모든 것의 이면에 있는 이론은 과거와 연결되거나 과거에 뿌리를 둔 현재 삶의 역기능적 부분과 관련되어 있다. 여기서 변화하기 위해 알아야 할 가장 중요한 부분은 억제되거나(의식적으로 잊는 것) 억압된(의식적 자각 없이 잊는 것) 무의식으로 간주한다. 치료의 주된 방법은 내담자와 치료자 사이의 대화다. 그러다 보니 때로 빈정대듯 '말로 하는 치료Talk Therapy'라고 표현하기도 한다. 사실 대화는 치료에서 아주 중요한 요소다.

내담자와 치료자는 함께 내담자의 현재 사고, 감정, 행동을 탐색한다. 더러는 어린 시절에 초점을 두고 초기 경험이 지금의 내담자로 존재하는 데 어떤 영향을 미쳤는지 살펴본다. 무의식을 탐색할 때 치료자는 자유연상, 꿈 해석 같은 기법을 사용하고 내담자와 강한 정서적 유대를 형성하려 하는데 이를 전이Transference라고 부른다. 이론적으로 말하면 내담자가 어린 시절 부모에게 느낀 감정을 치료자에게 전이해 부모와의 관계에서 해결하지 못한 것을 치료 과정 중에 보다 긍정적인 방법으로 재경험하게 한다. 기본 가정은 치료 과정에서 역기능의 원인인 무의식 요소를 자각해 내담자 내면에 강렬한 감정이 일어나면 이를 해소한다는 것이다. 내담자의 과거와 현재 경험을 이해할 수 있는 언어, 비유, 상징을 통해 내담자는 점점 치유된다. 즉, 무의식 속에 잠겨 있던 것을 의식하고 자신의 삶을 역기능적으로 만드는 무의식의 갈등에서 자유로워진다.

19세기에는 이 이론을 획기적인 발견으로 여겼으나 이후 이 이론에서 발전해온 정신분석과 많은 정신역동 심리 치료는 점차 인기가 떨어지고 있다. 대화 치료는 오늘날 가장 일반적인 정신 치료 형태로 많은 사람에게 도움을 주긴 했지만 여러 가지 이유로 비판을 받고 있다. 가장 주된 비판 네 가지를 살펴보면 다음과 같다.

- 치료의 근거인 가정, 즉 과거에 해결하지 못한(가끔 무의식적인) 갈등에서 비롯된 현재의 역기능적 부분이 사실이 아니거나 입증이 거의 불가능하거나 입증할 수 없다.
- 내담자가 기분이 나아졌다고 보고하는 것 외에 치료 효과를 측정할 방법이 없다.
- 내담자의 능력을 넘어서는 복잡한 개념적, 언어적(상징, 은유, 이해) 기법에 과도하게 의지한다.
- 치료기간이 너무 길고 비용이 많이 든다.

정신역동 심리 치료에 불만족을 느낀 심리학자들은 인지행동 치료를 개발했는데, 이는 합리적 정서 치료Rational Emotive Therapy에서 발전한 것이다. 인지행동 치료는 내담자의 비합리적이고 부정적이며 왜곡된 사고 패턴을 합리적·긍정적·적응적 사고 패턴으로 바꾸도록 돕는 여러 기법을 혼합한 방식이다. 간단히 말해 이 이론은 개인의 생각이 바뀌면 행동이 바뀌고, 행동이 바뀌면 다시 생각에 변화가 일어난다는 얘기다. 이들은 삶에서 일어나는 문제는 조건화한 반응의 결과라고 가정한다. 즉, 사람은 부정적이고 잘못된 생각과 행동을 학습하고 이를 일반화하는데, 이는 삶을 전반적으로 역기능적으로 바꿔놓는다고 본다.

인지행동 치료의 목표는 내담자가 자신의 생각과 행동을 바꿔 자기감정을 조절하는 법을 배우게 하는 데 있다. 인지행동 치료도 치료의 주요 기법이 대화지만 내담자가 자신의 정서와 행동의 무의식적

원인을 알 필요가 없다는 차이점이 있다. 치료자는 왜 당신이 그런 식으로 느끼고 행동하는지에 별로 관심이 없다. 그들에게 중요한 것은 당신의 생각과 행동을 바꾸는 일이다. 만일 그렇게 할 수 있다면 당신의 삶은 보다 나은 쪽으로 변화할 것이다.

인지행동 치료가 외상 후 스트레스 장애 증상을 완화하는 효과적인 치료라는 것을 보여주는 연구도 있다. 사람들의 비합리적 사고 패턴을 확인해 합리적 사고로 대체하도록 만드는 것은 트라우마 치료에서 중요한 단계 중 하나다.

신체 중심 정신 치료

지난 20여 년 동안 신체 중심 치료는 트라우마를 치료하는 하나의 방법으로 광범위하게 인정받아왔다. 기억과 트라우마 관련 연구들은 치료 과정에 신체를 포함하는 것의 중요성을 뒷받침해준다. 해결하지 못한 트라우마를 다룰 때 신체 중심 치료는 내담자의 신체 자세·움직임·몸짓·신체 감각을 그가 말하는 것만큼, 어쩌면 그것보다 더 중요하게 고려한다.

이 이론은 내담자가 신체 감각과 고통스러운 감정으로 표출되는 트라우마 관련 정서를 점차 자각하면서 트라우마 사건과 연결된 해결하지 못한 감정이나 부정적 신념에 변화를 일으킬 수 있다는 것이다. 이 치료의 목적은 몸의 근육, 세포, 관절 등 트라우마 기억을 저장한 부위에 갇힌 감정을 해방시키는 데 있다. 이 경우 내담자는 몸 안에 트라우마로 갇힌 것을 방출하고 해결 방법을 찾으며 결과적으로 트라우마에서 자유로워진다. 몸 안을 들여다보며 몸이 회복의 길을 보여줄 것이라고 믿으면 자연스럽게 인지적 자각이 일어나고 모든 경험이 통합된다. 결국 새로운 신체 자세와 움직임이 생기는데 이것은 내담자가 다른 방식으로 느끼고 행동하도록 도와준다.

현재까지 트라우마 치료에서 신체 중심 치료의 효과를 입증하는 경험적 연구는 많지 않다. 그러나 신체 중심 정신 치료가 트라우마 증상을 치유할 수 있음을 지지하는 많은 선행 사례 연구가 있다. 트라우마 분야의 세계적인 전문가 베셀 반 데어 콜크는 신체 중심 치료를 트라우마 치유의 중요한 접근 방법으로 지지한다.

통합 치료로서의 EMDR

내가 볼 때 EMDR은 프랜신 샤피로 박사가 대화 치료와 신체 치료의 다양한 측면을 몸과 마음의 연결을 중심으로 통합한 하나의 기법이다. EMDR은 정신역동 치료와 인지행동 치료 그리고 내담자가 좀 더 효율적으로 사고하도록 도와주는 심리교육의 유용한 부분을 포함한다. 비록 대화 치료의 변형이 EMDR의 기초를 이루지만 4단계인 민감소실 과정에서 내담자는 말을 많이 하지 않아도 된다.

EMDR의 중요한 치료적 이점은 당신이 원한다면 혹은 너무 스트레스를 받는다면 치료자에게 트라우마 사건의 세부사항을 다 말하지 않아도 괜찮다는 것이다. 트라우마는 내면에서 내밀하게 처리해도 치유할 수 있다. EMDR 치료를 할 때 내담자가 하는 주된 역할은 내면에서 일어나는 몸과 마음의 경험을 관찰하는 일이다. 대화는 당신이 내면을 관찰하는 동안 무슨 일이 일어나고 있는지 치료자에게 이야기해 치료자가 처리 과정을 안내하도록 하는 데만 필요하다. 치료자는 당신이 트라우마에 변화를 일으키도록 안전한 환경을 만드는 동시에 트라우마 처리 과정을 잘 해내도록 돕는다. 물론 치료자는 정서적으로 고통스럽고 때로 공포를 주는 트라우마 증상, 특히 당신이 그 순간 말로 표현할 수 없을 정도로 강하게 느끼는 공포도 다룬다.

정신역동 심리 치료처럼 EMDR 치료자는 어린 시절 과거력을 탐색하고 그것이 현재의 삶이나 건강에 어떤 영향을 미치는지 고려한다. 또한 민감소실 단계에서 이미지, 사고, 감정, 감각이 무엇이든 자유롭게 떠오르는 대로 두고 무의식에서 올라와 몸과 마음이 드러내는 것을 있는 그대로 표현하도록 격려한다. 이 과정에서 일어나는 모든 의사소통은 매우 중요하다. 어떤 내담자는 자신의 트라우마를 대표하는 상징을 이용하기도 한다. 인지행동 치료와 마찬가지로 EMDR 치료에서도 조건화한 반응을 고려한다. 트라우마 경험과 관련이 있는 경우에는 더욱더 그렇다. EMDR은 당신의 부정적 신념을 현재 삶에서 긍정적 관점으로 대체할 때까지 처리 과정이 자연스럽게 흘러가도록 한다. 그 결과 당신은 당신의 삶과 인간관계를 제한하던 부정적 신념에서 자유로워진다.

신체 중심 치료와 통합할 경우 이 모든 결과는 신체적 측면에서 트라우마와 관련된 신체 증상이 사라지거나 상당히 줄어든다. 마음 측면에서는 통제하기 어렵던 감정이 줄어들고 트라우마와 관련된 부정적 신념이 변화한다. 내담자가 내면에서 일어나는 것을 모두 수용하고 몸과 마음으로 표현하는 처리 과정을 신뢰하면, EMDR은 다른 어떤 치료보다 트라우마에서 완전히 벗어나게 해주는 강력한 치료법이다.

EMDR 치료는 치료자가 당신의 트라우마를 대표하는 강렬한 이미지를 찾도록 돕는 것으로 시작한다. 트라우마를 대표하는 것에는 어떤 경험, 기억, 주요 문제, 증상의 가장 고통스러운 부분 등이 있으며 기억 네트워크를 활성화하기 위해 그 경험에서 세부적인 특정 이미지를 찾는다. 이때 당신은 내면을 탐색해 그 이미지와 관련된 부정적인 생각, 감정, 신체 감각을 느껴본다. 치료자는 당신의 내면에서 무슨 일이 일어나든 떠오르는 대로 두고 계속해서 주시하도록 안내한다.

모든 사람에게는 각자 저마다 고유한 처리 과정이 있다. 그 과정에서 어떤 사람은 보이거나 들리는 것을 이야기하고 또 어떤 사람은 많은 생각에 잠긴다. 누군가는 감정과 함께 몸에서 느껴지는 신체 감각을 표현한다. 내담자의 신체 변화와 반응을 섬세하게 관찰하고 처리 상황을 살펴 이 모든 과정을 잘 진행하도록 이끌어주는 것이 치료자의 역할이다. 통합 치료로서의 EMDR은 당신에게 치유 느낌을 주고 실제로 변화할 수 있음을 알게 해준다.

외상 후 스트레스 장애로 고통받는 사람은 뇌의 변연계 영역이 활성화하는 탓에 트라우마로 조건화한 신체 반응을 다룰 때 전통적인 대화 치료가 별로 도움이 안 된다는 연구 결과도 있다. 원치 않는 반응이 자동적으로 일어나지 않도록 해보겠다고 결심할 수도 있으나 사실 이것은 거의 불가능하다. 비언어적 반응은 굉장히 빠르고 자동적이라 현재 무슨 일이 일어나고 있는지 이해하는 것으로는 반응을 바꿀 수 없다(반 데어 콜크, 1994). 내면에서 일어나는 반응을 통찰하는 것은 대화 치료로 가능하지만 반응을 바꾸려면 다른 치료로 접근할 필요가 있다.

많은 연구 결과들이 EMDR 치료가 다른 트라우마 치료법보다 효과적이라는 것을 일관성 있게 보여준다. EMDR 치료가 외상 후 스트레스 장애에 얼마나 효과적인지 검증하기 위해 적어도 스무 개 이상의 연구가 이뤄졌다(16권의 책이 출판되었다. 더 많은 연구는 www.emdria.org에서 찾아볼 수 있다). 의료기관 카이저 퍼머넌트Kaiser Permanente는 연구에서 EMDR은 일반적인 치료에 드는 시간의 절반 정도로 두 배의 치료 효과를 낸다고 보고했다. 비교 연구로는 바이오피드백 이완, 적극적 경청, 재향군인병원의 집단 표준 치료, 카이저 HMOKaiser HMO 시설에서 진행한 다양한 형태의 개인 치료를 포함한 표준 치료가 있다.

인지행동 치료와 EMDR 치료를 비교한 임상실험들도 있다. 그 다양한 연구 결과는 EMDR 치료와 인지행동 치료 모두 외상 후 스트레스 장애 치료에 효과가 있음을 보여준다. 어떤 연구는 인지행동 치료가 EMDR보다 우수하다고 한 반면 또 다른 연구는 EMDR이 더 효과가 있다고 했다. 최근의 연구는 치료 결과는 비슷해도 EMDR 치료가 인지행동 치료보다 더 짧은 회기로도 치료가 가능하다는 것을 보여준다. 이는 잠재적으로 내담자의 시간과 돈을 절약할 수 있음을 의미한다.

6장 아동을 위한 EMDR

세상에서 가장 아름다운 것은 보거나 만질 수 없다.
그것은 마음으로 느껴야 한다.

헬렌 켈러

나는 EMDR 치료가 아동에게도 효과가 있느냐는 질문을 자주 받는데, 내 대답은 언제나 "그렇다"이다. EMDR은 아이들이 트라우마를 재처리하도록 효과적으로 도와준다. 아이들이 보이는 행동과 정서적인 문제는 간혹 부모가 잘 모르는 어떤 트라우마와 연관된 경우가 많다. 아이들의 트라우마는 빅-T로 보이는 경우에도 실제로는 스몰-t와 연관되어 있을 때가 많다. 가령 학교, 친구 그리고 새로운 어딘가에 적응하는 것이 아이들에게 감당하기 어려운 일로 여겨지기도 한다. 만약 아이들이 고통스러운 사건 때문에 정서나 행동에 어려움을 겪고 있다면 EMDR로 관련 기억을 처리하는 것이 좋다. 그러면 아이들은 현재에 더 집중하고 자신감을 얻어 삶의 전반적인 부분에 더욱 잘 대처한다.

만약 당신이 아이를 위한 EMDR 치료자를 찾는다면 치료자가 아동심리 치료 전문가이자 EMDR 전문가인지 확인해야 한다. 대체로 치료자는 부모인 당신과 먼저 작업을 진행한다. 즉, 전화로든 직접 만나든 부모의 이야기를 듣고 나서 EMDR이 도움이 될지 아닐지 전문적인 의견을 준다. 만약 치료자가 당신의 아이에게 EMDR이 도움을 줄 거라고 판단하면 이 책의 내용과 비슷하게 EMDR을 설명해줄 것이다. 이어 치료자는 아이의 인생에서 무슨 일이 일어나고 있는지 파악하기 위해 당신에게 아이의 과거력을 물어본다.

아이가 치료에 함께 참여해도 좋을 만큼 나이를 먹지 않았다면 아이의 과거력을 얻기 위한 첫 번째 치료 회기에는 부모만 참여할 확률이 높다. 첫 시간에는 앞서 설명한 세세한 질문과 함께 추가로 부모에게 개인적인 질문을 한다. 물론 이것은 치료와 관련이 있기 때문이다.

아이에게 의학적, 정신과적 문제가 있을 경우 EMDR 치료자는 약물을 처방하는 의사에게 EMDR 치료를 진행한다는 사실을 알리고 그들의 의견을 듣기 위해 연락해도 되는지 당신에게 물어볼 수도 있다. 또한 아이가 현재 법적 문제를 겪고 있거나 양육권 관련 문제가 있다면 당신의 치료자는 EMDR 치료를 진행하기 전에 먼저 변호사에게 연락하려 할 수도 있다.

아동을 상대로 한 EMDR 치료는 성인과 유사한 점도 있고 다른 점도 있다. 기본적인 원리는 같지만 아동의 뇌는 발달 과정에 있고 트라우마 처리 과정도 성인과는 다르므로 EMDR 실제 진행 과정도 다르다. 예를 들어 성인 치료에서 한 시간 동안 처리한 것을 아동은 단 5분 만에 처리를 완료할 수도 있다. 대체로 아동의 EMDR 치료는 성인에 비해 간단하다. 다시 말해 별다른 개입을 하지 않아도 빠르고 자연스러우며 순조롭게 진행된다. 특히 아동을 대상으로 한 일반적인 상담 치료, 놀이 치료, 모래상자 치료, 미술 치료 같은 다양한 치료와 통합이 가능하다. 실제로 많은 치료자가 아동의 EMDR 치료에 다른 치료 유형을 결합해 통합적으로 접근한다.

EMDR 치료는 아동이 이해하기에 너무 복잡하고 정교해서 치료자는 보통 아동에게 EMDR을 자세히 설명하지 않는다. 대신 아동의 어휘 수준에 맞춰 좀 더 쉽고 단순하게 EMDR을 설명해준다. 몇몇 십대 청소년이나 조숙한 아이는 치료자가 무엇을 하려 하는지, 왜 하려 하는지 궁금해 한다. 이럴 때는 설령 그들이 완전히 이해하지 못해도 성인을 대하듯 설명해주는 것이 좋다. 치료자가 치료시간에 사용하는 언어는 아동의 나이와 발달 수준에 맞추는 것이 바람직하다. 성인과 마찬가지로 아동의 EMDR 치료도 먼저 자원을 찾고 강화하는 것부터 시작한다. 치료자는 아동이 안전지대를 찾도록 돕는데 아동은 대개 상상력이 풍부해서 이 과정을 의외로 쉽게 진행한다. 필요할 경우(대체로 필요한데) 치료자는 자기진정 기법Self-Soothing Techniques을 가르친다.

그런 다음 아동에게 양측성 자극을 알려준다. 양측성 자극에는 안구운동, 진동기 쥐기, 손으로 두드리기, 드럼 두드리기, 발 구르기 등이 있으므로 아이에게 가장 잘 맞는 방법을 선택한다.

치료자는 아동에게 불편한 문제나 감정을 넣어두는 컨테이너 기법도 가르쳐준다. 다시 한 번 말하지만 이러한 연습은 자의식이 강한 성인에 비해 상상력이 풍부한 아동들이 더 쉽게 받아들인다(자의식이 과도하게 강한 십대는 간혹 이런 종류의 연습을 바보스럽게 여긴다). 아동에게 기분 나쁜 내용을 종이에 적거나 그리게 한 뒤 그 종이를 봉투에 넣는 것도 한 방법이다. 나중에 이것을 처리할 때 다시 꺼낼 수 있는데 이 과정은 결국 아동에게 컨테이너 기법을 가르치는 셈이다. 치료 과정에서 아동이 상상력의 유연함과 창의성을 충분히 보여준다면 치료자는 더욱 창의력을 발휘해 치료를 진행할 수 있다.

목표기억을 정할 때는 아동의 나이를 고려하고 필요하다면 치료 프로토콜도 준비 단계부터 변형한다. 아동 발달 연구는 아동의 나이에 맞는 적절한 것이 무엇인지 잘 알려준다. 아동의 발달 단계는 각 개인마다 다르므로 치료자는 평가 결과에 따라 치료 회기를 준비해야 한다. 아마 12세 이상의 아동은 고통스러운 이미지, 부정적 인지, 긍정적 인지를 잘 찾아낼 것이다. 그들은 긍정적 신념을 얼마나 받아들일 수 있는지를 비롯해 느껴지는 감정의 불쾌한 수준을 평가하고, 그 감정이 신체 어디에서 느껴지는지도 찾아낸다.

만약 12세 이하라면 아동에게 목표기억을 찾아낼 능력이 있는지 치료자가 미리 가늠해야 한다. 어떤 아동은 고통스러운 이미지와 신념을 찾아내지만 그렇지 못한 아동도 많다. 상황이 어떠하든 치료자는 아동이 EMDR 처리 과정을 편안해하고 치료의 성공 가능성에 커다란 기대감을 갖도록 EMDR 과정을 아동의 필요에 맞게 변형한다. 때로 치료자는 아동이 감정과 혼란 정도를 표현하도록 돕고자 사진을 사용한다. 혹은 아이에게 손가락을 이용해 얼마나 힘든지 알려달라고 말한다. 책에서는 이러한 적용법이 단순하고 어색해 보일 수 있으나 실제 치료 회기에서는 대체로 매끄럽고 쉬우며 효과적이다.

민감소실 단계에 들어가면 치료자는 아동에게 양측성 자극을 주기 시작한다. 6세 이하 아동에게는 주로 손으로 두드리기를 사용한다. 이들은 아직 안구운동 조절 능력이 충분히 발달하지 않아 안구운동을 꽤나 어려워할 수 있다. 아주 어린 아이와 작업할 때 치료자는 '상처 입은', '나쁜', '커다란' 등과 같이 아이의 혼란스러운 감정을 반영하는 단어를 사용한다. 이런 직접적인 단어가 아동의 기억체계를 활성화하기 때문이다. 더러는 양측성 자극을 주면서 아이에게 일어난 트라우마 사건의 전반적인 이야기를 들려주기도 한다. 적절할 경우, 치료자는 아동의 보호자에게 아이를 품에 안고 트라우마 사건을 이야기하게 하면서 양측성 자극을 준다. 여기서 핵심은 아동이 편안함과 안전함을 느낄 수 있는 치료 환경에서 EMDR 치료를 진행해야 한다는 점이다.

일단 민감소실 단계를 완료하면 그다음은 긍정적 인지와 정서를 강화하는 주입 단계로 무리 없이 이동한다. 아동의 경우, 이 과정이 성인과 조금 달라 보일 수도 있다. 치료자는 "그래서 지금은 어떤 생각이 드니?" 같은 질문으로 아동이 대답하도록 유도하고, 특정한 긍정적 신념이 아니라 그냥 '행복한 상태'를 말해도 받아들여야 한다. 그 행복한 상태는 처리 과정에서 자연스럽게 나오는 경향이 있다.

성인과 작업할 때와 마찬가지로 EMDR 회기는 아이가 안전하고 보호받는 느낌을 받는 방식으로 마무리해야 한다. 이는 처리 과정을 완료했든 아니든 마찬가지다. 치료자는 안전지대 연습이나 그 외의 다른 방법을 사용해 아이의 안정을 도모한다. 아마 치료자는 다음 치료 회기까지 아이가 집에서 어떻게 지내는지 관찰해달라고 부모에게 부탁할 것이다. 아이의 행동과 증상에 조금이라도 변화가 있다면 다음 치료 회기 시간에 반드시 치료자에게 알려야 한다. 치료자는 이전 치료시간의 처리를 잘 완료했는지 알아보기 위해 늘 재점검한다. 처리가 완전하지 않을 때 치료자는 이전 시간에 다룬 문제를 계속 다룬다. 완전히 처리한 경우, 치료자는 다음 문제로 넘어간다. 아동과 작업할 때는 아이에게 EMDR 치료로 트라우마 기억 자체가 아니라, 트라우마 사건이 떠오를 때의 불쾌한 감정과 감각이 사라진다고 강조하는 것이 중요하다.

아래 목록은 EMDR 치료가 도움을 줄 수 있는 아동의 증상이다. 치료자는 보통 트라우마 기억을 다루기 전에 아동이 보이는 증상을 완화하기 위해 몇 가지 기법과 자원을 개발하려 한다. 이러한 순서는 여러 가지 이유로 보편적인 과정으로 자리 잡았다. 또한 아이는 EMDR 치료를 시작하기 전에 반드시 자신의 주치의뿐 아니라 자격을 갖춘 EMDR 치료자와 상담을 해야 한다.

- 학교 공포증 같은 불안과 두려움
- 악몽과 야간 공포증
- 지속적인 야뇨증

- 지나친 죄책감
- 화를 내거나 짜증내는 것
- 우울
- 여러 가지 의학적인 문제(병의 원인과 증상에 따라 다르다)
- 간질 - EMDR을 시작하기 전에 먼저 EMDR 치료자가 담당의사와 대화한다. EMDR은 간질을 경험하는 아동에게도 성공적이다. EMDR이 간질을 완치하는 것은 아니지만 간질로 인해 자신을 남과 다르다고 여기는 외상적 감정을 다루는 데 도움을 준다.
- 환각(병의 원인과 증상에 따라 다르다)
- 적대적 행동
- 해리(의식, 기억, 행동, 정체성의 통합 기능에 갑작스런 이상 현상이 나타나는 장애-옮긴이) 증상
- 과잉 활동
- 학업의 어려움
- 발달 지연
- 학습장애 - 학습장애로 남과 특별히 다르다고 느끼는 경험은 트라우마로 남을 수 있다. EMDR이 학습장애를 치료할 수는 없지만 그것으로 생긴 외상적 감정을 다루는 데 도움을 준다.

연구에 따르면 아동이 현재의 외상적 상황(이를테면 조부모가 만성질환으로 서서히 죽어가는 상황) 때문에 힘들어해도 EMDR 치료는 아

이의 회복력을 기르는 데 도움을 준다. 또한 미래에 겪을 어려운 일에 아이가 덜 혼란스러워하고 더 효과적으로 대처할 수 있는 능력을 길러 준다.

물론 EMDR이 아동에게 도움을 주지 못할 때도 있다. 이럴 경우 EMDR 치료자는 아동의 주치의와 논의해 최선의 치료 계획에 필요한 전문적 조언을 얻어야 한다.

12세 이상 아동

아동의 나이가 12세 이상이면 치료자가 아이의 경험을 인정해 주고 치료자와 함께하는 것을 편안해하는지 평가하는 것이 중요하다. 만일 편안해하지 않는다면 치료자가 아무리 근사한 전문자격증을 갖췄더라도 아동에게 맞는 치료자를 찾기 위해 다른 치료자를 만나보는 것이 바람직하다. 기억할 것은 치료의 성공 확률을 높여주는 가장 중요한 지표는 내담자와 치료자 간의 관계라는 점이다.

이 나이의 아동은 일반적으로 부모가 먼저 방문해 EMDR이 무엇이고, EMDR로 무엇을 얻을 수 있는지 설명을 듣는다. 그런 다음 아동과의 치료 작업을 시작한다. EMDR은 자신들의 이야기를 표현하는 데 익숙하지 않은 십대에게 특히 효과적이다. 자신의 트라우마 경험을 모두 털어놓지 않아도 되므로 그들은 EMDR 치료를 더 편안히 여길 수 있다. 첫 회기에는 주로 안전지대와 컨테이너를 찾고 자원을 강화하며 시간을 보낸다. 어떤 치료자는 이완, 심호흡 같은 여러 안정화 기법을 가르쳐준다. 또한 치료자는 아동이 스스로를 좋게 생각했던 경험을 찾아내 이를 자원으로 개발한다. 만약 아이가 준비를 갖췄다면 바로 그다음 치료 회기부터 트라우마 기억의 처리를 진행한다.

다음은 15세 소녀가 다시 정상적인 삶의 궤도로 돌아가도록 EMDR이 어떻게 도움을 주었는지 보여주는 사례다.

샌디

샌디는 등교를 거부해 EMDR 치료를 받으러 온 고등학생이다. 샌디가 어렸을 때 이혼한 샌디의 엄마는 나중에 재혼했는데, 샌디는 계부와 잘 어울리지 못했다. 샌디는 공부를 잘했으나 최근 성적이 떨어지기 시작했다. 그녀의 부모는 샌디가 친구들과 마리화나를 피운다는 것을 알아냈고, 그것이 샌디의 성적에 부정적 영향을 미치는 것은 아닐까 걱정했다. 또한 그들은 샌디가 우울해하고 잠을 잘 이루지 못하며 식욕도 떨어졌다는 것을 알았다. 그녀의 엄마는 치료자에게 전화해 샌디에 관한 여러 정보를 알려주었다.

치료자가 샌디의 부모에게 EMDR 치료를 설명하자 그들은 치료에 동의했다. 샌디를 처음 만난 날, 치료자는 자신의 의견을 존중받고 언제든 도움을 받을 수 있다는 느낌이 그녀에게 무척 중요하다는 것을 알아냈다.

"네게 일어난 일 중에서 가장 혼란스러운 것이 무엇이니?"

치료자가 묻자 샌디는 친구들이 자신에게 얼마나 심하게 굴었는지 조금 이야기했다. 친구들에게 괴롭힘을 당한 경험은 샌디에게 엄청나게 모욕적인 일이었다. 치료자는 그 경험을 EMDR의 첫 번째 목표기억으로 선택했다.

샌디의 첫 번째 치료 회기는 안전지대를 찾는 것부터 시작했다. 그녀는 넓은 시골 들판을 자유롭게 걷는 장면을 떠올렸다. 이어 치료자가 컨테이너를 떠올려보라고 하자 그녀는 마음대로 닫고 잠글 수 있는 예쁜 상자를 떠올렸다. 치료자는 농구를 좋아하는 샌디가 농구경기를 할 때 기분이 좋아지고 자신감과 강해지는 느낌을 얻는다는 것을 알아냈다. 이러한 자원은 샌디에게 긍정적 느낌을 주므로 무척 중요했다. 샌디는 양측성 자극으로 그 긍정적 상태를 강화했다. 마침내 그녀는 EMDR의 민감소실 단계를 시작할 준비를 갖췄다.

샌디는 양측성 자극으로 진동기를 선택했고 손을 드는 것을 정지신호로 정했다. 우선 첫 번째 목표기억을 평가할 필요가 있었다. 그녀는 또래와 잘 어울리지 못하는 느낌을 다루길 원했다. 또래가 자신을 괴롭히고 그녀가 하는 모든 행동을 평가한다고 생각했기 때문이다.

아래는 목표기억을 평가한 내용이다.

가장 고통스러운 이미지 — "내가 입은 옷을 보고 내 이름을 부르며 비웃고 놀리는 여자아이들. 그들은 끔찍한 표정을 지으며 나를 바라보고 나는 따돌림을 당하는 것처럼 느낀다."

부정적 인지 — "나는 멍청하다."

긍정적 인지 — "나는 좋은 학생이 되어 친구들을 사귈 수 있다."

인지타당도 척도 — "2"

감정 — "슬픔, 분노."

주관적 고통지수 — "7"

신체 감각 위치 — "몸 전체."

샌디의 치료 회기는 총 60분이었는데 반은 그냥 대화하고, 반은 EMDR 처리 작업을 했다. 첫 번째 치료 회기는 빠르게 진행되었다. 그녀는 고통스런 이미지와 '멍청하다'는 생각을 떠올리고, 슬픔과 분노의 감정을 느꼈으며 이것을 온몸으로 경험했다. 양측성 자극을 시작할 준비를 갖추자 그녀는 신호를 보냈다. 첫 번째 양측성 자극 세트는 빠르게 이뤄졌다. 처리 과정 동안 그녀는 조용히 있다가 하품을 했는데, 이는 일단 양측성 자극을 멈추고 점검하라는 신호였다. 치료자가 질문하자 그녀는 양측성 자극을 받으니 당시의 당황스러움과 자신이 친구들에게 화가 났었다는 것이 떠올랐다고 했다. 그러나 분노는 금세 사라졌고 그녀는 치료가 끝난 뒤 쇼핑몰에서 쇼핑해야겠다는 생각이 났다고 말했다. 처리는 빠르게 이뤄졌다.

또 다른 세트의 양측성 자극을 짧게 주자 그녀는 친구들에게 정말 많이 화가 났는데 곧바로 분노가 사라졌다고 했다. 그녀의 마음은 다시 쇼핑몰에 가는 것을 떠올렸다. 처리가 빠르게 진행된 것이다. 다시 한 세트의 양측성 자극이 끝나자 그녀는 더 이상 화가 나지 않는다며 그저 사람들이 자신을 좀 더 잘 대해주었으면 좋겠다고 했다. 그렇게 말하며 그녀는 불안한 듯 의자에서 더 많이 움직였다. 하지만 불안해하는 모습은 금방 사라졌고 그녀의 마음은 다시 쇼핑몰 쪽으로 흘러갔다.

이어 다른 세트의 양측성 자극을 마치자 그녀는 친구가 더 많았으면 좋겠다고 했다. 이후 계속된 민감소실 과정에서 그녀는 지난여름 캠프에서의 좋은 시간과 사람들이 얼마나 잘 대해주었는지 기억해냈다. 그녀의 내면에서 자연스럽게 떠오른 이 자원은 그녀가 자신의 삶에서 긍정적이던 시간을 기억하도록 도와주었다. 민감소실 단계가 마무리되었는지 알아보기 위해 묻자 그녀는 더 이상 이 사건과 연관된 불쾌감이 조금도 떠오르지 않는다고 했다. 그녀의 긍정적 인지는 '나는 괜찮은 사람이고 내게는 친구들이 있다'로 바뀌었다. 샌디가 이 믿음을 완전히 받아들이고 스스로 자신감을 찾을 때까지 치료자는 주입 작업을 계속했다.

그런 다음 그녀의 현재 유발요인을 평가하고 처리했다. 그녀의 가장 큰 두려움은 다음 날 학교에 가는 것이었다. 이 시나리오는 샌디가 아무런 혼란스러움이나 고통을 느끼지 않고 등교를 기분 좋게 느낄 때까지 완전하게 처리했다. 처리를 진행할수록 더 많은 자원이 나타났다. 그녀는 자발적으로 '나는 어떤 일이 일어나도 대처할 수 있다. 나는 괜찮은 학생이다. 내게는 친구들이 있다'라는 긍정적 인지를 떠올리고 받아들였다.

샌디의 몸은 충분히 이완되었고 그녀는 내면에 커다란 에너지가 있음을 느꼈다. 치료자는 여기서 그녀의 치료 작업을 완결했다. 이 치료 회기는 성인 치료와 마찬가지로 신체검색과 종료 과정으로 끝이 났다. 치료 회기를 보면 샌디에게 처리 과정이 얼마나 빠르게 일어났는지 알 수 있다. 아동은 대개 이런 문제를 성인보다 훨씬 빨리 처리한다. 샌디는 목표기억을 신속히 해결했고 나아가 자신의 새로운 강점을 찾아냈다. 새롭게 자신감과 안도감을 얻은 그녀는 다음 날 학교에 갔다.

십대 청소년과 치료 작업을 할 때는 치료자가 먼저 그들의 강점을 찾아내 그것을 지지하고 강화해주는 것이 중요하다. 이 과정은 청소년이 자신의 문제보다 자신이 훨씬 더 큰 존재임을 깨닫게 해준다. 첫 번째 목표기억을 성공적으로 처리한 샌디는 다음 치료 회기에 부모의 이혼을 처리하기로 했다. 부모의 이혼은 아이들에게 힘들고 어려운 일이며 많은 경우 아이들은 자신의 감정을 나눌 사람이 아무도 없다. 그래서 그들은 대부분 감정을 억누르며 지내다가 시간이 지난 뒤 나중에 행동화Acting Out한다. 샌디는 이런 경험을 다루는 것이 쉽지 않으리라고 짐작했으나 그녀는 EMDR과 치료자를 신뢰했고 앞으로 나아갈 준비를 갖추고 있었다.

이혼할 무렵 샌디의 엄마는 대화가 불가능할 만큼 감정적으로 혼란스러운 상태라 샌디는 엄마에게 의지할 수 없었다. 그 경험에 따른 감정을 성공적으로 처리한 뒤, 그녀는 세 번째 치료 회기에 계부에게 느끼는 분노를 다룰 준비를 마쳤다. 샌디는 이것도 쉽게 처리했다.

3주 동안 진행한 치료 회기에서 샌디의 감정은 많이 좋아졌다. 그다음 두 번의 치료 회기에서 그녀는 모든 나쁜 기억을 안고 지금의 학교로 돌아가는 것은 힘든 일이므로 고등학교를 옮길 결심을 했다. 그녀는 이것을 혼자 결정했지만 딸의 변화를 지지한 그녀의 부모는 그 결정을 존중해주었다. 새로운 학교로 가자마자 친구들을 사귄 샌디는 잘 먹고 잘 잤다. 그녀는 스스로 더 편안해지고 있음을 체감한다고 말했다. 일곱 달 뒤 샌디는 다시 치료자를 찾아와 상태를 점검했다. 그녀는 잘 지냈고 마리화나도 피우지 않았다. 또 좋은 친구들을 사귀었으며 스포츠를 즐겼다.

총 다섯 번의 치료 회기 동안 샌디는 자신의 분노와 우울을 처리했고 더 큰 내적 자신감과 강함을 찾았으며, 결국 스스로 인생을 바꿀 수 있다는 사실을 깨달았다. 부모의 지지를 받은 샌디는 자신에게 감정적, 행동적으로 영향을 주고 있던 여러 가지 스몰-t 트라우마를 EMDR 치료로 처리했다.

7~11세 아동

아동이 7~11세일 경우 아이에게 안전감을 주기 위해 부모가 치료실에 들어오도록 할 수 있다. 물론 이것은 필요할 때 적절히 해야 하고 부모에게 아이를 달랠 기술이 있어야 한다. 부모도 아동의 트라우마 때문에 간접적으로 트라우마를 겪는 경우가 많다. 따라서 아동이 좋아지는 과정을 부모가 직접 보면 부모도 안정을 취하고, 안정을 찾은 부모는 다시 아동의 치유에 좋은 영향을 준다. 이는 모두에게 좋은 일이다. 간혹 아이를 정서적으로 지지하기 위해 부모가 먼저 EMDR 치료를 받는 경우도 있다.

치료는 대체로 안전지대를 찾는 것부터 시작하며 필요할 경우 컨테이너를 개발한다. 그러나 많은 아동이 트라우마를 빨리 처리하기 때문에 컨테이너에 넣을 것이 남아 있지 않아 컨테이너를 개발하지 않기도 한다. 때론 세 번의 치료 회기 내에 트라우마를 완전히 처리하기도 한다. 물론 더 많은 트라우마나 복잡한 가족 문제가 있으면 치료는 더 길어진다.

다음은 EMDR로 트라우마를 처리하기 전까지 힘들게 고통받던 9세 소년의 사례다.

크리스

크리스는 심각한 자전거 전복 사고를 당한 뒤 EMDR 치료를 받으러 왔다. 어느 날 그는 친구들과 자전거를 타고 놀다가 헤어져 혼자 내리막길로 갔는데 갑자기 자전거를 통제할 수 없었다. 몇 번을 굴러 바닥으로 떨어진 그는 오른쪽 다리가 부러졌다. 크리스는 누군가가 경찰을 부른 것 외에 별로 기억나는 것이 없었다. 그는 자신이 심하게 다쳤고 혼자 남겨졌다는 것과 주변에 모르는 사람들이 쓰러진 자신을 둘러싸고 있어서 무서웠던 것을 기억해냈다.

크리스는 자신을 태우기 위해 온 구급차도 무섭게 느껴졌고 온몸이 얼어붙은 듯했다. 그는 병원에서 부모를 만나고 나서야 마음을 놓았다. 의사는 신속하게 부러진 다리뼈를 맞춰 깁스했지만 나중에 보니 다리가 제대로 낫지 않고 있었다. 어쩔 수 없이 다리를 다시 부러뜨려 뼈를 새로 맞춰야 했다. 그런데 수술할 때 마취가 충분히 이뤄지지 않았고 수술하는 동안 깨어난 크리스는 완전히 의식이 있었지만 움직이거나 "무섭다"라고 말하지 못했다. 그 끔찍한 수술 경험은 크리스에게 트라우마 기억으로 남았다.

사고를 겪고 1년 뒤 크리스의 다리는 거의 다 나았으나 그는 두통과 복통에 시달렸고 더 이상 학교에도 가고 싶지 않았다. 혼자 있을 때는 늘 불안했고 잠도 잘 이루지 못했다. 크리스는 몇 개월 후 받아야 하는 나사 제거 수술을 몹시 두려워하고 있었다.

이 트라우마는 단일 사건으로 시작되었으나 이후의 사건도 크리스에게 고통의 연속이었다. 따라서 트라우마 사건의 모든 부분을 EMDR로 처리할 필요가 있었다. 크리스는 삶이 피폐해질 만큼 트라우마의 영향을 크게 받고 있었다. 그의 엄마는 EMDR이 크리스에게 도움을 줄지 알아보기 위해 그를 치료자에게 데려왔다. 크리스가 혼자 남겨지는 것을 몹시 두려워해서 엄마도 치료 회기 내내 치료실에 함께 있었다.

치료는 크리스가 안전지대를 찾는 것부터 시작했다. 그림 그리기를 좋아한 크리스는 안전지대로 그가 좋아하는 방에서 부모가 그의 옆에 앉아 TV를 보는 그림을 그렸다. 양측성 자극은 이어폰을 이용한 청각으로 했다. 첫 번째 목표기억은 자전거 전복 사고였다. 치료자는 사고 후 일어난 각각의 트라우마 부분도 처리해 크리스가 끔찍한 사건을 완전히 통합하고 변형하도록 했다.

아래는 목표기억을 평가한 내용이다.

가장 고통스러운 이미지 — "아래를 내려다보니 내 다리가 온전치 않아 보였다."

부정적 인지 — "나는 심각한 상태다."

긍정적 인지 — "나는 괜찮다."

인지타당도 척도 — "2"

감정 — "두려움. 부러진 내 다리가 섬뜩해 보인다."

주관적 고통지수 — "10"

신체감각 위치 — "가슴과 다리."

크리스가 이 기억에 충분히 연결되었을 때 치료자는 양측성 자극을 시작했다. 크리스는 금세 힘든 감정들을 처리했고 몇 분 만에 저녁식사로 무엇을 먹고 있었는지 이야기했다. 원래 이미지로 돌아가 보니 이제 그 부분은 괜찮은 것 같다고 했다. 그 후 그는 수술 도중 깨어난 고통스러운 이미지를 떠올렸다. 치료자는 크리스가 여기에 집중하도록 하고 양측성 자극을 주며 처리 과정을 시작했다. 몇 분 만에 크리스는 최근에 읽고 있는 책 이야기를 했다. 수술받을 때의 이미지로 다시 돌아가자 그는 그 이미지가 더 이상 자신을 괴롭히지 않는다고 말했다. 처리 과정은 계속 이어졌고 연속적인 사건의 전체 과정을 차례로 훑으며 현재 시점까지 지속했다.

이 치료 회기 동안 크리스는 아홉 개의 서로 다른 이미지를 깨끗이 처리했다. 치료 회기 마지막에 기존의 목표기억에 관한 주관적 고통지수를 확인하자 3점까지 내려갔다. 치료 회기의 마지막에 치료자는 그를 안전지대로 돌아가게 했다.

두 번째 치료 회기에 크리스는 주관적 고통지수가 5점까지 올라갔다고 보고했다. 이런 현상은 EMDR 치료 중에 자주 일어나는데 이는 처리를 완전히 마무리하지 않았기 때문이다. 섬뜩해 보이는 다리 이미지가 여전히 그를 괴롭히고 있었다. 치료자는 양측성 자극으로 그 이미지를 다시 처리했다. 치료자는 크리스에게 사건 전체를 처음부터 끝까지 이야기하게 했다. 모든 것을 깨끗이 처리한 듯했으나 부러져 휘어버린 다리 이미지는 여전히 주관적 고통지수 5점으로 남아 있었다.

이번에는 그 불쾌한 이미지를 떠올리게 하고 양측성 자극을 주며 크리스에게 다리를 쳐다보게 했다. 그는 괜찮은 다리를 보았고 그렇게 신체가 멀쩡하다는 사실을 확인한 뒤 자유로워졌다. 주관적 고통지수는 그 즉시 0점으로 떨어졌다. 긍정적 인지는 '나는 괜찮고 다리도 괜찮다'로 바뀌었다. 치료자는 그 긍정적 인지를 트라우마 기억과 연결하고 인지타당도 척도가 7점이 될 때까지 양측성 자극을 주어 주입했다.

세 번째 치료 회기 때 크리스의 엄마는 그가 밤에 잘 자고 스포츠 모임에도 참여했으며, 사고 이후 처음으로 불안해하지 않고 몇 시간 동안 자전거를 타고 돌아다녔다고 보고했다.

마지막으로 크리스는 앞으로 있을 수술에 대한 불안을 다뤘다. 그의 엄마는 앞으로의 일을 미리 알아보고 수술할 의사와도 상의했으며 크리스를 병원에 데려가기까지 했다. 그렇지만 크리스는 여전히 불안해했다. 이번에는 그에게 무슨 일이 일어났었는지 큰 소리로 말하게 하면서 양측성 자극을 주었다. 그는 과거에 수술받을 때의 각각의 단계, 즉 집에서의 준비, 병원으로 가는 과정, 병원에서의 수술 준비, 마취 등을 차례로 이야기하며 처리했는데 이는 앞으로 받아야 하는 수술의 각 단계이기도 했다. 이 모든 과정을 처리한 치료자는 미래의 두려움과 불안을 처리하기 위해 크리스에게 앞으로 일어날 사건을 처음부터 끝까지 상상하게 하면서 양측성 자극을 주었다. 이제 고통스러운 감정은 깨끗이 처리되었다.

크리스의 엄마는 그를 다시 병원으로 데려갔고 크리스가 앞으로 받을 수술을 더 이상 불안해하지 않는다고 전했다. 크리스는 별 탈 없이 수술을 잘 받을 거라는 자신감을 보였다. 또한 그는 자신을 편안하게 해주는 좋아하는 음악을 매일 들으며 안정감을 찾았다. 간혹 학교에서 스트레스를 받으면 그는 안전지대를 이용해 마음을 다독였다. 크리스가 트라우마를 처리한 뒤 그의 엄마는 더 이상 아이를 걱정하지 않았고 자신의 불안이 줄어들었음을 알았다. 더 큰 자신감이 생긴 크리스는 무슨 일이 일어나도 자신은 괜찮다고 믿으며 두려움 없이 수술을 받았다.

0~5세 아동

EMDR은 0~5세 아동의 트라우마 사건을 처리하는 데도 도움을 준다. 이 나이의 아동은 자신이 느끼는 것을 말로 정확히 표현하기가 어렵기 때문에· 치료자는 EMDR 처리 과정을 촉진하기 위해 다른 치료 방법을 병행한다. 이때 활용하는 치료 방법 유형은 다양하다. 목표기억을 평가할 때는 치료자가 직접 트라우마 사건을 이야기해 아이의 기억체계를 자극하기도 한다. 어떤 치료자는 아이에게 트라우마 사건과 그 관련 감정을 그림으로 그려보라고 한다. 치료자가 모래상자 놀이를 사용하면 아이는 트라우마 사건을 반영하는 인물의 이야기를 만들기도 한다.

아이가 트라우마를 잘 묘사하지 못할 경우, 일부 치료자는 부모를 치료실로 들어오게 해서 부모가 아이에게 트라우마 이야기를 들려주게 한다. 이때 부모는 반드시 아이와 엄마, 아빠가 모두 행복한 결말을 맞이한다는 이야기를 해주어야 한다. 어떤 방법으로든 일단 목표기억을 평가한 다음에는 처리 과정을 촉진하기 위해 양측성 자극을 시작한다.

모든 처리 과정은 먼저 아이가 안전감을 느끼게 한 뒤 트라우마 기억을 활성화한다. 가능하면 가장 적합한 방법으로 처리하고 항상 안전감을 재확인하며 마무리해야 한다. 아이의 뇌는 성숙한 어른의 뇌와 같은 방식으로 기억을 연상하지 않으므로 처리 과정이 성인보다 더 쉽고 빠르게 일어난다. 치유가 자연스럽게 일어나도록 하려면 EMDR 처리 과정을 아이의 능력에 맞게 적절히 진행해야 한다.

7장 EMDR을 지원하는 안전도구

삶은 살게 되어 있고 호기심은 지속되어야 한다.
어떤 이유로든 삶은 되돌릴 수 없다.

엘리너 루스벨트Eleanor Roosevelt, 여성 사회운동가, 프랭클린 루스벨트 전 대통령 부인

사람들은 가끔 내게 EMDR 치료가 자신에게 도움이 될지 물어본다. 많은 경우 내 대답은 "그렇다"이다. 만약 당신이 빅-T 트라우마를 경험한 적 있다면 EMDR은 그 사건이 주는 고통에서 벗어나도록 도움을 준다. 어린 시절 일상생활에서 반복적인 스몰-t 트라우마를 경험했을 경우에도 EMDR 치료가 도움을 주지만 치료기간이 더 길어질 수 있다.

어떤 내담자는 준비 단계에 더 많은 시간을 할애해 천천히 진행하고 보다 안전함을 느끼도록 한 다음 재처리 단계를 시작해야 한다. 누군가가 오랫동안 자신의 감정을 느끼지도, 그것에 다가가지도

못하도록 방어해왔다면 먼저 자기감정에 다가가는 법을 배우게 한 다음 EMDR 치료를 시작하는 것이 좋다. 대화 치료나 몸에 초점을 둔 치료는 자기감정을 알아차리고 다가가는 법을 배우는 데 유용하다.

치료에는 헌신과 노력이 필요하다. 나는 대부분의 내담자에게 안전지대, 컨테이너 기법, 심호흡, 이완 기법을 연습하게 한다. 치료 효과를 본 내담자들은 이런 연습을 기꺼이 하고 치료 과정에 전념한다. 어떤 사람은 짧은 시간 안에 트라우마를 해결해 일상으로 복귀하고, 또 어떤 사람은 치료로 학습한 것이 제2의 천성으로 자리 잡아 삶의 새로운 방식과 통합할 때까지 오래 연습한다.

경우에 따라 당신의 치료자가 당신에게 EMDR 치료를 하지 말라고 권유할 수도 있다. 그 이유는 다양하겠지만 여기에서 몇 가지만 살펴보자.

법적 문제

당신이 범죄 피해자이고 그것이 법적 문제와 관련이 있다면 치료자는 그 정보를 알고 있어야 한다. 법적 문제에는 가령 성 학대, 강간, 폭행, 교통사고, 직장 문제, 자녀양육권 관련 문제 등이 있다. 치료자가 당신과 관련된 법적 문제가 무엇인지, 당신이 법정에서 증언해야 하는지, 그 일이 언제 일어났는지 등을 알면 도움이 된다. 또한 치료자는 당신의 변호사에게 EMDR 치료와 그 효과를 설명해줄 필요가 있다. EMDR은 당신이 트라우마 기억을 생생하게 느끼는 정도에 영향을 주는데, 당신이 트라우마 사건을 떠올릴 때 강렬한 감정이 줄어들고 기억이 변할 수도 있다.

당신과 변호사, 치료자는 법적 문제 처리 과정과 치료 효과를 고려해 무엇이 최선인지 잘 결정해야 한다. 만일 EMDR 치료를 시작하기로 결정하면 치료자는 'EMDR 치료를 위한 사전 동의서'를 제시하고 당신의 서명을 받을 것이다. 동의서에는 EMDR의 특징과 처리 과정으로 기억이 어떻게 변할 수 있는지 서술하고 당신이 그 치료에 동의한다는 내용이 담긴다. EMDR을 곧바로 시작하는 것이 적절치 않다면 자원 개발 기법이 트라우마의 영향을 다루고 법적 문제를 준비하는 데 도움을 줄 수 있다.

법적 판례 중 워싱턴 주에서 최면에 걸린 증인의 증언은 효력이 없다고 판결한 것이 있다. 최면으로 되찾은 기억은 법정에서 유효하게 여기지도, 받아들이지도 않았다. EMDR은 최면이 아니지만 그와 유사한 방식으로 보일 수 있다. 때로 EMDR 회기 중에 새로운 기억이 떠오르기도 하는데 그 기억도 법정에서는 유효하지 않다. 기억은 비디오 녹화와 달리 되돌리기 버튼을 눌러 그 사건이 일어난 정확한 순간을 보는 게 아니다. 시간이 지나면서 기억은 연상 과정으로 왜곡되기도 한다.

기억 연구에 일생을 바친 심리학자 엘리자베스 로프터스Elizabeth F. Loftus 박사는 기억의 유연성에 관한 실험 연구를 수년간 해왔다. "우리의 기억은 유연하고 얼마든지 덧붙여지며 분필과 지우개만 있다면 끊임없이 쓸 수 있는 파노라마식 칠판이다"라고 말한 그녀는 연구를 통해 기억이 정확하지 않다는 결론을 내렸다.

그녀는 어릴 적 경험을 계기로 연구를 시작했는데 그녀가 기억의 오류를 경험한 것은 14세 때다. 그녀는 어머니의 죽음과 관련된 세부내용을 기억했고 어머니가 수영장에서 익사한 것으로 알고 있었으나 이는 사실이 아니었다. 한 친척의 말에 따르면 수영장에서 어머니의 시체를 발견한 사람은 로프터스 자신이라고 했다. 이 말을 들은 로프터스는 처음엔 아무것도 기억나지 않았으나 이후 수영장에서 죽은 어머니의 모습을 본 것이 세세하게 떠오르기 시작했다. 이 사실을 알고 나서 그녀는 어머니의 죽음을 둘러싼 여러 가지 감정에서 평안함을 느꼈다. 그런데 3년 후 그녀의 삼촌은 그녀가 이 사실을 잘못 기억하고 있다며 실제로 시체를 찾아낸 사람은 그녀의 숙모라고 말했다. 로프터스는 기억에 영향을 주는 이런 외부 정보의 영향력에 놀랐고 기억의 정확성에 의문을 품었다.

연구 결과 그녀는 충격이 클수록 사람들이 트라우마 사건의 세부사항을 잘 기억한다는 것을 알아냈다. 인상이 강할수록 더 잘 기억하는 법이다. 또한 그녀는 이야기를 여러 번 들으면 사람들이 기억하던 세부사항이 쉽게 바뀔 수 있지만 사람들은 그것을 사실로 기억한다는 것을 밝혀냈다. 그만큼 정보는 연상의 힘으로 쉽게 기억에 포함되고 결국 기억은 신뢰하기 어렵다.

사람들은 EMDR로 기억을 떠올리기 위해 나를 찾기도 한다. 나는 그런 일에 EMDR을 사용하지 않는다. 회기 동안 떠오르는 기억은 완전한 사실일 수도, 그렇지 않을 수도 있다. 치료자는 트라우마 사건이 당신이 기억하는 대로 일어났는지 알 방법이 없다. 어떤 일이 있었는지 사실을 아는 가장 좋은 방법은 당신이 다른 자원으로 확실히 확인하는 것이다.

EMDR로 트라우마의 감춰진 부분이 밝혀지기도 하지만 어떤 부분은 누락되거나 잘못 기억할 수 있다. 당신의 기억은 시간이 지나면서 왜곡되기도 하고 세부내용을 잊기도 한다. 후유증에서 벗어나기 위해 트라우마의 모든 부분을 기억할 필요는 없다. 우리가 확실하게 아는 것은 당신의 몸과 마음이 트라우마의 어느 부분을 담고 있고 이것은 EMDR로 치유할 수 있다는 점이다. 그 후 당신은 자기 자신과 세상을 바라보는 시각에 변화가 생겼음을 깨닫고 증상은 완화되거나 사라진다.

의학 문제

당신의 눈에 어떤 문제가 있거나 복용 중인 약물이 있거나 두부손상 혹은 심장병이 있다면, 과거력을 이야기하는 면담 과정 중에 치료자에게 이야기해야 한다. 그러면 치료자는 당신의 주치의에게 연락해 EMDR 치료를 해도 안전한지 확인한다. 당신의 주치의가 별다른 무리가 없다고 하면 당신과 치료자는 EMDR 치료에 어떤 종류의 양측성 자극이 적합할지 의논해서 결정한다.

편두통

당신이 평소 편두통으로 고생하고 있다면 사전에 치료자에게 알리는 것이 좋다. 현재 편두통 증상이 없을 경우 EMDR 치료를 시작하는 데 별다른 문제는 없다. 다만 EMDR 치료 중 편두통을 경험한다면 처리 과정에서 그 신체 반응이 더 커질 수 있으므로 치료자에게 알리고 EMDR 치료를 지속할지 의논할 필요가 있다.

임신

현재 EMDR이 태아에게 영향을 준다는 연구는 없으며 이 문제는 EMDR 치료자들이 계속 논의하고 있다. 태아에게 영향을 미친다는 확정된 연구 결과가 없는 만큼 임신 중 EMDR 치료를 시행할지는 당신과 치료자가 함께 의논하는 것이 좋다. 이럴 때 나는 신중하게 시도한다. 임신 중 임신부와 아이의 유대관계나 더 나은 출산 환경을 만드는 데 도움을 줄 경우, 현재의 임신에 영향을 주는 문제와 관련이 있을 경우, 나는 EMDR을 활용하는 것이 좋다고 생각한다. 단, 임신 중에 임신부의 어린 시절 트라우마를 다루는 것은 추천하지 않는다.

향정신성 약물

주요 정신과적 증상이나 심한 우울증이 있다면 주치의와 상의해 좀 더 안정을 취한 후 EMDR 치료를 시작하는 것이 바람직하다. 경우에 따라서는 약물 치료를 시작하고 일상생활을 유지할 정도로 안정적인 환경을 마련한 다음 EMDR 치료를 시작하는 것이 효과적이다.

정신과 약을 복용 중인 경우 어떤 약물은 당신이 EMDR 치료 과정을 잘 해내도록 도와주는 반면, 또 다른 약물은 감정과의 연결을 다소 어렵게 만든다. 약물 치료와 EMDR을 병행할 때는 더 이상 약물 치료가 필요하지 않을 때까지 충분히 회복해야 한다. 만약 약물 복용을 중단한다면 또 다른 문제가 생기지 않도록 기존에 처리한 기억을 잘 확인하고 점검할 필요가 있다.

알코올과 마약

일반적으로 알코올이나 약물(마약) 문제가 있을 경우 EMDR 치료를 추천하지 않는다. 일부 치료자는 중독에 EMDR 치료를 활용하는데 이때 치료자는 약물중독이나 알코올의존증과 관련해 전문적인 훈련을 받고 치료 과정을 잘 알아야 한다. 음주 상태거나 마약에 취한 상태로 치료를 받아서는 안 된다. 치료 과정에 방해를 받기 때문이다. 치료자는 당신이 긍정적 자원으로 강점을 강화하고 새로운 대처 방안을 찾도록 도와준다. 알코올의존자 모임에 참여하거나 종교단체, 가족, 친구 같은 사회적 지지 체계의 도움을 구하는 것은 회복에 매우 중요하다. 당신이 중독으로 고통받고 있다면 EMDR을 하기 전에 중독을 다루거나 중독을 잘 아는 EMDR 전문가와 작업할 것을 강력하게 추천한다.

자살이나 타살 충동

치료자는 치료를 시작하려는 시점에 당신에게 자살이나 타살 충동이 있는지 알아야 한다. 만약 당신이 그런 충동으로 괴로워한다면 충분한 준비 작업 없이 심각한 트라우마를 다루는 것은 바람직하지 않다. 이 경우 트라우마 치료 과정이 당신을 더 취약하게 만들어 통제력을 잃을 수도 있다. 치료의 일차 목표는 안전감을 느끼게 하는 것인데, 만약 당신에게 자살이나 타살 충동이 있다면 당신은 안전감을 느끼는 상태가 아니다. 이것은 적절한 치료로 당신의 자원과 강점을 찾아야 하는 시점임을 알려준다. 만약 당신에게 자살이나 타살 충동 혹은 계획이 있다면 필요한 도움을 찾도록 치료자에게 말해야 한다.

일상에서 해야 하는 많은 일

치료자는 당신을 알아가면서 매주 당신의 일상에 무슨 일이 생기는지 살펴본다. EMDR 과정을 해낼 정도로 일상에 여유가 있는가? 때로 치료 회기를 마친 뒤 진이 빠지고 에너지가 고갈된 느낌이 들기도 하는데 이때는 휴식시간이 필요하다. 만약 다음 날 시험이 있거나 중요한 일이 있다면 그것을 치료자에게 말해서 그날 EMDR을 하는 것이 괜찮을지 판단하게 한다. 설사 당장은 EMDR 치료가 당신에게 잘 맞지 않는 것 같아도 언젠가는 몸과 마음이 안정을 찾고 보다 편안해질 것이다.

2부

EMDR 치료로 변화한 이야기

8장 아동기 트라우마 사건 이후 통제력을 회복한 메리

모든 벽은 하나의 문이다.

랠프 월도 에머슨Ralph Waldo Emerson, 미국 사상가·시인

아동기에 경험한 빅-T 트라우마는 아동의 발달을 심각하게 저해한다. 그들이 성인으로 성장해도 그 경험은 트라우마가 일어난 그때의 감정 그대로 남는다. 가령 과도한 각성, 세상이 안전하지 않은 느낌, 이완하거나 마음을 놓을 수 없는 느낌, 놀람 반응Startle Response, 악몽, 불면, 안절부절못함, 분노, 지속적인 스트레스 등을 포함한 여러 외상 후 스트레스 장애 증상이 비합리적인 신념과 함께 나타난다. 아동기에 경험한 트라우마를 당시 제대로 처리하지 못할 경우 성인으로 성장했을 때 문제가 발생한다. 성장한 이후 트라우마를 기억하지 못해도 이미 오랫동안 트라우마에 따른 부정적 경험을 처리하지 못한 채 살아

온 터라 비정상적인 상태를 정상적인 것으로 여길 수 있다. 이런 성인은 아동기 트라우마로 생긴 필터로 세상을 지각하고 더러는 트라우마가 계속 반복되는 것처럼 세상에 반응한다.

사람이 경험하는 몸과 마음의 불균형은 우울, 불안, 절망감, 대인관계 어려움 등으로 나타난다. 특히 빅-T 트라우마는 절망감과 생명의 위협을 느끼게 하는 끔찍한 사건이다. EMDR은 아동기에 빅-T 트라우마를 경험한 사람들에게 도움을 준다. 다시 말해 EMDR은 아동기에 경험한 트라우마를 보다 새롭고 건강하며 적응적인 성인의 사고와 행동으로 통합하도록 도와준다.

메리가 극도의 불안으로 처음 치료를 받으러 왔을 때 그녀는 36세였고 결혼한 지 8년이 지난 때였다. 항상 불안해한 그녀는 스스로를 통제할 수 없을까 봐 두려워했다. 또한 사람들과 함께하는 것을 불편해했고 주변의 자극에 쉽게 놀랐다. 그러다 보니 늘 긴장한 그녀는 점차 공포심까지 느꼈다. 뭐라고 딱 꼬집어 그 느낌을 말할 수는 없었으나 그녀는 자신이 안전하지 않다고 생각했다. 심리치료자인 그녀의 친구는 그녀에게 EMDR 치료를 권했고 그녀는 절망에 빠진 상태로 치료 예약을 했다.

메리는 매력 있는 여성이었지만 왠지 편안해 보이지 않았다. 그녀를 처음 만났을 때, 나는 그녀가 자신의 신체 감각과 내면의 경험에 무감각하다는 것을 느꼈다. 그녀는 그것을 자각하지 못했고 나는 그 사실이 걱정스러웠다. 메리는 자신의 상황을 털어놓으며 아주 빠르게 요점만 얘기했다. 할 말이 너무 많아 마구 쏟아내지 않으면 안 될 것처럼 얘기한 것이다. 어찌나 불안정한지 의자에 가만히 앉아 있는 것조차 힘들어 보였다. 마치 다음 일정이 있는 것처럼 서둘렀고 나와 함께하는 시간이 무척 힘든 것 같았다. 그녀는 자녀를 원하는 남편과 달리 자신은 그렇지 않다고 말했다. 자신에게 엄마가 될 자격이 없다고 생각했기 때문이다. 그녀는 부모가 되는 것을 두려워했다.

메리는 왜 그런지 모르겠지만 자신의 마음 깊은 곳에 동물을 돌봐야 한다는 생각이 있다고 털어놓았다. 그녀는 자기 할머니가 동물을 사랑한 것이 자신에게 영향을 준 것 같다고 생각했다. 그녀는 길거리 동물들, 특히 장애가 있는 유기동물을 집으로 데려오곤 했다. 한 번은 고양이 여섯 마리를 입양한 적도 있다. 고통받는 동물을 보살피는 것이나 도움을 필요로 하는 동물을 구제하는 것을 자신의 책임으로 여기기까지 했다. 하지만 때로는 이것이 '고문'처럼 느껴져 몹시 힘들기도 했다. 그녀는 불면에 시달렸고 잠이 들면 악몽을 꾸다 깨곤 했다. 처음 치료를 받으러 왔을 때 그런 증상은 이미 몇 년간 지속되고 있었다. 그녀는 지쳐 있었고 뭔가가 잘못되었다는 것은 알았지만 자신이 왜 그리 끔찍한 감정에 놓여 있는지는 모르고 있었다.

일상에서 좋은 일이 생겨도 그녀는 긍정적인 감정을 제대로 느끼지 못했다. 그저 자신의 고통이 무엇 때문에 일어나는지 알지 못해 절망했을 뿐이다. 안타깝게도 그녀는 그 근본 이유를 알면 자신을 고통스럽게 하는 외상 후 스트레스 장애 증상에서 벗어날 수 있다는 것을 알지 못했다.

그녀의 과거력을 탐색한 나는 메리가 어렸을 때 부모가 이혼했고 아버지가 어딘가로 가버려 그녀가 버림받은 느낌을 받았다는 것, 오빠가 암에 걸렸다가 완치되었다는 것, 어렸을 때 할아버지가 돌아가셨다는 것을 알아냈다(그녀는 할아버지가 병으로 힘들어하던 모습을 선명하게 기억했다). 그녀의 어머니는 재혼했는데 메리는 새아버지와 친밀하게 지내기가 어려웠다. 언제나 가족이 낯설게 느껴졌고 늘 주눅이 들었다. 그녀는 항상 조심하며 살았으나 내면에서 가끔 자신이 나쁘고 형편없는 사람이라는 비판적인 소리가 들려왔다. 그 내면의 목소리는 그녀를 압도했다. 그녀는 그것을 통제하지 못했고 어느 순간 미쳐버릴 듯한 느낌에 혼란스러웠다.

몇 주 동안 가족 이야기를 들려준 메리는 마침내 9세 때 겪은 사건을 기억해냈다. 그것은 그녀가 자신에게 엄마가 될 자격이 없다는 생각을 심어준 사건이었다. 그녀는 그때까지 잊고 살던 그 기억을 내게 들려주었다.

어린 시절 그녀는 섬에서 살았는데 그곳에서는 간혹 고양이나 강아지들이 굶어죽었다. 메리는 18세 된 동네 언니와 자주 어울렸고 그녀는 임신한 고양이를 키우고 있었다. 그 언니는 메리에게 새끼고양이들이 태어나도 키울 수 없다고 말했다. 고양이들이 태어나고 며칠 뒤 그 언니는 메리에게 새끼고양이의 안락사를 도와달라고 부탁했다. 메리는 그 언니가 어린 자신에게 왜 그런 부탁을 했는지 알 수 없었다. 메리는 내키지 않았지만 언니가 우는 것을 보고 그녀를 도와주기로 했다. 메리는 그것이 옳지 않은 일이라는 것을 알았고 새끼고양이들이 고통받는 것도 원치 않았다. 메리는 당시 자신이 차분했다고 기억했으나 실제로는 마치 유체 이탈한 것처럼 무감각한 상태였음을 새삼 깨달았다.

그 언니는 에테르 액체를 사용할 계획이었고 메리는 영화에서처럼 새끼고양이의 입에 천을 갖다 대면 고양이들이 서서히 잠들 것이라고 생각했다. 하지만 현실은 그렇지 않았다. 고양이들은 몸부림치며 울부짖었고 코에서 피가 흘러나왔다. 메리는 큰 충격을 받았다. 더구나 그 언니가 자포자기 상태로 새끼고양이가 죽었든 살았든 계획대로 묻으려는 것을 보고 소름이 끼쳤다. 그녀는 너무 놀라 도망쳤고 그 기억을 억눌렀다. 그 기억을 떠올리며 그녀는 '새끼 동물들을 살해하다니, 너는 악마야. 넌 부모가 될 자격이 없어. 아무도 너를 믿지 않을 거야'라는 내면의 목소리를 들었다. 메리의 공포는 그녀에게 하나의 고행처럼 받아들여졌다. 그녀는 속죄할 방법은 없고 남은 인생 동안 고통받으며 살아야 한다고 믿었다. 이제 왜 그녀가 계속해서 동물들을 구제하며 살아왔는지 이유가 분명해졌다.

나는 메리가 오랫동안 느껴온 고통과 죄책감에서 자유로워지고 내면의 공포를 해결하는 데 EMDR이 도움을 줄 거라고 생각했다. 우리는 먼저 EMDR 과정에서 나타날지도 모를 여러 감정을 잘 다루기 위해 그녀의 강점과 자원을 찾고 개발했다. 또한 그녀가 일상에서 더 안정감을 느끼고 외상 후 스트레스 장애에 잘 대처하도록 몇 가지 자원을 찾았다.

메리는 안전지대를 찾는 과정을 어려워했다. 그녀는 안전감이 어떤 느낌인지 잘 알지 못했다. 우리는 표현을 바꿔 편안한 공간Relaxed

Place이라 부르기로 했다. 한데 그녀는 몸과 마음이 이완된 편안한 상태를 경험하고 그것을 알아차리는 과정마저 어려워했다. 그녀의 마음은 쉽게 부정적 사고에 휩싸였고 몸은 위험과 위협에 맞서 긴장하는 데 익숙했다. 나는 그녀가 편안하게 앉아 몸에서 느껴지는 감각에 주목하도록 안내했다. 그때 한 번에 하나의 감각만 따라가게 했다. 무언가를 바꾸거나 변화를 도모하지 말고 그냥 그 감각을 느끼라고 했다. 그녀는 내면의 감각과 경험이 나쁘고 끔찍하다고 판단하려는 마음을 관찰하며 점차 자신의 신체 감각을 느꼈다. 이 과정에서 그녀는 한 발 물러나 내면의 비난하는 목소리를 관찰했고 그 시점에 자신이 편안하고 안전하다는 것을 알아차렸다.

어느 날 메리는 자기 사무실에서 기분 좋은 감정을 느꼈다고 말했다. 창문으로 밝게 빛나는 햇살이 들어오자 그녀는 피부에 따스함을 느꼈다. 그녀에게 점점 자원이 생기기 시작했다. 그녀는 기분 좋은 감정과 함께 약간씩 몸의 이완을 느꼈다. 나는 그녀가 편안함을 느끼는 공간을 떠올리게 한 뒤 양측성 자극으로 안구운동을 하며 현재 떠오르는 이미지와 느낌을 강화했다. 처음에 메리는 양측성 자극을 주면 곧바로 부정적인 생각을 떠올렸으나 이는 금세 바뀌었고, 양측성 자극을 주는 동안 편안한 공간에서 좀 더 오래 머물렀다.

또한 우리는 그녀의 고통스러운 생각과 감정을 담아두기 위해 컨테이너 작업을 했다. 여러 번의 시도 끝에 그녀는 마침내 자신의 부정적 생각을 차단하는 데 도움을 줄 단단하고 강한 벽을 떠올렸다.

메리는 자신의 신체도 새롭게 알아갈 필요가 있었다. 그녀는 대체로 몸의 감각을 잘 느끼지 못했고 불안으로 과도하게 각성할 때만 느꼈다. 메리는 그 상태가 마치 정상인 것처럼 거기에 익숙했다. 내게 복식호흡과 점진적 이완 훈련을 배운 그녀는 숨을 들이마실 때 근육에 긴장을 주고 내쉴 때 근육을 이완시켰다. 더 나아가 그녀는 댄스 교실에 등록했으며 정기적으로 마사지를 받아 몸의 변화를 더 잘 자각했다.

상담을 진행하면서 우리는 안전지대와 컨테이너를 강화했고 나는 그녀에게 건강한 성인의 관점에서 아동 발달에 적절한 것과 부적절한 것이 무엇인지 가르쳐주었다. 몇 번의 회기 후 메리는 EMDR로 트라우마를 처리할 준비를 갖췄다. 메리가 의사결정을 하면서 적극 참여하는 모습을 보고 우리는 둘 다 트라우마를 다룰 준비를 마쳤음을 알았다.

우리는 그녀의 오래된 공포를 해결하고자 새끼고양이 안락사 사건을 첫 번째 목표기억으로 정했다. 그녀는 양측성 자극으로 안구운동을 선택했고 정지신호는 눈을 감는 것으로 결정했다. 그녀의 첫 번째 목표기억 평가는 아래와 같았다.

가장 고통스러운 이미지 — "나는 비명을 지르는 새끼고양이들과 함께 방 안에 있다."

부정적 인지 — "나는 악마다."

긍정적 인지 — "그때 나는 어렸고 나 자신을 용서한다."

인지타당도 척도 — "1"

감정 — "고통, 괴로움, 불안, 두려움, 복잡함, 충격, 멍함, 공포."

주관적 고통지수 — "10"

신체 감각 위치 — "목 수축, 심장의 고통, 상체 압박, 식도 긴장, 호흡 곤란."

우리는 이 목표기억을 4회기에 걸쳐 진행했다. 그 시간에 그녀는 몹시 힘들고 고통스러워했다. 여러 번 고통에 압도당했으나 그녀는 기억 처리 과정을 지속했다. 목표기억을 다루는 동안 가끔은 다른 기억, 즉 새끼고양이와 관련된 트라우마 기억, 오빠가 아팠던 것, 할아버지의 죽음, 스쿠버다이빙 사고로 익사할 뻔한 기억을 떠올렸다. 모든 트라우마 사건이 죽음이라는 주제와 연결되어 있었다. 나는 그녀에게 양측성 자극을 주며 뇌가 오랜 시간 그녀를 괴롭혀온 사건을 떠올리게 했다. 그리고 그것을 재처리하면서 떠오르는 기억을 영화를 보듯 자연스럽게 내버려두라고 말했다. 그 기억을 다루면서 그녀는 밤에 잠들면 다시는 못 일어날 것 같은 두려움 때문에 잠드는 것이 불안했음을 깨달았다. 그녀는 자신을 굉장히 나쁜 사람이라 믿었고 스스로를 용서하지 못했다. 하지만 점차 자신을 고문하는 것은 다른 어떤 것보다 좋지 않은 일임을 알아챘다.

다른 내담자와 마찬가지로 목표기억을 집중적으로 처리하는 동안 메리는 트라우마 사건과 그 반응이 그녀의 삶 전반에 영향을 미치고 있었고, 그것이 그녀의 불안과 스스로를 통제할 수 없을 거라는 느낌의 근본 원인이었다는 사실에 놀랐다.

트라우마 기억을 다루는 것은 어려운 과정이었지만 메리는 인내심을 발휘해 잘 견뎌냈다. 첫 번째 고통스러운 기억을 다룬 뒤 변화가 생기기 시작했다. 즉, 점점 자기 몸에서 보내는 신호를 알아차렸고 고통스러운 감정을 견뎌내는 동시에 스스로 괜찮아질 것이라고 믿었다. 그녀가 느끼는 신체 긴장감, 불안, 과도한 각성은 모두 줄어들었다. 그와 함께 그녀는 일상생활에서 스트레스를 덜 받고 잘 대처했으며 자신의 삶을 더 잘 통제할 수 있다고 믿었다.

이 기억을 다루는 마지막 치료시간에 그녀는 몸과 마음에 어떠한 고통도 느껴지지 않는다고 말했다. 그동안의 과정에서 그녀에게 자기연민과 용서하는 마음이 생겼다. 또한 그녀는 '나는 그저 아이일 뿐이었어. 나 자신을 용서할 수 있어'라는 긍정적인 생각을 했다. 이후 메리는 새로운 믿음이 그녀의 삶을 어떻게 바꿔놓는지 지켜보기 위해 다른 문제들을 계속 다뤘다.

EMDR로 목표기억을 마무리한 지 여섯 달이 지난 시점에 메리는 상담실에 찾아와 내게 말했다.

"이제 알겠어요. EMDR은 정말 효과가 있네요. 시간이 지나면서 점점 변화가 일어나고 있어요. 그 순간에는 분명하게 알지 못했지만 지금은 내가 다르게 반응하는 것을 알 수 있어요. 남편도 그 차이를 알겠다고 해요."

메리는 여전히 동물에게 연민을 느끼지만 더 이상 동물을 보살피기 위해 스스로를 희생하지는 않는다. 이제 그녀는 자신이 원하는 것을 선택할 수 있음을 안다. 고통이 줄어들면서 불안도 줄었고 그녀는 더 이상 악몽 없이 숙면을 취하고 있다.

지난 3년 동안 지속적으로 치료받으며 두 아이의 엄마가 된 그녀는 자신이 아이들을 잘 돌볼 줄 아는 엄마라는 것을 알았다. 이제 그녀에게 트라우마는 과거의 일로 남았고 그녀는 몸과 마음으로 편안함을 느끼고 있다. 이후에도 메리는 간혹 아동기에 경험한 상처가 현재의 삶을 자극해 고통을 겪었으나, 현재의 고통이 과거와 연결되어 있음을 이해한 까닭에 보다 잘 대처했다.

그녀는 아동기에 경험한 새끼고양이와 관련한 트라우마 사건은 훨씬 더 큰 퍼즐의 작은 한 조각일 뿐이라는 것을 알았으며, 퍼즐의 조각을 하나씩 맞춰 나가면서 성숙한 여성, 좋은 아내, 좋은 엄마가 될 수 있다는 것을 깨달았다.

9장 통제를 내려놓아 불안감을 줄인 캐롤린

내면에 주의를 기울여보라.
우리의 내면에는 어느 누구보다 세상을 더 잘 안내해줄
최선의 가이드가 이미 존재한다.

제인 오스틴, 영국 소설가

위험을 느낄 때 불안해하는 것은 정상적인 반응이다. 우리의 뇌와 신경계는 무언가 위험이 느껴지면 불안을 감지하도록 설계되어 있다. 우리는 빠르게 돌아가는 세상이 주는 압박과 스트레스 때문에 하루에도 여러 번 불안을 느낀다. 집, 직장, 가족 사이에서 균형을 맞추는 일이 쉬운 건 아니다. 만약 당신이 무언가가 잘못되었음을 알고 문제를 해결하기 위해 행동하면 불안은 우리가 위험을 피하도록 도와준다. 즉, 당신이 불안을 전혀 느끼지 않는 것도 문제다. 정상적인 불안은 본질적으로 고요한 바다에서 자연스럽게 생겨났다가 다시 자연스럽게 사라지는 정서적 물결과 같다.

반면 과도한 불안은 당신의 시스템에 부담을 주어 생명력을 소모한다. 항상 불안감에 휩싸이는 사람은 끝없는 폭풍우 속에서 사는 듯한 느낌을 받는다. 이 경우 무언가 나쁜 일이 일어날까 봐 늘 걱정하고 이 걱정은 몸 전체에 긴장감을 일으킨다. 만약 높은 긴장 상태가 기준점이 되면, 이것이 일상생활에 어떤 영향을 주는지 잘 인식하지 못한다. 실은 근육 긴장, 두통, 소화불량, 통증, 불면, 집중력 부족, 과민성 등으로 지치고 피곤하며 가만히 앉아 있지 못할 만큼 초조함을 느끼게 되는데 말이다.

이런 상태가 지속될 경우, 우울해지고 자존감이 떨어지며 강박적 사고를 경험한다. 다른 사람을 기쁘게 해줘야 할 것 같은 압박감을 느끼기도 한다. 때로 당신은 원하는 걸 얻지 못할 거라는 생각 때문에 힘들어하고, 통제력을 원하지만 오히려 아무 힘도 없다는 느낌을 자주 받는다. 그런데 겉으로는 당신이 능숙하게 잘 해내는 것처럼 보이기 때문에 세상 사람들은 당신이 내면에서 무너져 내리는 듯한 고통을 겪고 있음을 눈치 채지 못한다. 더구나 당신이 모든 것이 괜찮다며 스스로를 설득하는 탓에 때로는 어떤 감정을 왜 느끼는지 구체적으로 알아채는 것이 어렵다.

불안 때문에 치료를 받으러 온 캐롤린은 53세로 두 아이의 엄마였다. 14세 된 아들 문제로 매우 불안정하고 예민해진 그녀는 스트레스를 덜 받고 마음의 안정을 찾기를 원했다. 캐롤린은 모든 면에서 최고가 되어야 한다고 생각했으며 그렇지 않으면 모든 것이 무너져버릴 것이라고 여겼다. 그녀는 아들에게 잔소리를 하거나 일일이 행동을 통제하지 않아도 아들이 스스로 자기 인생을 주도해 나가길 기대했으나 뜻대로 되지 않았다. 물론 자신이 불안해하며 아들을 걱정하는 것이 아들에게 도움이 되지 않고, 궁극적으로 아들과 자신의 관계에도 좋지 않은 영향을 미칠 거라는 점은 알고 있었다. 사실 그녀는 아들을 믿고 실수에서 스스로 배우도록 기다려주고 싶었지만 어쩔 수 없이 번번이 간섭을 했다. 자신의 불안이 최고점에 이르렀음을 깨달은 그녀는 변화를 주고 싶어 했다.

처음 치료를 받으러 왔을 때 캐롤린은 강인하고 유능해 보였다. 그녀는 소파에 등을 곧게 펴고 앉았는데 몸 전체에서 강한 에너지가 느껴졌다. 다소 경직된 채 몸을 많이 움직이지 않은 그녀는 과거의 삶을 이야기할 때도 그 상태를 유지했다. 그녀는 계속 눈을 마주 보았고 호흡할 때도 몸의 움직임이 거의 없었다. 치료로 어떤 변화를 원하는지 이야기하면서도 여전히 완고한 표정을 짓고 있었다.

캐롤린의 가족사를 듣고 나는 그녀의 아버지가 소아마비를 앓아 제대로 걷지 못했다는 것을 알았다. 삼형제 중 둘째로 태어나 책임감이 강한 아이로 자란 캐롤린은 자신의 노력 없이는 가족이 정서적으로 친밀해지지 않을 것이라고 믿었다. 결국 그녀는 책임감이 강한 사람으로 있을 때 가장 편안해했고 그런 삶을 당연한 것으로 여기며 성장했다. 그녀는 아들이 자신의 어린 시절과 똑같은 역할을 해주길 기대했다. 그리고 그 무의식적 바람이 부모로서 자기 모습에 영향을 주고 있음을 미처 인지하지 못했다.

먼저 우리는 그녀가 자신의 불안을 잘 다뤄 스스로 안정감을 찾는 데 도움을 주는 작업부터 시작했다. 첫 번째는 안전지대 연습이었다. 캐롤린은 해변에 누워 따뜻한 태양을 피부로 느끼며 파도 소리를 듣는 상상을 했다. 나는 그 차분하고 평화로운 느낌을 강화하기 위해 양측성 자극을 주었다. 이 과정에서 그녀는 그것을 실제로 느낄 수 있다는 사실에 안도했다. 그녀는 안전지대에 계속 머물고 싶어 할 만큼 자신이 떠올린 안전지대를 좋아했다. 나는 그녀가 안정감과 평화로움을 충분히 경험하도록 그녀가 원하는 만큼 오랫동안 안전지대에 머물게 했다.

그다음으로 우리는 컨테이너를 만들었다. 그녀에게는 아직 해결하지 못한 많은 걱정거리를 넣어둘 공간이 필요했다. 컨테이너로 은행금고를 선택한 캐롤린은 그곳에 내면의 혼란스러움을 넣고 잠금장치로 안전하게 잠갔다.

이어 우리는 깊은 복식호흡을 연습했다. 나는 그녀에게 복식호흡이 교감신경계(투쟁, 도망, 회피)를 부교감신경계(휴식과 소화)로 전환하는 데 매우 중요하다는 것을 설명해주었다. 그녀가 천천히 호흡하는 방법을 배우면 불안이 서서히 감소할 터였다. 물론 심호흡이 불안을 완전히 해소해주는 것은 아니지만 어느 정도 견딜 수 있게 해준다. 인생의 다른 모든 것과 마찬가지로 그녀는 이 과제를 해내기 위해 노력하는 한편 삶에서 어느 정도는 불안을 내버려둘 줄도 알아야 하고 매사에 너무 애쓰지 않아도 된다는 것을 조금씩 배워갔다.

그다음으로 나는 캐롤린에게 아들이 불안을 자극하는 어떤 행동을 했을 때 느껴지는 감정에 주의를 기울여보라고 했다. 그녀는 아들이 연락도 없이 늦도록 집에 들어오지 않을 때를 떠올리며 무엇이 느껴지는지에 주목했다. 잠시 후 그녀는 심장박동이 빨라지고 근육이 긴장되며 통제력을 잃는 듯한 느낌이라고 했다. 나는 그녀에게 신체 감각에 집중해 통제력을 잃는 듯한 느낌이 몸 어디에서 느껴지는지 구체적으로 찾아보라고 했다. 그러자 그녀의 마음속에서 자신을 향한 부정적인 믿음이 떠올랐다.

'책임감 없는 아들을 둔 나는 좋은 부모가 아니다.'

이 생각이 그녀를 불안정하고 고통스럽게 만드는 바람에 나는 그녀가 안전지대로 돌아가 안정을 찾게 했다. 이어 그녀의 컨테이너인 은행금고에 그 혼란스러운 감정을 넣는 작업을 했다. 다행히 그녀의 불안감은 줄어들었고 그 변화는 아들에게도 전해졌다. 그녀의 아들은 엄마가 자신의 인생을 통제하려 애쓰며 불안해하지 않는다는 것을 느꼈다.

이후 나는 그녀에게 10까지 세면서 천천히 숨을 들이쉬는 것 같은 간단한 이완운동을 가르쳐주었다. 이 연습은 무언가에 반응하기 전에 그녀가 스스로 진정하고 집중할 시간을 마련해주었고, 불안 때문에 빠르고 얕은 숨을 쉬게 되었을 때 차분해지도록 해주었다. 또한 우리는 '나는 좋은 엄마가 아니다'라는 그녀의 비합리적인 믿음을 다뤘다. 그녀는 다른 가족과 아들이 잘하는 일을 떠올려보고 자신이 실패한 엄마가 아니라는 것을 깨달았다. 사실 캐롤린과 그녀의 아들은 성격에 차이가 있고 책임감도 서로 생각이 달랐을 뿐이다. 그녀는 서로의 차이를 인정하고 받아들일 필요가 있었다.

캐롤린은 점점 여러 가지 안정화 기법을 터득했고 치료자와의 신뢰관계도 탄탄해졌다. 이제 그녀는 EMDR 치료를 할 준비를 마쳤다. 우리는 그녀가 아들과 관련된 문제로 얼마나 불안해하고 있는지에 집중했다. 캐롤린은 양측성 자극으로 진동기를 선호했고 정지신호는 손을 살짝 들어 올리는 것으로 정했다.

우리는 치료 회기 동안 다룰 목표기억을 평가했다. 그녀의 아들은 해야 할 것을 뒤로 미루고 미리 준비하지 않아 가족 전체가 지각하는 일이 잦았다. 캐롤린은 아들이 제시간에 준비를 마쳐 서로에게 좋은 감정을 느끼길 원했다. 나는 몇 가지 질문으로 그녀의 기억 네트워크를 열어보았다.

가장 고통스러운 이미지 — "약속시간에 늦고 그 때문에 다른 사람들이 나를 나쁜 부모로 여긴다고 느껴지는 것."

부정적 인지 — "나는 나쁜 부모다."

신체 감각 위치 — "가슴 압박."

캐롤린이 이 기억을 떠올리며 고통스러워했을 때, 나는 그녀에게 떠오르는 대로 내버려두고 좀 더 어린 시절 기억으로 거슬러 올라가 가장 먼저 떠오르는 기억을 말해달라고 했다. 이전의 대화에서 그녀가 현재 경험하는 문제가 과거 트라우마와 관련이 있을 거라는 느낌을 받았기 때문이다. 나는 현재 그녀가 경험하는 아들과의 문제를 목표기억으로 다루는 것이 적절한지 확인하고 싶었다. 이 과정은 내담자가 경험하는 문제의 근원인 어린 시절 트라우마와 관련된 기억을 떠올리는 데 도움을 준다.

현재 문제의 근원인 어린 시절의 트라우마 기억을 잘 처리하면 현재 경험하는 문제는 대부분 쉽게 해결된다. 그녀는 어린 시절 아버지의 모습을 떠올렸다. 그녀의 아버지는 제대로 걷지 못해 늘 그녀의 관심과 도움을 필요로 했다. 하지만 그것은 어린아이인 그녀가 줄 수 있는 것이 아니었다.

우리는 그녀가 다룰 목표기억 평가를 마친 뒤 민감소실 단계로 넘어갔다.

가장 고통스러운 이미지 — "아빠는 걷지 못하고 나는 완전히 혼자다."

부정적 인지 — "나는 나쁜 사람이다."

긍정적 인지 — "나는 좋은 사람이다."

인지타당도 척도 — "3"

감정 — "부끄러움, 죄책감, 불안감, 취약함 그리고 안전하지 않다는 느낌."

주관적 고통지수 — "10"

신체 감각 위치 — "가슴 압박감 증가."

양측성 자극을 주며 민감소실 단계를 시작하자 그녀가 느낀 고통스러운 감각과 괴로운 감정에도 불구하고 처리 과정은 내적으로 조용히 이뤄졌다. 어린 시절 기억을 다루는 동안 그녀의 감정 반응은 겉으로 거의 드러나지 않았고 말도 아주 조금만 했다. 그러나 나는 그녀의 내면에서 기억 처리 과정이 일어나고 있음을 알았다. 이럴 때 그녀가 경험하는 내면의 모든 것을 치료자에게 다 말할 필요는 없다. 내 역할은 그녀를 안내하면서 그녀가 처리 과정을 잘 견디도록 안전지대를 마련해주고 치유 과정의 증인이 되어주는 일이다. 민감소실 단계를 거치며 그녀는 괴로운 감정과 고통스러운 신체 감각이 줄었고 과도한 흑백논리도 옅어졌으며 자신에 대한 생각도 더 긍정적으로 변했다고 말했다.

EMDR 치료로 캐롤린은 더 차분해졌고 자유로워진 느낌을 표현하기 시작했다. 또한 그녀는 자신이 어린 시절에 자신을 돌봐주고 세상으로부터 안전하게 보호해줄 건강한 아버지를 늘 바랐다는 사실을 깨달았다. 현실에서는 오히려 그녀가 아버지를 돌봐야 했다. 어린 시절 그녀는 가정에서 어린아이답게 지낼 여유가 거의 없었다. 때로 그녀는 자신이 부모인 것 같은 느낌을 받았다. 이것을 깨달아가는 과정은 그녀에게 상당히 힘든 시간이었다. 그녀는 그런 생각을 하는 것만으로도 심한 죄책감을 느꼈다. 이것이 어쩔 수 없는 사실이고 그녀를 둘러싼 진실임을 받아들이는 데 시간이 좀 걸렸다. 그녀는 새로운 정보를 통합할 방법을 찾아야 했다. 나는 그녀가 새로 깨달은 사실을 더욱 현실로 느끼고 그것이 견고해질 때까지 양측성 자극을 지속했다.

한편 그녀는 가족과 친밀감을 유지하려면 자신이 완벽해져야 한다고 생각했는데 이것이 자신에게 상당한 압박감을 주었음을 깨달았다. 나이가 들면서 그녀는 점점 더 지나친 책임감을 느꼈고 급기야 다른 사람의 업무와 책임까지 떠안는 지경에 이르렀다. 그녀는 엄청난 스트레스를 받으면서도 자신에게 주어진 모든 일을 해내는 '원더우먼'이었다. 그럼에도 불구하고 그녀는 늘 자신이 부족하다고 생각했다. 이는 어린 시절에 자신이 어떤 노력을 해도 제대로 걷지 못한 아버지와 스트레스로 우울해하던 어머니를 절대 만족시킬 수 없다는 근본적 믿음에서 비롯된 것이었다. 그녀는 변화가 불가능한 가족 문제를 바로잡기 위해 혼자 계속 애쓴 것이다. 마침내 그녀는 자신의 비현실적인 바람 때문에 인생 전체가 너무 힘들었음을 인식했다. 그녀가 언제나 불안해하지 않는 것이 이상할 정도였다.

그녀를 괴롭히는 기억은 아주 많았고 우리는 여러 회기에 걸쳐 아버지와 관련해 해결하지 못한 오래된 감정을 다뤘다. 그녀는 자신이 여전히 과거의 강렬한 감정에 사로잡혀 있음을 신기해하며 그것이 인생 전체에 어떤 영향을 주었는지 깨닫고 놀라워했다. 그 강렬한 감정과 함께 죄책감을 없애는 것은 어려운 일이었으나 시간이 지나면서 그녀의 죄책감은 서서히 가라앉았다.

치료 과정에서 그녀가 아들 문제에 좀 더 현실적으로 대처하려면 과거를 치유할 필요가 있다는 것이 더 명확해졌다. 치료시간에 그녀는 과거를 다루며 당시 자신이 어린아이에 불과한 데도 너무 과중한 책임을 떠안았다는 사실을 알았다. 어린 시절의 고통스러운 감정을 다루며 그녀는 아버지 문제로 해결하지 못한 양가감정을 느끼는 것을 그럴 수도 있는 일로 받아들였다.

아버지와 관련된 어린 시절 기억을 모두 처리한 뒤, 우리는 현재 그녀를 자극하는 아들 문제를 다뤘다. 그녀는 점차 자신이 너무 많은 책임감을 안고 있었다는 것과 아들을 변화시켜 아버지와 관련된 미해결 감정을 대신 해결하려 했다는 것을 이해했다. 그녀의 부정적 인지는 서서히 변하기 시작했다. 먼저 그녀가 느끼던 고통스러운 감정이 줄어들자 그녀는 '나는 좋은 엄마다'라는 긍정적 인지를 받아들였다. 우리는 그 긍정적 인지가 인지타당도 척도 7점에 도달할 때까지 주입했다. 그 과정에서 그녀는 많은 위안을 받았다. 그다음으로 우리는 아들과 함께 있을 때 불편한 감정을 자극할 만한 현재의 유발요인을 찾아보고 이것을 하나씩 처리했다. 이후 아들과 함께 지낼 때 일어날 수 있는 문제 상황에 어떻게 행동하고 대처할지 그녀가 바라는 긍정적인 미래 모습을 연습했다.

그녀는 아들이 실수할 수밖에 없고 또 실수에서 배워가는 평범한 십대임을 인정하고, 아들이 스스로 시도해보도록 내버려두는 것이 더 편안하다는 것을 깨달았다. 나는 캐롤린에게 자기감정을 스스로 인식하고 처리하는 것을 가르쳤고 새로운 통찰력을 바탕으로 자신의 사고와 행동을 바꿔가도록 도왔다. 이제 그녀는 자녀가 그들 나름대로 잘 성장하고 있다는 사실과 자신이 엄마로서 최선을 다하고 있다는 것을 받아들였다. 불안을 자극하던 오랜 트라우마를 치유함으로써 그녀는 자기감정을 잘 다뤘고 자녀, 특히 아들과 관련해 스트레스를 덜 받았다. 현재 상황이 과거의 무언가를 자극할 경우, 그녀는 이를 재빨리 알아채고 과거의 감정에 휘말려 자동적으로 반응하는 것이 아니라 적절한 대처 반응을 선택했다. 캐롤린은 몸과 마음을 꾸준히 탐색함으로써 현재 삶에 지속적으로 영향을 미치던 아동기의 트라우마를 치유할 새로운 방법을 찾은 것이다.

비록 캐롤린은 EMDR 치료로 아들과의 관계에서 생기는 불안은 줄었으나 자신을 불안하게 만드는 요인과 계속 싸워 나가야 한다. 그녀는 앞으로 더 다뤄야 할 것이 남아 있음을 인식하고 있었다. 중요한 것은 그녀 스스로 계속 변화하려 노력하는 한편 일상에서 지속적으로 스스로를 돌봐야 한다는 점이다. 최근 그녀는 매일 명상을 하기로 결심했다. 하루 동안 자신의 불안이 어떻게 증가하는지 인식하고 자신의 신경계가 더 이완되도록 훈련이 필요하다는 것을 깨달았기 때문이다. 그녀의 신경계는 현실에서 실질적인 위험을 경고할 때만 활성화되어야 한다. 그녀는 과도한 불안을 줄이려면 결국 아동기에 형성된 내면 통제 욕구에서 자유로워져야 한다는 것을 배우고 있는 중이다.

10장 정서적 폭식을 극복한 밥

진정 당신이 원하는 그런 사람이 돼라.

쇠렌 키르케고르

미국에서 과식은 흔한 문제다. 체중 문제로 힘들어하는 사람들의 소식을 전하는 뉴스와 빠르고 쉽게 살을 뺄 수 있다고 말하는 광고가 그야말로 홍수처럼 쏟아지고 있다. 불행히도 우리가 간과하는 문제 중 하나는 음식을 먹는 것에 정서적 요소가 포함되어 있다는 점이다. 실제로 많은 사람이 자기 기분을 조절하거나 가라앉히려고 과식한다. 일단 과체중 상태가 되면 그들은 자기 몸을 왜곡된 시선으로 바라보고 스스로를 혐오하거나 경멸한다. 또한 그들은 다른 사람에게 뚱뚱해서 사랑받지 못한다는 말을 듣는다. 이 목소리가 내재화하면 그들은 다른 사람이 비난하기 전에 자신이 먼저 스스로를 비난한다.

비난의 목소리는 갈수록 강력해져 실제로 자신을 그런 사람으로 느끼게 만든다. 때로 과체중은 대인기피를 유발하고 대인관계에서 더욱더 움츠러들게 한다. 이처럼 고립감, 외로움, 낙담, 자기혐오를 느낄 때 우울증은 삶의 한 부분으로 자리를 잡는다.

과식하는 사람은 삶에서 만족감을 느끼는 것, 사람들에게 다가가는 것, 특히 자신의 감정을 느끼고 견뎌내는 것을 배울 필요가 있다. 과체중인 많은 사람이 정서적 고통에 대처하고자 먹는 것에 의존한다. 음식은 알코올이나 마약처럼 순간적으로 고통스러운 감정을 무감각하게 만들어준다. 안타깝게도 이런 무감각 탓에 사람들은 자신이 얼마나 많이 먹었는지 인식하지 못한다. 이 통제력 상실은 체중이 늘어나면서 굉장한 수치심을 불러온다. 그들은 몰래 먹거나 혼자 있을 때 먹으며 때로 식료품 쇼핑을 고통스러워한다.

음식이 알코올이나 마약과 다른 점은 생존에 꼭 필요하고 어디에나 있으며 가족이나 동료들과 함께하는 사회생활의 주요 부분이라는 것이다. 사람들이 먹는 것을 통제하지 못하는 것은 끔찍한 일이다. 살려면 어쩔 수 없이 먹어야 하지만 그들은 음식 탓에 고통을 겪으면서도 먹는 것을 통제하지 못한다. 음식이 순간적으로 고통을 줄여주기 때문이다. 먹는 것을 통제하지 못할 경우 체중이 늘고, 결국 점점 더 통제력 상실에 따른 고통을 경험한다. 이는 하향곡선을 그리는 악순환으로 심각한 건강 문제로 이어진다.

과식과 비만에 내재된 문제를 다루는 것은 회복하는 데 매우 중요한 부분이다. 과식과 체중 문제로 자신을 심하게 비난하는 사람들이 기억해둘 것이 있다. 그것은 잘못된 식습관은 살아가는 동안 경험하는 것들이 스스로 감당하기에 너무 고통스러워 견디기 위한 자기 나름대로의 방법이라는 사실을 말이다. 음식은 우리가 원하는 것, 예를 들면 사랑과 보살핌을 받고 싶은 욕구를 충족해주는 대체품이다. 그런데 내 몸 상태와 상관없이 무감각하게 먹는 것을 몇 년간 반복하면 배고프거나 배부르다고 말해주는 몸의 신호를 잊고 만다.

오랫동안 먹는 것으로 회피하고 부인해온 고통스런 감정과 마주하기 위해 치료를 시작하는 것은 두려운 일이다. 그렇지만 내담자는 EMDR로 과식과 비만을 유발하는 트라우마를 찾아내고 이를 치유하는 작업을 해 나갈 수 있다. 이제 밥이 과식으로 얼마나 힘들어했는지, EMDR이 그의 식습관 변화에 얼마나 도움을 주었는지 살펴보자.

치료를 받으러 온 밥은 "근본적인 변화"를 원한다고 말했다. 그는 47세의 건축가로 체중과 식습관 문제 때문에 몇 년간 상담 치료를 받았으나 아무런 결과도 얻지 못했다. 그는 자신에게 무언가 문제가 있다는 것을 알았으나 아는 것만으로 달라진 것은 없다고 말했다. 그는 친구에게 EMDR을 소개받았다고 했고 나는 EMDR을 시작하기 전에 밥을 꼼꼼히 살폈다.

밥은 자신이 안정적이고 몸이 건강하다고 했다. 그는 소파에 똑바로 앉았는데 호흡을 약간 참는 것 같았다. 옷을 잘 갖춰 입고 자신감도 있었으나 말하는 동안 정서적으로 뭔가 편치 않아 보였다. 그리고 자신의 과거나 어려움을 털어놓는 것을 어색해했다. 시간이 흐르자 밥은 자신이 잠을 잘 이루지 못하고 있고 과소비와 과식 문제도 있다고 말했다. 그는 사업에서 성공하려고 노력하는 중인데 가끔은 자신이 쓸모없고 무가치하게 느껴진다고 했다. 겉모습과 달리 그의 내면에는 고통스럽고 두려운 감정을 회피하고자 하는 불안과 우울감이 있었다. 자신의 내면이 어떤지 묘사해달라고 하자 그는 커다란 블랙홀의 이미지를 떠올렸다. 그는 자신이 내면에서 일어나는 것을 있는 그대로 느끼면 그 속에서 길을 잃고 평생 우울하게 살 것이라고 했다.

음식과 과식에 따른 밥의 고통은 그에게 꽤 큰 문제였다. 그는 다이어트와 체중감량을 수차례 시도했지만 결국 체중은 조금씩 더 늘어났다. 그때마다 그는 심한 좌절감을 느꼈다. 나는 그의 과거력에서 식습관 문제의 원인이 될 만한 것을 찾으려 했다.

밥의 어머니는 마른 편으로 음식을 잘 절제하는 사람이었다. 어릴 때부터 덩치가 크고 건강한 밥에게 그의 어머니는 뚱뚱하다며 잔소리를 하고 끊임없이 다이어트를 권했다. 그는 배가 고파도 어머니의 잔소리와 걱정 때문에 먹고 싶은 것을 자주 참았다. 다른 한편으로 여자 형제들이 먹고 싶은 것을 자유롭게 먹는 걸 보며 상대적으로 외로움과 절망감, 불행, 궁핍을 느꼈다. 이런 감정은 성인이 되어서도 이어졌다. 그는 고통스러운 감정을 느낄 때마다 음식을 찾았다. 점차 통제력을 잃은 그는 자신을 나약하고 추하며 여자에게 사랑받지 못하는 존재라고 생각했다. 나는 밥이 음식과 관련된 어린 시절의 부정적 기억에서 자유로워지면 자신과 세상을 새롭게 바라보고 현재의 삶에서 보다 건강한 선택을 하리라고 판단했다.

먼저 우리는 밥의 안전지대를 찾았는데 자기 방을 좋아한 그는 침실을 선택했다. 그 공간에는 아름다운 녹색 벽과 그가 특별히 여기는 물건, 좋아하는 책이 있다고 했다. 그는 이 사적인 공간을 소중하게 여겼고 그곳을 아주 좋아했다. 나는 그 감정이 몸 어디에서 느껴지는지에 주목하며 양측성 자극을 추가했다. 진동기로 주는 양측성 자극을 선호한 그는 자신의 감각과 안전감을 양측성 자극이 강화해줄 것이라고 기대했다. 우리는 양측성 자극으로 안전지대를 강화했다.

컨테이너 연습에서 그는 컴퓨터에 자기감정을 입력하고 그것을 파일에 저장해 내게 전송한 뒤 파일을 지우는 것을 상상했다. 이 과정은 우리 작업의 중요한 부분이었다. 일상에서 자극을 받거나 화나는 일이 많은 밥은 화가 났을 때와 실제로 배가 고픈 상태를 구별하는 것뿐 아니라 음식을 먹지 않고도 고통스러운 감정을 견뎌내는 방법을 찾아 대처하는 기술을 터득해야 했다.

다음으로 나는 밥과 함께 복식호흡을 연습했다. 그 결과 그는 자신이 종종 호흡을 참는 경향이 있고 이것이 그의 불안과 긴장감을 높인다는 것을 자각했다.

이런 연습을 하는 과정에서 밥은 자신이 상상한 것보다 훨씬 더 다양한 감정을 느낀다는 사실을 깨달았다. 또한 그는 자신이 고통스러운 감정을 느낄 때마다 음식을 떠올린다는 것을 알고 놀랐다. 내면의 신호를 알아차려 구별하고 감정을 빨리 없애는 것이 아니라 그대로 받아들이는 것을 배우면서 밥은 몸이 보내는 신호에 귀를 기울여 반영하는 능력을 길렀다.

밥이 그동안 배운 새로운 대처 기법을 일상생활에서 연습한 뒤 우리는 EMDR 치료로 상처 기억을 다룰 준비를 갖췄다고 결정했다. 상처 기억을 다루는 동안 밥은 눈을 감았고 처리를 멈추고 싶을 때는 눈을 뜨기로 했다. 우리는 첫 번째로 다룰 목표기억을 평가했다. 그것은 박탈감과 굴욕감을 느꼈던 아동기 기억이었다.

가장 고통스러운 이미지 — "나를 제외한 모든 사람이 저녁식사 전에 간식 먹는 것을 바라보는 것."

부정적 인지 — "나는 뚱뚱하기 때문에 사랑받지 못한다."

긍정적 인지 — "나는 있는 그대로의 나 자신을 좋아하는 감정을 배워나갈 수 있다."

인지타당도 척도 — "2"

감정 — "슬픔, 분노, 삶이 불공평하다고 느껴지고 혼란스러움."

주관적 고통지수 — "9"

신체 감각 위치 — "목이 메고 배가 차갑다."

EMDR 4단계인 민감소실 과정을 시작했을 때 갑자기 어머니를 향한 억눌렀던 분노와 적대감이 터져 나왔다. 그는 치료 회기 동안 상처받고 화났던 감정을 표현했으며 미움과 좌절감으로 위장에 '통증'을 느꼈다. 처음에는 처리 과정이 순조롭지 않은 것처럼 보였고 그는 혼자인 것 같은 기분과 두려움을 느꼈다.

나는 치료자로서 EMDR 처리 과정을 믿지만 경우에 따라서는 치료자가 개입해 도와줄 필요가 있다. EMDR로 트라우마 기억을 다룰 때 치료자의 적절한 개입은 내담자가 성공적으로 상처 기억을 처리하도록 촉진한다. 내담자가 현재 문제와 과거 기억이 어떻게 연결되어 있는지, 왜 그 기억이 처리되지 못하고 있는지 그 이유를 알고 있을 때 치료적 개입은 비적응적으로 저장된 정보와 진실을 연결하도록 도와준다. 특히 치료자의 개입은 내담자가 처리 과정을 지속하도록 충분한 안전감을 제공한다. 이번이 그런 경우 중 하나였다.

나는 밥에게 그를 도와줄 만한 사람을 상상해보라고 했다. 그는 이 과정을 지속하도록 충분한 안정감을 줄 수호천사를 떠올렸다. 처리가 막힌 장면에서 수호천사를 떠올리자 다시 처리 과정이 이어졌다. 그는 외부의 누군가에게 편안함과 지지를 얻을 수 있음을 깨달았다. 동시에 자신 내면의 길잡이가 믿을 만하지 못하다는 것도 알게 되었다. 또한 그는 자신의 몸과 마음을 신뢰할 수 없었다. 신체가 보내는 신호를 읽지 못해 자신이 언제 정말로 배가 고픈지, 단순히 음식으로 정서적 편안함을 얻으려고 하는 것은 아닌지 몰랐기 때문이다.

수호천사는 밥에게 이제 당신은 성인이며 자신의 선택에 책임을 져야 한다는 것을 알려주었다. 그의 성인 자아는 내면의 어린 자아에게 화가 나거나 배가 고플 때마다 무언가를 해줄 수 있음을 알려주었다. 밥은 자신의 욕구 충족을 위해 더 이상 외부의 허락이나 승인을 기다릴 필요가 없다는 것을 깨달았다. 이것은 그에게 새로운 권한을 부여받은 느낌을 안겨주었다. 나아가 그는 어머니에게 연민을 느끼기 시작했다. 어머니가 일부러 악하게 한 것이 아니라 아들의 건강을 염려해 다이어트를 권한 것이라는 생각도 했다.

밥은 세 번의 회기에서 이 목표기억을 충분히 다뤘다. 회기 마지막쯤 그는 자신이 사랑받을 만한 사람, 원하는 것을 해도 좋은 가치 있는 사람이라는 것을 조금씩 받아들이기 시작했다. 이후 그는 어머니와 좀 더 편안한 관계를 만들어갔고 자신의 내적 욕구에 귀를 기울였으며 배가 고플 때는 건강한 음식을 섭취했다. 그는 일상생활에도 변화를 주어 건강한 식단과 함께 체중조절 프로그램을 시작했다. 그의 바람대로 체중은 줄어들었고 어느 정도 자신감이 생기자 그는 이성교제를 시도했다. 나는 기회가 있을 때마다 밥이 경험하는 새롭고 긍정적인 감정을 자원 개발 과정으로 강화해주었다.

이제 그는 아무 생각 없이 과식했을 때 스스로 내면의 정서적 욕구에 귀를 기울이는 데 실패했음을 이해했다. 그는 몸이 음식을 먹는 방법으로 마음과 의사소통한다는 것, 그가 주의를 기울이면 좋은 선택을 할 수 있다는 것을 배웠다. 그리고 내면의 블랙홀이 생각만큼 크지 않다는 것도 깨달았다. 나아가 자신을 좀 더 깊이 탐색하면서 가족과 관련된 다른 문제도 치유하고 싶어 했다.

11장 사랑하는 이를 잃은 슬픔을 헤쳐 나간 베시

자기 자신을 믿으면 어떻게 살아가야 할지 알게 된다.

요한 볼프강 폰 괴테

사랑하는 사람을 잃었을 때 슬픔을 느끼는 것은 자연스러운 감정이다. 어떻게 슬퍼해야 하는지 정해진 것은 없으며 그 경험은 사람마다 다르다. 슬픔은 그 자체에 속도와 타이밍이 있다. 시간이 지나면서 내면의 적응적 정보처리 시스템이 본래대로 작동하면 슬픔을 이겨내고 점차 사랑하는 사람 없이 삶에 적응해간다.

정상적인 애도 반응으로 좋았던 순간의 기억에 압도당하거나 엄청난 고통과 괴로움을 안겨줄 끔찍한 결말에 사로잡힐 수도 있다. 피로감, 불면, 식욕저하, 과식, 불안, 우울, 정서적 무감각을 경험하기도 한다. 어떤 사람은 자신이 현재 겪는 것을 아무도 이해할 수 없을 거라며 소외감을 느낀다. 또 어떤 사람은 결국 나머지 주변인도 죽음이나 유기 등으로 자신을 떠나갈 것이라는 두려움으로 사람들과의 접촉을 회피한다. 경우에 따라서는 사랑하는 사람이 더 이상 고통을 겪지 않아도 된다는 안도감과 이제 그 사람이 없다는 상실감 같이 모순적인 감정을 동시에 경험하기도 한다.

누군가에게는 상실이 안겨주는 슬픔이 트라우마로 남는다. 적응적 정보처리 과정이 방해를 받을 경우 상실 경험을 충분히 처리하지 못해 몸과 마음에 트라우마 기억으로 저장될 수 있다. 이것은 혼란을 야기하거나 애도 과정을 심각하게 악화하고 지연한다. 어떤 경우에는 외상성 애도Traumatic Grief 증상 중 하나로 자신이 느끼는 감정을 인식하지 못한다. 사람들은 간혹 내게 "제가 이걸 이미 극복했어야 하는 게 아닌가요?"라고 묻는다. 애도 과정에 정해진 시간표는 없다. 다만 그걸 헤쳐 가며 살아갈 뿐이다.

상실에 따른 슬픔이 삶에 유독 심하게 영향을 미치거나 과도하게 지속되면 이는 트라우마와 연관될 수 있다. 사랑하는 사람을 잃을 경우 삶이 급격히 변화하고 다음과 같은 혼란을 한 가지 이상 경험한다.

- 모든 것에 관한 기본적인 믿음이 흔들리고 특히 삶과 죽음에 의문을 보임
- 혼란스러운 사고, 주의 집중의 어려움, 기억 문제
- 과도하게 안절부절못하거나 부적절한 분노
- 전반적인 절망감, 두려움, 좌절감, 슬픔

- 모든 것에서 통제력 상실 경험
- 신체적 고통
- 무기력감
- 고통스러운 꿈이나 침투적인 이미지
- 대인관계에서 느끼는 긴장감
- 무감각
- 분리된 느낌
- 상실에 따르는 책임감과 죄책감

EMDR은 사랑하는 사람을 떠나보낸 후 충분히 처리하지 못한 슬픔을 완화하는 데 도움을 준다. 그렇다고 EMDR이 슬픔이나 상실감을 겪지 않게 해주는 것은 아니다. 그보다는 애도 과정에서 경험하는 과도한 죄책감이나 책임감을 흘려보내도록 돕고 차단된 이전의 좋은 기억을 떠올리게 해준다. EMDR은 고통과 슬픔을 없애는 것이 아니라 상실을 받아들이고 자신만의 해결책을 찾도록 도와주는 것이다. 나는 EMDR로 상실을 경험한 많은 사람을 도와주었는데, 어떤 사람은 머리부터 발끝까지 감각이 없고 아무런 감정도 느끼지 못해 슬픔을 처리하는 데 꽤 많은 시간이 필요했다. 당신이 EMDR로 슬픔을 다룰 준비를 갖추면 치료자는 그 과정을 도와준다.

슬플 때는 자기 자신을 잘 보살피는 것과 자신이 하는 선택을 스스로 인식하는 것이 중요하다. 나는 내담자에게 가급적 뉴스를 멀리하라고 주의를 주는데 이는 뉴스에 상실감을 자극하는 고통스러운 죽음 이야기가 많이 나오기 때문이다. 또한 나는 혼자 있지 말고 다른 사람에게 다가가길 권한다. 자신의 이야기를 공유하는 것은 치유 과정을 돕고 상실 경험이 있는 다른 사람과 연대감을 형성하게 해준다. 식사를 잘 챙기기, 술을 마시지 않기, 편안하게 휴식을 취하기 그리고 운동하기는 원만하게 일상으로 돌아가도록 도와준다. 막연하게 예전으로 돌아갈 수 없을 거라고 생각하는 사람도 있지만 그렇지 않다.

그럼 사랑하던 개를 잃은 베시의 이야기와 그녀가 경험한 고통을 살펴보자.

32세의 매력적인 미혼여성 베시는 좋은 배우자를 만나고 싶어 한다. 그녀는 열정적인 심신통합 치유전문가Holistic Healer로 사람들을 돕는 것을 좋아하지만, 쉽게 불안해지고 실수할까 봐 두려워 사람들에게 자주 조언을 구하는 습관이 있다. 가끔은 의사결정에 어려움을 느끼기도 한다.

베시는 토비라는 강아지와 함께 살았는데 토비는 그녀의 가장 가까운 동반자이자 가장 좋은 친구였다. 그녀는 토비의 음식에 특별히 신경을 썼고 숲에서 함께 놀았으며 늘 반려견과 즐거운 시간을 보내려 애썼다. 그녀는 토비와 함께하는 시간을 무척 좋아했고 토비와의 관계는 그녀의 인생에서 커다란 의미가 있었다.

그런데 토비는 겨우 다섯 해 만에 갑자기 암에 걸려 죽고 말았다. 동반자를 잃어버린 베시는 견딜 수 없을 만큼 큰 충격을 받았고 슬픔이 그녀의 삶을 점령해버렸다. 어디를 가든 사랑하던 토비와 토비의 죽음이 떠오른 것이다. 그녀는 자신이 강아지에게 약을 잘못 먹인 적이 있다는 사실을 떠올리며 자책했다. 강아지가 암으로 죽었음에도 불구하고 그녀는 자신의 실수가 용서받을 수 없는 것이라고 여겼다. 그녀는 일상에서 단순한 일을 하는 것조차 힘들었고 슬픔에 잠긴 그녀에게는 그 무엇도 기쁘지 않았다.

사람들이 그녀의 슬픔에 공감해줄 때 그녀는 자신도 모르게 과민반응을 보였고 그녀 스스로도 사람들이 자신을 이상하게 보고 있음을 알아차렸다. 하지만 그녀가 아무리 노력해도 텅 빈 마음은 채워지지 않았다. 그녀의 슬픔이 직장과 대인관계에도 영향을 주자 보다 못한 베시의 엄마가 그녀에게 EMDR 치료를 권했다.

베시는 사랑하는 동반자의 갑작스런 죽음으로 인한 트라우마로 고통받고 있었다. 아울러 그녀에게는 두 가지 부정적 믿음이 있었는데 그것은 토비의 죽음에 자신이 책임이 있다는 것과 그녀가 현재 느끼는 감정을 더 이상 느끼면 안 된다는 것이었다. 만약 그녀가 남편 혹은 자녀의 죽음을 애도하는 것이라면 아무도 그녀의 슬픔에 의문을 보이지 않았을 것이다.

강아지의 경우는 좀 다르다. 분명 다른 사람들은 이해하지 못할 테고, 베시 자신조차 반려견의 죽음에 그토록 강렬한 감정을 느끼는 것이 정상적인가 하는 의문을 보였다. 베시는 미혼으로 좋은 배우자를 간절히 원했고 아이도 낳고 싶어 했다. 그런 베시에게 토비는 삶에서 정서적 교류를 나누는 주요 대상이었다. 토비의 죽음이 안겨준 트라우마는 그녀의 삶의 동력을 완전히 꺾어버렸다.

나와 대화하며 베시는 최근 집중이 되지 않고 직장 일에 흥미를 잃어버렸다고 말했다. 그녀는 하루에도 몇 번씩 갑자기 눈물을 쏟는 등 감정조절에 어려움을 겪었다. 식욕마저 떨어져 잘 먹지 못했고 어쩌다 먹은 것은 다 토했다. 베시는 체구가 작은 편으로 더 이상 뺄 살이 없을 만큼 마른 상태였다. 그녀는 강아지와 함께하는 시간이 끝났다는 고통스러운 기억에 사로잡혀 있었고, 그녀가 강아지를 죽게 내버려두었다고 생각하며 몹시 괴로워했다. 심지어 그녀는 시선이 가는 모든 곳에서 토비를 보았으며 토비와 함께한 추억을 떠올렸다. 처음 대화를 나누는 동안 그녀는 통곡하듯 슬프게 울었고 공허감을 크게 느꼈다.

나는 베시에게 EMDR이 자연스러운 애도 과정을 멈추게 하는 것이 아니라, 현재의 증상을 완화해 직장에서 제대로 일하고 사람들과 좀 더 편안하게 지내도록 도와준다고 설명했다. 그녀에게 이전에도 이처럼 고통스러운 상실을 경험한 적이 있느냐고 묻자 그녀는 단 한 번도 없었다고 했다. 이는 우리가 토비의 죽음에 초점을 두고 시작할 수 있음을 의미했다.

우리는 안전지대를 찾는 것부터 시작했다. 그녀가 자기감정을 좀 더 잘 다루도록 도와주기 위해서다. 하와이에 갔던 기억을 떠올린 그녀는 그 장면에서 평온함을 느꼈다. 나는 그녀에게 하와이의 따뜻한 해변에 누워 있었을 때의 느낌을 떠올리며 천천히 호흡을 깊이 가다듬고 이완하게 했다. 이어 그녀의 안전지대와 연결된 평온한 감정을 강화하고 이를 그녀의 몸과 마음에 각인하기 위해 양측성 자극으로 무릎을 번갈아가며 두드렸다. 베시는 다른 종류의 양측성 자극보다 손으로 두드리는 자극을 가장 편안해했다. 안전지대에 집중한 그녀는 울음을 멈추고 점차 차분해졌으며 감정을 다스리게 된 것에 감사했다.

베시는 컨테이너 기법 연습에서 내 파일 캐비닛에 고통스러운 감정과 문제를 담아두는 것을 상상했다. 상상 속에서 그녀는 파일을 넣고 캐비닛을 잠갔다. 다음 회기에 내가 캐비닛을 열기 전까지 그녀는 그 안에 들어 있는 것을 걱정하지 않을 터였다.

마지막으로 나는 그녀에게 복식호흡을 가르쳐주었다. 그녀는 호흡에 집중하며 몸이 그것을 어떻게 느끼는지에 주목했다. 처음엔 숨을 자연스럽게 내뱉는 것을 어려워했지만 서서히 숨을 조금 들이마신 후 곡선을 그리듯 내뱉었다. 그녀는 꾸준히 연습했고 점차 호흡에 변화가 생기기 시작했다. 마침내 그녀는 온전하게 복식호흡을 했고 회기가 끝날 즈음 자신의 호흡과 감정을 좀 더 잘 조절했다.

베시의 일상은 대체로 안정적이었다. 그녀에게는 좋은 가족과 친구가 있었고 그들이 언제든 자신을 지지해주리라는 믿음도 있었다. 직장에서도 그녀는 일을 잘해냈다. 지금 경험하는 슬픔 외에 그녀의 또 다른 문제는 자신감과 자기 확신이 부족하다는 것이었다. 이것은 분명 그녀의 지나친 슬픔에 영향을 주고 있었다. 그녀는 강아지가 죽도록 내버려둔 자신의 선택에 의문을 보였고 계속 이것에 사로잡혔다.

일단 EMDR 준비 과정을 마친 우리는 다음 회기에 트라우마 사건인 토비의 죽음을 다뤘다. 처음에 그녀는 그 기억을 떠올리는 것이 너무 고통스럽다며 물러섰다. 그러나 안전지대로 돌아가 안정을 되찾자 나와 함께 EMDR을 할 만큼 충분한 용기가 생겼다고 말했다. 우리는 트라우마 처리 과정 중에 힘들거나 멈추고 싶을 때는 언제든 멈추도록 손을 들어 표시하는 것을 정지신호로 정했다.

첫 번째 목표기억은 토비의 죽음이었다. 베시의 경우 EMDR로 다루고자 한 목표기억에서 가장 고통스러운 장면은 한 가지가 아니었다. 트라우마 사건 각각의 장면이 모두 주관적 고통지수가 10점이었다. 우리는 한 장면 한 장면을 목표기억으로 정했고 트라우마 사건의 첫 부분부터 시작했다.

가장 고통스러운 이미지 — "아파서 거의 움직이지 못하는 불쌍한 토비."

부정적 인지 — "모두 내 잘못이다. 나는 나쁜 사람이다."

긍정적 인지 — "그것은 내 잘못이 아니다. 나는 좋은 사람이다. 나는 진심으로 토비를 사랑했다."

인지타당도 척도 — "2"

감정 — "슬픔, 나 자신과 토비의 수의사에 대한 분노 그리고 죄책감!"

주관적 고통지수 — "10"

신체 감각 위치 — "심장과 목에서 느껴진다."

나는 손으로 두드리는 양측성 자극을 주며 민감소실 단계를 시작했다. 베시에게는 양측성 자극을 조금 길게 주었다. 그녀는 마치 트라우마 경험의 파도를 타는 것처럼 감정의 물결에 따라 움직였다. 사건의 각 장면은 영화의 한 장면 같이 떠올랐다. 처리 과정에서 그녀가 고통스러웠다고 말한 장면은 토비가 아프다는 것을 깨달은 순간, 토비를 병원으로 데려간 것, 고통스러워하는 토비를 바라보는 것, 약 처방이 잘못되었음을 알아차린 순간, 희망이 없다고 말하는 수의사, 무력감과 혼자라고 느끼는 나, 내 품에서 죽어가는 토비, 토비가 죽고 나서 토비를 떠올리게 하는 장소를 바라보는 것이었다.

첫 치료 회기 이후 고통스러운 기억의 일부는 주관적 고통지수가 0점으로 떨어졌지만 아직 다루지 못한 나머지 장면은 여전히 고통지수가 높게 나왔다. 그녀는 작업을 마치려면 아직 멀었다고 느꼈다.

치료 회기 내내 베시는 상당히 감정적이었고 가끔은 몇 분씩 흐느껴 울었다. 그래도 매번 울고 난 뒤에는 기분이 더 나아졌다고 말했다. 트라우마 기억을 처리하는 동안 내담자가 치료자에게 세부내용을 모두 말해야 하는 것은 아니다. 내 역할은 그녀가 계속해서 기억 처리 과정을 잘 해내도록 도와주는 것이었다. 거의 모든 회기마다 그날 우리가 다룬 목표기억의 주관적 고통지수는 0점으로 떨어졌다. 경우에 따라 회기가 끝나가는 데도 그녀가 여전히 고통을 느끼면 컨테이너 기법으로 고통스러운 부분을 내 파일 캐비닛에 넣고 잠갔다.

베시의 EMDR 과정을 완결하는 데는 몇 주가 걸렸다. 회기마다 그녀는 자신을 고통스럽게 한 자기비하 감정을 조금씩 풀어갔다. 그와 함께 점점 자신이 토비를 죽게 한 것이 아님을 깨달았다. 토비의 죽음은 그녀로서는 어쩔 수 없는 일이었다. 시간이 지나면서 그녀는 자기연민과 용서의 감정을 느꼈다. 그녀의 새로운 긍정적 인지는 '나는 진심으로 토비를 사랑했다. 나는 늘 내가 할 수 있는 최선을 다했다'로 바뀌었다. 몇 주간 함께 작업하면서 그녀는 토비의 부재를 받아들였고 혼자뿐인 자유 시간에 무엇을 할지 찾기 시작했다. 이때 그녀는 무엇을 하고 싶은지 친구들에게 묻는 것이 아니라 스스로 찾았다. 주위 사람들에게 다가가는 시도도 했고 친해질 기회가 왔을 때 그것을 잡았다. 직장에서 자신의 흥미를 자극하는 새로운 프로젝트에도 도전했다. 그러면서 식욕이 천천히 돌아왔고 집중력도 향상되었다. 그녀는 더 이상 악몽을 꾸지 않았으며 이전보다 강인해지고 자신감이 상승했다.

이 문제를 다루는 EMDR 치료를 마친 뒤 우리는 배우자를 갈망하는 것과 직장 문제 같은 다른 주제를 더 다루기로 했다. 새로운 경력을 쌓고자 학교에 다니기 시작한 베시는 새로운 친구를 사귀는 한편 데이트도 했다. 그녀는 자신이 여전히 토비를 사랑하고 절대 잊을 수 없을 거라고 말했다. 그렇지만 직장생활이나 대인관계, 자아감을 위협하는 트라우마 증상 없이 토비를 회상할 수 있게 되었다. 가끔은 토비가 살아 있었다면 하고 바라기도 했으나 다른 한편으로 토비의 죽음을 거룩하게 여겼다. 그녀에게 토비의 죽음은 영국 작가 C. S. 루이스의 말처럼 "숭고한 희생"으로 느껴졌다. 토비의 죽음으로 치료자를 찾았고 EMDR의 도움으로 삶이 보다 새롭고 충만해졌으니 말이다. 베시는 이것이 토비가 그녀에게 준 마지막 선물이라고 여겼다.

토비가 죽은 지 1년이 되어갈 무렵 베시는 다시 조금씩 죄책감을 느꼈고 자신의 결정에 자신감이 없어지기 시작했다. 우리는 그 이유를 좀 더 이해하고 해결책을 찾기 위해 다시 EMDR을 시도했다. 또 아직까지 처리하지 못한 트라우마 조각을 찾아보고 이전의 EMDR 치료에서 완전히 마무리하지 못한 이유도 탐색했다. 그녀는 앞으로 주변 사람들이 죽을 수 있고 그녀가 혼자 남겨질지도 모른다는 사실을 두려워하고 있음을 깨달았다.

떠난 대상과 관련된 기념일은 슬픔을 자극한다. 물론 일시적인 증상은 어느 정도 정상적이고 자연스러운 반응이다. 베시의 상실 경험은 삶과 죽음 그리고 성인이 해야 하는 어려운 선택에서 그동안 믿어온 것에 의문을 품게 했다. 다행히 그녀는 자신의 삶에서 무슨 일이 일어나든 그것을 다룰 수 있다는 것을 배웠다. 그녀는 용감하게 자신의 경험과 마주했고 EMDR로 자신과 삶에 관해 배울 수 있는 것이면 무엇이든 받아들였다. 지금도 그녀는 고통스러울 때마다 내면의 힘과 진실을 발견하고자 치료를 받으러 온다. EMDR은 그녀가 자신의 속도에 맞춰 한 걸음씩 슬픔을 헤쳐 나가도록 돕고 있다.

12장 성적 학대 후 용기를 되찾은 조안

역경 속에 기회가 있다.

알베르트 아인슈타인

성적 학대는 꽤 많이 일어나는 일이지만 막상 이를 이야기하기란 쉽지 않다. 여자아이는 세 명 중 한 명이, 남자아이는 일곱 명 중 한 명이 어린 시절에 성적 학대를 당한 경험이 있다고 한다. 이것만으로도 놀라운 통계수치지만 아마 실제로는 더 많을 것이다. 영향력이 굉장히 파괴적인 성적 학대는 고통 유발에 힘의 차이가 존재한다. 가해자에게는 힘이 있고 피해자는 학대에서 생존하기 위해 순종적이거나 수동적일 수밖에 없다.

경계를 침범당하는 피해자는 혼란을 느낀다. 또한 피해자는 상황을 바꾸기엔 자신이 너무 무기력하다고 느낀다. 가해자는 피해자를 통제하기 위해 교묘하게 행동하는 반면 피해자는 숨을 참거나 얼어붙는 것처럼 고통을 느끼지 않고 생존하는 방법을 찾고자 한다. 심지어 몇몇 피해자는 고통에서 해리되는 증상이 나타나 자신의 신체가 무감각해지는 경험까지 한다. 즉, 피해자는 무슨 일이 일어나도 상관하지 않는다는 듯 감정이 없는 사람처럼 되어버린다. 이처럼 성적 학대는 인간의 에너지, 삶의 원동력, 성적 취향 그리고 이후의 삶에서 정서적으로 친밀해지는 능력 등을 차단해 거대한 공백을 만들어낼 수 있다.

여러 해 동안 나는 삶의 어느 시점에 성적으로 학대받은 많은 여성을 봐왔다. 그들은 늘 가해자를 알아봤고 그 때문에 힘들어했다. 가끔 그들은 자신에게 일어난 일을 부인하기도 했다. 그들이 보여주는 감정은 무감각에서 과민함까지 실로 다양했다. 그들은 다른 사람이 자신을 만졌다는 것에 수치스러움과 역겨움을 느꼈고 특정 장소를 피하거나 부적절한 보살핌을 갈구했다. 또한 두려움, 극심한 공포, 우울, 약물남용, 자살, 침투적인 사고, 반복되는 악몽, 건강 문제, 섭식장애, 대인관계 문제를 자주 경험했다. 다행히 EMDR 치료는 이들을 도울 수 있다.

조안은 완전히 무너져 내리는 것 같은 심정을 부여잡고 전문적인 도움을 받고자 나를 찾아왔다. 그녀는 25세의 미혼여성으로 현재 석사 과정을 공부하는 중이었다. 이번 학기를 시작하기 전까지 그녀는 자기 인생을 그런대로 잘 통제해왔다. 그런데 지금 그녀는 완전히 혼란스러워했다. 심리학 수업이 그녀의 어린 시절 사건을 자극했기 때문이다. 수업 시작 전부터 심장이 요동치는 바람에 그녀는 숨 쉬는 것조차 힘들었다. 그저 교실을 뛰쳐나가고 싶은 마음뿐이었다. 그녀는 늘 긴장했고 안전감이나 편안함을 전혀 느끼지 못했다. 주변 사람들에게 자신의 그런 상태를 숨기기 위해 그녀는 많은 시간을 소모했다. 하지만 모든 사람이 자신의 그 상태를 아는 것처럼 느껴져 대인관계에 어려움을 겪었다. 그녀는 친구들에게 자신이 무너지고 있다는 사실을 털어놓을 수가 없었다.

조안은 술을 마셔볼 생각도 했으나 알코올의존자가 될까 싶어 두려웠다. 전통적인 심리 치료를 3년 정도 받고 자신의 문제를 확실히 깨달은 그녀는 자신에게 좀 더 통합적인 치료가 필요하다고 판단했다.

"나는 지난 수년간 트라우마 경험과 관련해 주변적인 것만 말하고 또 말했어요."

회복되긴커녕 일상생활을 제대로 영위하기도 힘들었던 그녀는 트라우마의 흔적을 자기 몸에서 떠나보내고 싶어 했다.

그녀의 과거력을 듣고 나는 그녀가 고등학교 3학년 때 교사와 오랫동안 부적절한 성관계를 했다는 것을 알았다. 그녀는 강한 수치심을 느꼈고 우울해했으며 다른 친구들과의 정서적 교류가 완전히 끊어졌다. 그녀는 "희망의 불꽃이 사라지면서 내면이 텅 비기 시작했어요"라고 말했다. 성실한 학생이었음에도 불구하고 그녀는 내면의 나침반을 잃어버렸다. 이 사건은 그녀가 고등학교를 졸업하고 대학교로 진학하는 데 필요한 모든 것을 앗아갔다. 그때쯤 그녀는 자신의 이성관계에 치명적 손상이 생겼다는 것을 알았다. 모든 이성관계가 그녀가 경험한 외상적 성관계의 재현이 되어버렸다. 그녀는 모든 친구관계를 성적으로만 생각했고 자신을 성적 대상으로 여기지 않는 남자친구와 친하게 지내는 방법을 알지 못했다. 그래서 친밀감을 느끼기도 전에 남자친구들과 성관계를 했다.

일단 남자친구와 성관계를 시작하면 그녀는 상대방이 자신을 질식시키려 하거나 자율성을 빼앗아가려 할 때 보이는 것 같은 반응을 보였다. 곧 그들이 나눈 친밀감은 비명, 눈물, 비난으로 산산조각 났다. 그녀는 더 이상 남자를 믿지 않았다. 동시에 그들이 없으면 길을 잃은 듯 외로웠고 고통을 잊기 위해 술을 마셨다. 그녀는 자기 몸 안에 있어서는 안 될 무언가가 있는 것 같았고 그 때문에 자신을 더럽다고 생각했다. 그녀의 지적 능력, 대학교육 그리고 몇 년간의 치료에도 불구하고 그러한 감각, 감정, 생각은 사라지지 않았다. 이 모든 일이 그녀의 20대 중반에 일어났다.

조안은 심리학 수업시간에 트라우마를 반복적으로 배우고 이야기하면서 점점 더 혼란스러워졌다. 심리학 수업에서 받은 자극은 그녀의 트라우마 반응을 활성화했다. 그녀는 잘 해내고 싶었지만 치료자가 되는 것은 그녀가 예상했던 것보다 더 힘든 도전이었다. 마음이 넓고 열정적인 그녀는 진심으로 사람들을 돕고 싶어 했으나 그러려면 먼저 자신의 트라우마를 처리할 방법을 찾아야 했다. 강의를 듣거나 자신의 문제를 다루는 체험적 과제를 할 때마다 그녀의 과거 트라우마가 자극을 받았기 때문이다. 그녀의 해마는 강의 내용, 내면의 경험을 들여다보는 과정, 그녀가 존경하면서도 두려워하는 남자 교수로 인해 반복적으로 자극을 받았다.

처음 상담실을 찾아왔을 때, 조안은 불안감으로 떠는 자기 몸을 어떻게 진정시켜야 할지 몰라 당황했다. 나는 먼저 그녀가 안정감을 찾도록 돕고 점차 자신감을 회복하게 해야 한다는 것을 알았다. 통제력을 잃을지도 모른다는 두려움은 그녀를 공포와 불신의 늪에 빠지게 했다. 우선 나는 그녀에게 그라운딩을 가르쳐주었다. 뿌리가 깊고 엄청나게 큰 나무가 된 자신의 모습을 상상해보라고 한 것이다. 이 연습으로 그녀는 안정을 찾았다. 그녀는 집에서도 이 이미지를 떠올리고 그때의 몸과 마음의 느낌에 집중하는 연습으로 점차 내적인 강인함을 얻었다. 또한 나는 신경계의 안정과 이완을 돕는 복식호흡을 가르쳐주고 연습하게 했다. 조안은 개인적으로 나무를 상상하는 명상을 매우 좋아했고 그 효과를 즉시 느꼈다.

다음으로 우리는 안전지대를 찾는 연습을 했다. 그녀의 안전지대는 예전에 방문한 적 있는 어느 해변이었다. 전에 조안은 요가를 열심히 했는데 학교를 다니기 시작한 이후로 요가 연습을 거의 하지 못했다. 나는 요가 연습이 트라우마를 다루는 과정에 도움을 줄 것이라고 생각했다. 그래서 그녀에게 요가를 할 때처럼 깊은 복식호흡을 하며 안전지대에 가 있는 자신의 모습을 떠올리라고 했다. 그 과정에서 그녀는 조금씩 긴장을 풀었고 소파에 편안하게 몸을 기대고 앉았으며 얼굴에 환한 미소를 지었다. 나는 그녀의 이완 상태를 강화하기 위해 양측성 자극을 주었다. 그녀는 양측성 자극으로 진동기와 헤드폰을 이용한 청각 자극을 함께 활용하는 것을 선호했고 원하면 언제든 안전지대인 해변의 이미지를 떠올렸다.

컨테이너 연습에서 그녀가 떠올린 컨테이너는 조금 특이했다. 그녀는 심호흡을 하면서 고통스러운 생각, 감정, 문제를 밀어내고 발바닥에 닿은 지면을 느끼며 주변 환경의 모양, 색깔, 소리, 촉감, 물건에 주의를 기울이는 연습을 했다. 이때 몸의 이완을 느끼고 긴장감과 생각들을 그냥 흘려보냈다. 나는 조안에게 집에서도 안정화 연습(안전지대, 컨테이너, 복식호흡)을 시도해보도록 권했다.

그녀는 자신이 정말로 요가를 좋아한다는 것을 깨닫고 다시 요가 연습을 시작하기로 마음먹었다. 나는 그녀가 자신이 좋아하는 무언가를 다시 시작한다는 것과 일상생활에서 트라우마 기억이 자극받을 때 이전보다 더 안정적이라는 사실을 알고 무척 기뻤다.

조안은 학교에 있을 때 구체적으로 무엇이 그녀를 자극하는지 더 잘 알아챘다. 나는 치료 과정에서 그녀가 말하는 현재의 촉발요인을 기록해두었는데 그것은 트라우마 치료 강의를 듣는 것, 성과 관련된 강의에 참석하는 것, 남자 교수가 그녀에게 말할 때의 태도 같은 것이었다. 먼저 우리는 조안이 강의시간에 좀 더 안정적으로 참여하도록 자원을 강화하는 연습을 했다. 강의시간에 트라우마를 자극하는 첫 번째 신호가 오면 그녀는 마음속으로 안전지대로 갔다. 이 연습으로 그녀는 점점 강해지고 자신감을 얻었다.

지속적인 상담에서 나는 조안의 가족사와 그녀가 어떻게 성장했는지 더 많이 알게 되었다. 어린 조안은 밝고 생기 넘치는 소녀였으나 그녀에게는 많은 관심과 보호가 필요한 언니가 있었다. 그녀의 어머니는 암으로 고생하다가 겨우 회복했고 언니는 조현병을 앓고 있었다. 이러한 상황은 가족 모두를 힘들게 했다. 조안은 어머니가 병이 재발해 죽을까 봐 늘 두려웠고 언니와 어떻게 친하게 지내야 하는지 걱정했다. 그러다 보니 언제나 소외감과 혼자라는 느낌이 떠나지 않았다. 그녀는 학교에서 친구들을 사귀었지만 어느 날 갑자기 친구들이 그녀를 따돌렸다. 그녀는 외로움과 두려움에 사로잡혔다. 어린 시절 그녀를 돌봐주고 편안하게 해줄 사람은 아무도 없었다. 이때 관심과 사랑이 절대적으로 필요했던 소녀를 발견한 한 남자 교사가 그녀를 이용하기 시작했다.

조안은 청소년기의 학대적인 관계가 또래 남자와 건강하고 친밀한 관계를 맺는 데 어려움을 준 여러 증상의 시작이었음을 알고 있었다. 똑똑한 대학원생으로 자란 그녀는 고등학교 때 교사가 권력을 남용해 십대 소녀인 자신을 오랫동안 농락했다는 사실과 학생과 교사로서 두 사람 사이의 경계를 명확히 설정해야 하는 사람은 바로 그 교사였음을 깨달았다. 그녀 내면의 성인 자아는 이것이 권력의 학대라는 것을 알았지만, 어린 자아는 이것을 사랑이라고 느꼈다. 그녀는 내면의 두 부분을 조화롭게 통합해서 받아들이지 못했다.

트라우마 경험을 탐색하면서 그녀는 그 남자 교사가 학교에서 겪은 힘든 일을 잘 들어주고 동정했으며 다정하게 굴었음을 떠올렸다. 그녀는 당시 수업이 끝나고 그 교사와 이야기하려고 학교에 남았을 때 어떤 느낌이 들었는지 몸으로 느끼기 시작했다. 그 교사는 그녀에게 아낌없는 관심과 칭찬을 주었고 결국 성관계까지 했다. 그녀는 기분이 좋으면서도 깊은 양가감정을 느꼈다. 일단 성관계를 시작하면 그녀는 거부할 수 없다고 느꼈다. 비록 그녀도 쾌락을 느끼긴 했으나 오랫동안 내적 혼란을 느꼈다. 늘 사랑과 관심을 갈구한 그녀는 교사가 이를 충족시켜준다고 생각했다. 나중에야 교사가 자신을 그에게 의지하게 만들어 이용했을 뿐이라는 사실을 깨달았다. 이전의 정신 치료로 그녀는 교사가 자신을 얼마나 돌봐주었는가에 상관없이 권위와 힘으로 성적 학대를 했음을 알았다. 그러나 이것을 머리로만 이해했을 뿐 체감하지는 못했다. 이제 그녀는 당시의 경험을 더 많이 이해했지만 여전히 자신을 비난했다.

"결국 나는 자발적으로 그렇게 한 거야. 그러니 내게도 책임이 있는 게 아닐까?"

그녀는 대학생활에서 무기력하고 혼자라는 느낌을 받을 때, 안전감이나 남자와 친밀감을 느끼지 못할 때, 또다시 잘못된 선택을 할까 봐 두려울 때, 스스로 자기혐오에 빠진다는 것을 알았다.

학대받은 피해자 중 많은 사람이 그러하듯 조안은 어떤 면에서 자신에게도 책임이 있다고 생각했다. 실제로 가해자들은 피해자에게 그런 믿음을 강요해 자신의 책임이나 죄를 덜어내려 한다. 또한 가해자가 자신과의 관계를 유지하기 위해 비밀을 지켜야 한다고 피해자를 부추기기 때문에 관계에 따른 혼란이 지속된다. 조안은 자신에게 일어난 일을 이성적으로는 이해했으므로 이제 몸과 마음에 갇힌 느낌을 처리할 차례였다.

우리는 그녀가 고등학교 때 교사와 성관계를 맺은 경험을 목표 기억으로 삼았고 정지신호도 정했다.

가장 고통스러운 이미지 — "성관계를 맺을 때 끔찍하게 찡그린 그의 모습."

부정적 인지 — "나는 역겹고 무기력한 사람이다."

긍정적 인지 — "지금은 그때와 다르다. 나는 강하고 사랑받을 만한 사람이다."

인지타당도 척도 — "2"

감정 — "절망, 낙담, 죽은 것 같은 느낌."

주관적 고통지수 — "10"

신체 감각 위치 — "가슴과 심장의 감각."

그녀는 치료 회기 동안 강렬한 감정을 표현했다. 때로는 그 기억에 접근해 민감소실 단계를 진행하는 것이 무리가 아닐까 하는 생각이 들 정도였다. 그러나 조안은 어떻게든 자신의 깊은 내면에서 과거의 그 교사와 다시 대면할 용기를 찾았고 지금의 자신은 이전과 다르다는 것을 깨달았다. 기억 처리 과정이 막힐 때마다 그녀는 심하게 떨면서 울었으나 자신을 이끌어주는 내면의 지지자들을 떠올리며 안정을 찾았다. 내면의 지지자들은 대학교에서 새로 사귄 친구들이었다. 그들은 그녀를 판단하지 않았고 있는 그대로의 모습으로 그녀를 받아주었다. 그들과의 관계를 떠올리고 안전감을 경험한 조안은 과거를 바라보며 현재 자신이 안전하다는 것을 더 깊이 느꼈다.

첫 번째 치료 회기를 마칠 때 우리는 처리를 완결하지 못해 남아 있는 고통스러운 것을 컨테이너에 담아둔 다음 안전지대로 가서 좀 더 이완한 후 마무리했다. 다음 치료시간에 그녀는 지난번 상담을 마치고 돌아간 뒤 에너지가 완전히 소진되어 이틀 동안 아무것도 할 수 없었지만 이후부터는 학교에서 잘 지냈다고 했다.

우리는 두 번째 EMDR 회기에서 학대 기억을 마저 다뤘다. 민감소실 과정에서 그녀는 슬픔, 두려움, 고통을 느꼈다. 특히 그녀는 당시 자신은 관계에서 분명한 경계를 지을 능력이 부족했다는 것과 그것이 남자와 친밀한 관계를 맺는 능력에 어떤 영향을 주었는지 인식하고 울음을 터트렸다. 그녀는 이전까지 머리로만 알던 것을 이제는 몸과 마음으로 받아들이기 시작했다. 고등학교 시절 성 학대의 잔재가 그녀의 모든 인간관계에 스며들어 남자들이 자신보다 더 강한 것처럼 보이면 이를 두려워해 남자들과 성급히 성관계를 맺거나 남자를 믿지 않았다는 사실을 이해하기 시작한 것이다. 치료 회기가 끝나갈 무렵 마침내 조안은 별다른 감정적 흥분 없이 교사의 이미지를 떠올렸다. 그녀는 '나는 강하고 사랑받을 만한 사람이다'라는 긍정적 인지를 잘 받아들였고 나는 양측성 자극을 주어 이를 강화했다. 주입 단계에서 그녀의 긍정적 인지와 감정은 점점 더 강해졌다.

과거의 기억을 다 처리한 후 나는 조안에게 현재의 삶에서 부정적 감정을 촉발하는 요인이 있는지 찾아보라고 했다. 그녀는 자신이 두려워하는 남자 교수와 꼭 함께 참석해야 하는 모임이 있는데 거기에 가는 것이 두렵고 불안하다고 했다. 그녀는 그 남자 교수가 힘으로 자신에게 상처를 줄 것 같아 두렵다고 했다. 우리는 현재의 그 촉발요인을 EMDR 민감소실 단계로 다루고, 그녀가 그 남자 교수와 모임에 다녀올 준비를 갖출 때까지 주입 단계를 지속했다.

다음 상담시간에 그녀는 남자 교수와 함께 참석한 모임을 잘 마무리했다고 말했다. 남자 교수를 봐도 아무런 신체 반응이 일어나지 않았고 그에게 자기 의견을 분명히 말했다는 것이었다. 그녀는 놀랍게도 자신이 완전히 달라졌다는 것을 깨달았다고 말했다. 사실 그녀는 오랫동안 두려움을 느끼지 않는 편안한 상태가 어떤 것인지 잊고 살아왔다. 그 탓에 긴장감과 경계심 없이 남자를 만나는 것은 불가능하다고 여겨왔다. EMDR 치료로 그녀의 몸과 마음은 완전히 변화했다.

치료 과정에서 조안은 남자에게 "싫어요"라고 거절해도 괜찮다는 깨달음을 머리뿐 아니라 몸과 마음으로도 받아들였다. 자신을 학대한 교사를 향해 분노를 표출하면서 그녀는 자기연민을 느꼈고 점차 자기비하감은 줄어들었다. 그녀는 가끔 술을 마시지만 더 이상 술은 괴로움을 회피하기 위한 수단이 아니었다. 무엇보다 그녀는 경계를 명확히 설정하고 필요하면 언제든 "싫어요"라고 말할 수 있는 안전감을 주는 남자를 만나기 시작했다. 마주하기 두려웠던 고통과 맞설 용기를 내고 EMDR 치료를 신뢰하면서 조안의 인생은 극적으로 변화했다. 그리고 그녀는 어린 시절에 경험한 트라우마를 다루기 위해 치료 과정을 지속했다.

13장 전쟁의 흔적을 물리친 샘

두려움으로 멈춰 서게 만드는 모든 경험을 하며 우리는
강인함, 용기, 자신감을 얻는다. 이 정도 공포를 이겨냈으니
다음에 오는 것도 문제없다고 자기 자신에게 말할 수 있다.
그러니 당신이 할 수 없다고 생각하는 것을 하라.

엘리너 루스벨트

프랜신 샤피로 박사는 외상 후 스트레스 장애로 고통받는 사람들을 상담하는 과정에서 EMDR 치료를 개발했다. 그녀의 첫 외상 후 스트레스 장애 연구는 베트남전쟁에서 정신적 피해를 본 미국 참전 군인들을 대상으로 이뤄졌다. 그러면 EMDR로 치료받은 베트남전쟁 참전 군인의 사례를 살펴보자.

1970년대 초반 샘은 베트남전쟁에 참전하기 위해 군에 재입대했다. 대학교육을 받은 그는 장교 훈련소로 보내졌고 그곳에서 기본적인 전투훈련을 받았다. 그런데 막상 베트남에 도착하고 보니 전투는 몹시 격렬했고 부대는 미처 준비를 다 갖추지 못한 상태였다. 그가 베

트남에 도착한 날, 밤에 부대를 이끌고 이동하던 중 적들이 갑자기 박격포와 기관총을 발사하기 시작했다. 갑작스러운 공격에 그의 부대는 우왕좌왕했고 많은 전우가 전사했다. 베트남에서 2년 동안 머문 샘은 여러 전쟁 상황을 경험했는데, 그와 그의 부대가 공격받기 전에는 적의 모습을 볼 수 없었다. 그는 부대를 이끌고 가서 적의 게릴라 부대를 여러 번 공격했으나 나중에 알고 보면 상대는 군인이 아닌 여자나 아이들이었다.

본국으로 돌아온 샘은 제대한 뒤 직장에 들어갔다. 이후 그는 반복적으로 악몽에 시달렸고 직장에서는 상사들과 잘 어울리지 못했다. 직장에서 그에게 무언가를 요구하면 회피하거나 화를 내며 논쟁을 벌였다. 수년 동안 그는 어느 곳에도 적응하지 못했고 여러 직업을 전전했다. 전문 관리인이던 그는 작업 감독자로 내려갔다가 결국 단순 노동자로 전락했다. 무엇보다 그는 감정기복이 크고 성급했으며 음주 문제까지 있었다. 미국으로 돌아오자마자 그의 결혼생활은 파경에 이르렀다. 그 후 그는 몇몇 사람과 교제했지만 2년 넘게 지속적으로 만나지 못했다. 그는 술에 의존했고 교류하는 사람이라고는 술집에서 만나는 사람들뿐이었다.

샘은 베트남전쟁에서 돌아온 지 30년 만에 치료를 받으러 왔다. EMDR로 공황장애를 성공적으로 치료한 친구에게 소개를 받았다고 했다. 샘에게 가끔 "나는 살 가치가 없어"라는 말을 들은 샘의 친구는 그의 건강을 염려하는 한편 그가 자살할까 봐 걱정했다.

상담을 시작할 무렵 샘은 이동주택에서 지냈고 자신을 살아갈 이유가 별로 없는 실패자로 여겼다. 그는 전형적인 외상 후 스트레스 장애 증상을 겪고 있었다. 지속적인 스트레스 상황에서 스스로를 지탱할 힘조차 남아 있지 않은 그는 늘 불안, 우울, 악몽에 시달렸다. 더러는 자신을 억제하지 못하고 분노를 폭발하는 바람에 직장생활을 유지하는 것도 점차 어려워졌다. 그는 정서적 고통을 잊기 위해 술을 많이 마셨는데 이것은 상황을 더욱 악화시켰다. 눈 밑으로 진한 다크서클이 늘어진 그는 한눈에도 매우 고단해 보였다. 몹시 긴장한 그에게 내적 자원은 거의 없어 보였고 안정감과 안전함을 느끼도록 도와줄 외적 자원도 적었다.

샘은 전쟁 이야기로 치료를 시작했다. 사실 이것은 그에게 하나의 도전으로 보였다. 그는 상담을 하면서 자신이 정말로 무능하고 나쁜 사람인지 검증해보려는 것 같았다. 그의 과거력을 좀 더 탐색하며 나는 그의 내적 자원을 개발하고 강화했다.

먼저 샘은 깊은 복식호흡을 배워 신경계와 심신의 긴장감을 덜어낼 필요가 있었다. 또한 감정을 바꾸거나 밀어내지 않고 있는 그대로 느끼고 인식하는 연습도 해야 했다. 그는 아무런 판단도 하지 않고 천천히 내면의 감각들을 느껴보았다. 그 순간 그는 자신이 안전하다는 것을 알았고 '지금 여기(상담실)'는 '그때 거기(전쟁터)'가 아니라는 사실을 점차 이해했다.

알코올은 치료를 촉진하거나 증상을 완화하는 도구가 아니었기에 샘은 음주 문제를 다뤄야 했다. 그는 술집에 가는 대신 알코올의 존자 자조모임에 나가는 데 동의했다. 나는 알코올이 인생의 의미를 찾으려 하는 그의 노력을 방해한다고 조언했다. 알코올의존자 모임은 그가 사람들과 어울리며 외적 자원을 높이는 데 도움을 주었다. 여기에 더해 그는 마음이 맞는 친구와 자신의 경험을 조금씩 나누기 시작했다.

자원 개발 과정에서 샘은 안전지대로 높은 산으로 둘러싸인 강변의 캠핑 지역을 떠올렸다. 컨테이너 연습에서는 창고 안에 끈으로 꽉 조인 군용배낭을 넣고 세 개의 자물쇠로 잠근 것을 상상했다.

나는 샘에게 EMDR이 무엇인지, 그것이 어떤 치료 효과를 내는지 설명했다. 또 트라우마를 완전히 처리할 때까지 그 과정에서 때로는 더 불안해지거나 악몽을 꿀 수 있다고 말해주었다. 샘은 자신을 고통스럽게 하는 과거를 다룰 준비를 마쳤다는 데 동의했다.

샘의 경우 EMDR로 다룰 목표기억을 찾는 것이 좀 복잡했다. 그가 베트남전쟁을 떠올리면 끔찍한 이미지와 고통스러운 사건이 많았는데 그 기억이 여러모로 얽혀 있었기 때문이다. 샘이 좀 더 안전함을 느끼도록 나는 표준 EMDR 접근을 약간 변형해서 사용했다. 각각의 이미지에 초점을 두는 대신 베트남전쟁의 여러 장면을 홈비디오 형태로 만들어 처리한 것이다. 샘은 시나리오 작가, 감독, 사진작가가 되었다. 나는 그에게 머릿속으로 영화를 상영하듯 전쟁 영상을 돌려보라고 했다. 이때 스크린에 띄워 그가 원하는 속도로 상영하게 한 뒤 원할 때는 언제든 멈추고 재생하도록 했다.

다음은 처음 다룬 목표기억을 평가한 내용이다.

가장 고통스러운 이미지 — "내가 이끄는 소대가 길에서 공격받은 날 밤 폭발이 일으킨 빛, 부상당한 병사들의 비명소리."

부정적 인지 — "나는 무능한 사람이다."

긍정적 인지 — "나는 유능한 사람이다."

인지타당도 척도 — "2"

감정 — "두려움, 분노, 죄책감, 불안."

주관적 고통지수 — "9"

신체 감각 위치 — "배 부분과 목의 위쪽."

민감소실 단계에서 나는 양측성 자극으로 안구운동을 사용했다. 샘은 목표기억의 가장 고통스러운 장면으로 시작해 세부적인 묘사를 줄인 영상을 순서대로 재생했다. 세트를 진행하는 동안 샘은 눈물을 흘렸고 온몸을 떨며 흐느꼈다. 기억 속의 그 사건을 다시 떠올리게 했을 때 한동안 침묵이 흘렀다. 샘은 고통스러운 장면 하나하나를 목표기억으로 삼아 처리해 나갔다. 그러나 고통스러운 기억들이 아직 미해결 상태로 '영상' 속에 남아 있었던 탓에 샘은 여전히 힘들어했다. 네 번의 EMDR 회기를 마친 후에야 그의 고통이 대폭 줄어들었다. 악몽도 줄었고 플래시백도 훨씬 덜해졌다. 그러면서 샘은 기억나지 않던 다른 것을 떠올리기 시작했다.

다음 목표기억도 같은 방식으로 진행했다. 끔찍한 경험으로 생긴 기억의 파편이 너무 많아 그 치료 회기에 다루기로 한 목표기억을 다 처리하지 못할 수 있다는 것을 그는 이해했다. 우리는 여러 치료 회기에 걸쳐 각각의 기억 조각을 다뤘고 샘의 증상은 점차 좋아졌다.

마지막 회기에 나는 샘에게 마음속으로 전체 영상을 다시 돌려보고 불편한 부분에 주목하게 했다. 양측성 자극을 주며 진행하는 동안 그는 꽤 강렬한 기억을 하나 떠올렸다. 소대에서 나와 매복하기 위해 걸어가던 적에게 그는 붙잡혔고 나무에 묶인 채 죽을 일만 남은 상태였다. 그가 기억하는 다음 장면은 자신이 병원에서 깨어난 때였다. 그 사건과 관련해 그의 즉각적인 반응은 자신이 적에게 붙잡혀 부대작전을 실패하게 만든 무능한 사람이라는 것이었다. 그 기억은 그를 다시 고통스럽게 했고 처리할 필요가 있었다. 그 과정은 몹시 힘들었지만 치료 회기를 마칠 무렵 고통은 완전히 사라졌다.

주요 목표기억을 모두 처리하고 나서 샘은 그동안 자신을 힘들게 한 감정을 조금도 느끼지 않고 영상을 다시 차분하게 떠올렸다. 이제 그는 '나는 유능한 사람이다'라는 생각을 자연스럽게 떠올렸고 그것을 몸과 마음으로 느꼈다. 그 생각과 함께 전체 영상을 떠올린 그는 긍정적인 것을 주입하는 과정에서 변화한 부분을 강화하고 통합했다.

다음 단계는 일상생활에서 그를 자극하는 현재의 유발요인을 찾아내 EMDR로 다룰 것이 있는지 살펴보는 일이었다. 그는 별다른 현재의 촉발 자극을 찾지 못했다. 대신 우리는 '나는 유능한 사람이다'라는 생각과 긍정적 느낌을 강화하기 위해 미래의 것을 다루었다. 여기에는 새로운 직업을 준비하는 과정도 포함했다.

치료를 마친 샘은 생산직을 떠나 보다 전문적인 일을 해볼 용기를 얻었다. 1년 후 관리직에 지원해 원하는 일자리를 얻은 그는 술을 끊었고 아파트로 이사하기 위해 돈을 모았다. 샘은 EMDR 치료로 얻은 새로운 삶에 감사했다. 지금 그는 다른 참전 군인들에게 치료를 받으면 전쟁이 안겨준 정서적 고통에서 얼마든지 벗어날 수 있다고 알리는 일에 힘쓰고 있다.

14장 성폭행 사건 후 내면의 힘을 되찾은 레베카

인내와 끈기의 마력 앞에서 모든 장애는 사라지고 난관은 소멸한다.

존 퀸시 애덤스John Quincy Adams, 미국의 정치가

"No"는 정말로 'No'라는 뜻이다. 누구도 당신의 동의 없이 당신과 성관계할 수 없다. 당신이 어떤 옷을 입고 어떤 말을 하고 어떤 행동을 했든 성폭행은 결코 정당화되지 않는다. 성폭행 책임은 전적으로 성폭행범에게 있다. 안타깝게도 성별이나 나이와 상관없이 누구든 성폭행을 당할 수 있다.

성폭행을 당한 사람은 마치 세상이 뒤집힌 것처럼 혼란스러워한다. 성폭행은 단지 성적인 의미에 국한되지 않고 타인을 지배하고자 하는 권력을 내포한다. 성폭행범의 전형적인 특성이란 없다. 생전 처음 보는 낯선 사람이나 데이트 상대, 지인은 물론 심지어 가족 구성

원에게도 당할 수 있다. 성폭행을 당한 사람은 당시 어떤 상황이 벌어졌고 누구에게 당했는지와 상관없이 커다란 공포를 느끼며, 그 사건이 트라우마로 남아 고통을 겪는다. 세상이 더 이상 안전하게 느껴지지 않고 사람을 신뢰하기도 어렵다. 여기에다 성폭행 이후의 여러 상황이 성폭행 자체만큼이나 상처를 주기 때문에 성폭행 생존자의 고통은 배가된다.

성폭행 생존자 중 상당수가 자신이 겪은 일에 수치심을 느껴 경찰에 신고하지 않는다. 설령 신고하더라도 매정하고 의심 많은 경찰관 탓에 자기 비난이 강해지는 경우가 대부분이다. 최근 들어 성폭행 생존자를 대하는 방식이 변화하고 있긴 하지만 성폭행 이후의 일은 트라우마의 영향을 줄이는 것이 아니라 오히려 악화할 수 있으므로 매우 중요하다. 생존자가 성폭행을 털어놓았을 때 그녀를 믿어주는가? 그녀는 어떤 지원을 받을 수 있는가? 경찰이 그녀를 어떤 식으로 대하는가? 그녀의 말에 가족과 친구들은 어떻게 반응하는가? 의학적 치료를 제공받는가? 만일 생존자가 정서적 지지나 공감을 받지 못한다고 느끼면 트라우마 사건의 각 부분은 더 부정적 영향을 미친다.

성폭행을 당한 뒤에는 가능한 한 빨리 의학적 처치를 받아야 한다. 대부분의 병원에는 성폭행 생존자에게 응급 처치를 제공하도록 훈련받은 의사와 상담사가 상주한다. 의사는 성병, 내상, 범죄 증거가 있는지 확인한다. 또한 대부분의 지역에는 성폭행 핫라인과 위기관리센터가 있어 조언을 얻을 수 있다. 전문가들은 의학적 검사를 받기 전까지 옷을 갈아입거나 샤워하거나 성기를 씻지 말라고 제안한다. 물론 당사자는 한시라도 빨리 깨끗이 씻고 싶겠지만 그보다 먼저 즉각적인 의료 처치를 받고 범죄 신고 시 필요한 물리적 증거를 확보해야 한다. 즉각 신고하지 않더라도 추후에 신고할 것을 대비해 유효한 증거를 남겨두는 것이 중요하다.

성폭행은 빅-T 트라우마로 개인이 전쟁 외에 경험할 수 있는 강력한 트라우마 사건 중 하나다. 어떤 면에서는 일종의 전쟁으로 볼 수 있으며 그것도 아주 강하고 비열한 적과의 전쟁이다. 성폭행을 당하면 정서적으로 화가 나고 두렵고 모멸스럽고 멍해지고 혼란스럽고 수치스럽고 당황스럽고 우울하고 불안하고 긴장되고 외로울 수 있다. 또한 불면증, 식욕 감퇴, 집중력 저하, 악몽, 침투적인 이미지 같은 외상 후 스트레스 증상을 경험하기도 한다. 어떤 생존자는 비난받을까 두려워 가족이나 친구에게 알리지 않는데 적절한 도움을 받으려면 안전한 환경에서 그 분야 전문가의 안내에 따르는 것이 바람직하다.

다음 이야기는 트라우마 사건이 한 여성의 인생을 어떻게 파괴하는지 그리고 EMDR이 어떻게 힘을 되찾도록 도와주는지 보여준다.

31세의 미혼여성인 레베카는 1년 전 성폭행을 당한 후 우울감과 불안감이 점점 더 심해져 치료를 받기로 했다. 그녀는 훤칠한 키에 몸매가 가녀린 아름다운 여성으로 살짝 건드리기만 해도 부서질 것처럼 힘이 없어 보였다. 그녀가 의자에 앉자 나는 그녀에게 요즘 하루를 어떻게 보내는지 물었다. 그녀의 말투는 부드러웠으나 몸을 바르르 떠는 모습에서 극도로 긴장하고 있음을 알 수 있었다. 그 모습은 마치 굉장히 조심스럽게 다뤄야 하는 상처 입은 새처럼 보였다.

레베카는 자신이 성폭행 충격에 사로잡혀 있고 자신의 트라우마 증상이 주변 사람들에게 나쁜 영향을 미치는 것은 아닌지 걱정스럽다고 말했다. 그녀는 자신을 돌아볼 여유가 없었고 사소한 직장업무도 버겁게 느꼈으며 '아, 이렇게 미쳐가는구나'라는 생각을 자주 했다. 그녀는 가해자가 누구인지 알았지만 힘들게 증거를 수집해 가해자에게 벌을 주려고 해봤자 결국 헛수고가 될 거라는 의심을 떨쳐버릴 수 없었다. 그래서 그녀는 사람들이 자신의 말을 믿어줄지, 어떻게 성폭행범을 처벌할 수 있을지 고민하고 집착했다. 이것은 그녀 자신은 물론 그녀의 주변 사람들을 힘들고 절망스럽게 만들었다.

나는 레베카가 어린 시절을 어떻게 보냈는지 알기 위해 과거력을 탐색했다. 그녀의 부모는 재혼 부부였고 어머니에게는 전남편 사이에 낳은 아들과 딸이 있었다. 2세 때 부모가 이혼하는 바람에 그녀는 이후 어머니, 이복오빠, 이복언니와 함께 살았다. 알코올의존자에다 약물중독자였던 어머니는 집에 아이들만 남겨두는 일이 잦았고 어린 시절에 이사도 자주 다녔다. 이런 상황은 그녀를 불안정하게 만들었다. 그녀는 어머니나 이복오빠 곁에 있으면 늘 마음이 조마조마해서 그들과 떨어져 조용히 지내는 법을 터득했다. 현재 사귀는 남자친구와 함께 있을 때도 그녀는 항상 마음이 불안하다고 말했다. 그녀의 어머니는 세 번이나 자살을 시도했고 이복언니와 이복오빠 심지어 지나가는 행인에게까지 신체적 폭력을 가했다. 그녀는 6세 때 이복오빠에게 성추행을 당했으나 당시 너무 무서워서 아무에게도 말하지 못했다.

그녀는 7세 때 다른 여성과 재혼한 아버지와 함께 살았고 이때

부터 삶은 꽤 안정적이었다. 그렇지만 그녀는 성인이 된 지금도 어린 시절을 블랙홀이라고 표현하며 그 시기를 생각조차 하기 싫어했다. 아버지와 살게 된 이후 이복오빠와는 더 이상 말을 섞지 않았다. 이복언니는 헤로인중독자가 되었다. 성인이 된 뒤 어머니와의 관계는 어느 정도 회복해 다른 가족에 비해 더 가깝게 느끼고 있었다.

비록 레베카는 어린 시절이 트라우마로 가득 차 있었지만 성폭행을 당하기 전까지는 꽤 잘 살아왔다. 그러나 성폭행 사건 이후 일상이 무너졌다. 성폭행 트라우마 증상을 치료하기 위해 대화 치료를 몇 번 시도했으나 남자 치료자를 신뢰할 수 없었다. 나는 여성이지만 레베카가 나를 만나기로 한 것은 커다란 위험을 감수한 어려운 결정이었을 것이다. 레베카는 어린 시절 트라우마를 잊기 위해 여러 해에 걸쳐 많은 시간과 열정을 쏟았다. 그 시도는 거의 성공적인 듯했으나 성폭행 사건으로 더 이상 억누르는 것이 불가능해졌다. 상담 중에 그녀는 좀처럼 말을 하지 않았고 멀찌감치 떨어져 앉아 내 눈치를 살폈다. 그녀로서는 나를 신뢰하거나 EMDR이 도움을 줄 거라고 믿는 것이 상당히 어려운 일이었다.

레베카의 모습으로 짐작하건대 그녀는 늘 과다각성 상태로 살아온 것 같았다. 그것을 말하자 그녀도 자신이 비합리적으로 과다각성 상태라는 것을 알고 있다고 했다. 그녀는 모든 사람을 경계했고 아무도 믿지 않았으며 아주 작은 소리에도 소스라치게 놀랐다. 또한 집중하거나 결정을 내리는 데 어려움을 겪었고 대부분의 시간 동안 짜증, 분노, 우울감에 젖어 있었다. 여기에다 밤에는 성폭행 악몽과 플래시백을 경험하며 땀으로 범벅이 되곤 했다. 낮에는 예기치 않게 성폭행 사건의 일부를 재경험하기도 했다. 남자친구와는 성적 친밀감을 원하면서도 성관계에 어려움을 겪고 있었다. 그녀는 생존-투쟁 모드로 하루하루를 버텼고 미래에 부정적인 일이 일어날 것 같은 두려움 때문에 어떠한 장기 계획이나 목표도 세우지 못했다. 물론 성폭행 사건을 떠올리는 것은 너무 두려운 일이었으나 그 끔찍한 기억을 처리하기 전에는 삶을 제대로 살아갈 수 없음을 알고 있었다. 레베카는 전형적인 외상 후 스트레스 증상으로 고통을 겪는 것이 분명했다.

성폭행을 당할 때 레베카는 얼어붙었는데 이는 불수의적 반응이었다. 성폭행은 그녀의 사촌 결혼식에 참석한 날 일어났다. 그녀는 결혼식 하객은 믿을 수 있는 사람들이라고 생각해 긴장과 경계를 풀고 술을 마셨다. 약간 취기가 오른 상태에서 그녀는 하객 중 한 명이던 어떤 남자와 대화하며 기분 좋은 시간을 보냈다. 그녀의 기억은 거기까지였다. 그 후의 일은 거의 기억나지 않았다. 약에 취했던 것인지 그 이유는 알 수 없었다. 여기까지가 첫 회기에서 레베카가 내게 말해준 전부였다. 그녀가 그 정도를 말하면서도 너무 혼란스러워했기 때문에 나는 세부사항을 더 말해달라고 압박하지 않았다. 외상 후 스트레스 증상의 심각도로 미뤄봤을 때 당시 다른 어떤 일이 일어난 게 분명했지만 처음부터 그녀에게 부담을 줄 필요는 없었다. EMDR 치료 과정에서 레베카가 좀 더 안전감을 느끼면 세부적인 이야기가 자연스럽게 나오리라는 것을 나는 알고 있었다. EMDR의 장점 중 하나는 치료자가 사건의 세세한 부분까지 전부 알 필요는 없다는 것이다.

그녀가 기억하는 것은 잠에서 깨어났을 때 호텔방에 벌거벗은 채 누워 있었고 온몸에 멍이 들었다는 것이었다. 그녀는 무슨 일이 일어났는지, 무엇을 해야 할지 알지 못했다. 그녀의 몸은 상처로 얼룩져 있었고 마음은 공허했다. 그녀의 아버지가 그녀를 찾아내 집으로 데려갔고 얼마 후 집 근처 병원을 찾아갔다. 불행히도 병원을 찾았을 때는 이미 성폭행을 입증할 약물이나 DNA 검사를 하기에 너무 늦어버렸다. 경찰에 신고하고 나서 한 남자 형사가 그녀를 만나러 왔는데, 그는 한 남자의 인생을 망치려고 이야기를 지어내는 것 아니냐며 그녀를 몰아세웠다. 그녀는 무기력감과 배신감에 시달렸다. 이 경험은 그녀를 더 충격에 빠뜨렸고 오랫동안 지속되어온 자기 회의감은 더 악화되었다. 다행히 요즘은 점점 더 많은 병원이 직원들에게 성폭행 생존자를 대하는 법을 교육해 레베카가 이 사건에서 당한 부당한 대우를 생존자들이 더 이상 겪지 않도록 하고 있다.

그녀는 그날 밤 실제 일어난 일을 기억할 수 없었지만 악몽과 플래시백에 시달렸다. 그리고 그녀의 마음은 자신이 느끼는 공포감을 이해하기 위해 기억의 빈 공간을 계속 채우려고 했다.

분명 레베카는 빅-T 트라우마를 경험했다. 비록 그녀가 실제 일어난 일을 기억하지 못해도 그녀의 몸 상태로 미뤄볼 때 성폭행 당시 신체적 폭력이 있었거나 성폭행이 상당히 거칠었다는 것은 명백했다. 그녀는 의식적으로 기억할 수 있는 것과 기억할 수는 없지만 몸과 마음에 저장된 것에 압도당하고 있었다. 의식적인 기억의 부재에도 불구하고 그녀의 몸과 마음은 무엇이 일어났는지 알았고 그 사건과 관련된 소리와 냄새, 이미지, 감정, 신체 감각이 넘쳐흘렀다. 레베카는 그 경험을 처리하고 흘려버리려 했지만 지속적인 스트레스로 분비된 신경화학물질이 그녀의 뇌와 신체에 흘러 그 사건을 처리하는 능력을 계속 방해했다. 그녀는 단지 그 사건을 기억해내기만 하면 어느 정도 괜찮아질 거라고 생각했다. 그러나 그 사건의 빈 공간을 기억해내려는 시도는 오히려 자신에게 무슨 일이 일어났는지 강박적으로 집착하도록 만들었다. 그와 함께 악몽, 침투적인 사고 및 감각이 더 심해졌고 자기 회의감이 커져갔다. 결국 그런 시도는 그녀의 증상을 더욱 악화시키고 말았다.

그녀는 어린 시절의 여러 트라우마에도 불구하고 수년간 그 기억들을 억누르며 지낼 수 있었다. 그런데 최근의 성폭행 사건으로 그와 연관된 많은 기억이 활성화되기 시작했다. 그녀는 어려서부터 늘 타인의 눈에 띄지 않게 행동하고 어떠한 영향도 주지 않으려 노력했으며 매사에 조심했다. 그녀가 주로 사용한 방어기제는 부인denial이었을 텐데 이제 이것이 완전히 무너져버렸다. 현재 그녀는 남자친구와 동거 중이지만 성폭행을 당한 것이 정말인지 의심하는 남자친구에게 배신감을 느꼈고 그가 계속해서 자신을 지지해줄지 회의가 들었다. 그녀가 나를 찾아왔을 때 불안정한 어린 시절 위에 지어진 그녀의 지지 체계는 이미 심하게 휘청거렸고 이것은 그녀를 더욱 취약하게 만들었다. 사람들을 신뢰하지 못한 그녀는 모든 일을 혼자 힘으로 지켜야 한다고 생각했다.

내 첫 번째 과제는 레베카가 내면의 자원을 개발하고 자신의 삶에서 좀 더 안전감을 느끼도록 돕는 것이었다. 먼저 안전한 장소를 찾는 것부터 시작했다. 레베카가 자신의 세계에서 안전감을 느끼지 못했기에 '안전지대'라는 용어는 사용하지 않았다. 대신 그녀에게 평화로운 장소를 찾아보라고 했다. 레베카는 눈 덮인 나지막한 산 아래에 있는 얼어붙은 호수의 이미지를 떠올렸다. 온 세상이 하얗고 고요하고 상쾌한 그 이미지를 떠올리며 안전감을 느낀 그녀는 위안을 얻었다. 수년 만에 처음 몸이 부드러워지면서 호흡이 편해졌고 과다각성이던 교감신경계가 안정을 찾았다. 그녀의 신경계가 안정을 찾자 나는 그 새로운 기분을 유지하고 강화하기 위해 양측성 자극을 주기 시작했다.

그다음으로 우리는 컨테이너를 찾아보았다. 그녀는 컨테이너로 커다란 캔버스 가방을 선택했다. 그 가방에 불쾌한 것을 다 담을 수 있겠는지 묻자 잠시 생각한 그녀는 "아뇨. 단단한 밧줄로 묶어 큰 트렁크에 넣어야겠어요"라고 대답했다. 그녀에게 이 방법이 강력하게 느껴지는지 확신이 가지 않아 나는 다시 같은 질문을 했다. 그러자 그녀는 "아뇨. 트렁크에 넣고 잠근 뒤 콘크리트 아래 묻어야겠어요"라고 했다. 나는 그 컨테이너 이미지를 떠올린 상태에서 지난 일주일 동안 화가 났던 일을 기억해보라고 했다. 그녀는 남자친구와 다퉜던 기억을 떠올렸고 그것은 그때까지 그녀를 불쾌하게 만들었다. 나는 남자친구와 다툰 기억을 컨테이너에 넣고 단단히 봉인하라고 했다. 그런 다음 마음속으로 평화로운 장소로 가보라고 했다. 그녀의 호흡은 다시 차분해졌고 교감신경계는 안정을 찾았다.

나는 치유 과정에서 호흡이 얼마나 중요한지 설명했다. 그리고 그녀에게 자신이 어떻게 호흡하고 있는지 알아차려보라고 했다. 그녀의 호흡은 뭔가에 놀라 도망치려 애쓰는 동물처럼 가빴고 일시적으로 숨이 멎는 경우도 있었다. 나는 그녀에게 양손을 배 위에 살며시 올려놓고 배 안에 풍선이 있다고 상상해보라고 했다. 이어 숨을 들이마시면서 풍선이 공기로 가득 차는 것을 느껴보고, 숨을 내쉬면서 풍선에 있던 공기가 입으로 빠져나가는 것을 느껴보라고 했다. 여러 번의 연습으로 그녀의 호흡이 차분해지자 몸에도 변화가 일어났다. 그녀는 집에서 이 호흡법을 매일 연습했고 호흡으로 기분이 나아지는 것에 안도했다. 그녀의 신경계가 안정을 찾고 몸의 이완이 일어나면서 이제 EMDR 회기로 넘어갈 준비가 되었음을 알 수 있었다.

EMDR 민감소실 단계를 시작하기 전에는 레베카가 성폭행 사건을 회상하거나 언급하는 것이 상당히 어려웠다. 그 기억이 매우 고통스러웠고 또 그 고통을 고스란히 느끼는 것은 너무 두려운 일이었기 때문이다. 나는 마음이 내키지 않을 때는 아무 말도 하지 않아도 된다고 그녀를 안심시켰다. 치료자로서 내가 세부사항을 다 알 필요는 없었다. 내가 세부적인 내용을 아는 것보다 그녀가 그것을 경험하는 것이 더 중요했다. 현재 그녀의 삶을 가로막는 가장 지배적인 기억은 성폭행 사건이므로 우리는 이 사건을 목표기억으로 정하고 평가 단계로 넘어갔다.

가장 고통스러운 이미지 — "호텔 침대에 벌거벗고 누워 있는 나를 발견한 아버지의 얼굴을 본 순간."

부정적 인지 — "나는 역겨운 존재다."

긍정적 인지 — "나는 잘못한 것이 없다. 나는 괜찮다."

인지타당도 척도 — "2"

감정 — "두려움, 혼란스러움."

주관적 고통지수 — "10"

신체 감각 위치 — "엉덩이, 다리, 턱."

레베카는 양측성 자극으로 안구운동을 선택했고 어떤 이유로든 양측성 자극을 중단하고 싶을 때는 눈을 감기로 했다. 그녀는 이 치료 과정을 신뢰하기 시작하면서 더욱 용기를 내 두려움을 극복해 나갔다. 이전에는 감히 표출할 수 없던 분노도 느끼고 표현했다. 그녀는 이 과정이 생각만큼 두렵지 않다는 것에 안도했고, 매주 EMDR을 하고 나서 느껴지는 변화에 놀라워했다.

다섯 회기에 걸쳐 성폭행 사건의 이미지, 감각, 정서를 단계적으로 처리하자 그녀는 자신에게 일어난 일을 통합하기 시작했다. 다섯 번째 회기가 가장 힘겹고 어려웠다. 그녀는 여전히 실제로 무슨 일이 벌어졌는지 모른다는 사실을 두려워했다. 나는 그녀에게 생각나는 모든 세부내용을 떠올리고 꿈에서처럼 빈 공간을 마음대로 메우며 어떤 일이 벌어졌을지 상상해보라고 했다. 그러자 기억의 빈 공간에 대한 두려움이 오히려 감소했다. 그 목적은 잃어버린 기억을 되찾는 것이 아니라 그녀가 느끼기를 두려워하던 것을 느끼게 하는 데 있었다. 결국 그녀는 실상과 상관없이 그 기억을 처리했다. 그녀의 뇌는 그녀가 느낀 것을 이해하기 위해 공백을 채우고 싶어 했을 뿐이다. 그녀가 마음속으로 무엇을 그렸는지 내게 말해주지 않았지만 결과는 분명했다. 그녀는 악몽에서 벗어났다. 트라우마를 완전히 처리하자 레베카는 '나는 잘못한 것이 없다. 나는 괜찮다'라는 긍정적 신념을 받아들였다. 그녀는 이 새로운 신념을 기억 속에 완전히 통합했고 이후 일상에서 이 신념을 실제로 경험했다.

이 목표기억을 완전히 마무리하고 나서 다음 회기에 레베카는 자신이 자각한 변화를 몇 가지 말해주었다. 예를 들면 잠을 잘 잤고 더 이상 악몽을 꾸지 않았다. 자신이 힘을 얻었음을 느낀 그녀는 자기주장도 잘했다. 즉, "안돼요"라고 말함으로써 주변 사람들과 적절한 경계를 세웠다. 특히 그녀는 자신을 지지해주지 않는 남자와 관계를 맺는 것은 건강하지 못하다는 것을 깨닫고 남자친구와 헤어지기로 결정했다. 무엇보다 가해자나 자신이 미쳐가고 있다는 생각에 더 이상 매달리지 않았다. 그날 무슨 일이 일어났는지 정확히 알 필요를 느끼지 못했고 가해자를 반드시 고소해야 한다는 강박관념에도 시달리지 않았다. 그녀는 그저 자신의 삶을 살아가기를 원했다.

내면의 힘이 커지면서 그녀는 세상을 더 안전하게 느꼈다. 여전히 성폭행 사건을 기억했지만 외상 후 스트레스 증상은 사라졌다. 레베카는 내면의 힘을 되찾은 새로운 여성으로 변해갔고 그 변화는 그녀의 몸과 마음에서 그대로 드러났다. 서 있는 모습이 곧고 단단해 보였으며 목소리도 더 강해졌다. 또한 현재의 삶에서 자신이 새로 선택한 것에 뿌듯해하고 있었다. 성폭행을 당한 지 2년이 지났을 때 그녀는 여전히 그 사건을 기억했으나 기억의 어느 한 부분도 그녀를 더 이상 괴롭히지 않았다. 그녀는 과거의 공포에 갇혀 지내지 않아도 된다는 사실에 놀랐고 감사했다.

성폭행 사건을 EMDR로 처리한 후 우리는 그녀의 어린 시절로 돌아가 여러 트라우마, 특히 어머니의 정서적 불안정과 이복오빠에게 당한 성추행을 목표기억으로 다뤄 해결했다. 시간이 지날수록 레베카는 더 강해지고 자신감을 얻었다. 새로운 직업을 선택해 학업을 이어갈 계획도 세웠다. 그녀는 현재 트라우마에서 거의 벗어나 그 어느 때보다 더 많은 기쁨을 누리며 활기차게 살고 있다.

15장 공포증과 맞선 타일러와 로버트

두려워하는 것을 하라. 그러면 두려움은 사라질 것이다.

랠프 월도 에머슨

EMDR에서는 공포증을 두 가지로 분류한다. 단순 공포증Simple Phobia과 진행 공포증Process Phobia이 그것이다. 단순 공포증은 거미, 개, 뱀 같은 구체적인 것을 두려워하는 공포다. 이 공포는 실제로 무언가를 볼 때 일어나며 몸 안에서 한꺼번에 수많은 감각이 활성화되면서 공포 반응이 나타난다. 진행 공포증은 좀 더 복잡하다. 이것은 한 개인이 어떤 경험을 하는 과정에서 반복적으로 두려움을 유발하는 복잡한 상황에 놓이는 경우다. 진행 공포증의 가장 흔한 예는 비행 공포증이다. 이러한 진행 공포증은 여러 가지 측면을 포함한다. 비행 과정을 예로 들면 언제 비행기를 탈지 계획하고, 표를 사고, 공항에 찾아가고, 짐을 부치고, 테러범 보안 경고 안내를 듣고, 보안검색대를 지나가고, 비행기를 기다리고 겨우 비행기에 오른다. 그 후 비행기가 이륙해 비행을 마치고 착륙하면 당신은 최종 목적지에 도착한다.

단순 공포증은 진행 공포증에 비해 EMDR로 치료하기가 훨씬 쉽다. 다루고자 하는 하나의 대상에 초점을 두기 때문이다. 반면 진행 공포증을 치료하려면 내담자가 공포증을 경험하는 과정에서 거치는 각각의 단계를 완전히 통합할 때까지 다뤄야 한다. 두 경우 모두 내담자는 공포가 유발하는 두려움을 다루는 방법을 배울 필요가 있다. 나는 항상 공포를 처음 느낀 때, 가장 공포감을 주는 것, 가장 최근 공포를 느꼈던 때를 알아내기 위해 과거력을 자세히 청취한다. 이 작업이 끝난 뒤 현재의 촉발요인을 다룬다.

단순 공포증: 타일러

건강해 보이고 체격이 좋은 26세의 타일러는 기혼자로 전문직에 종사한다. 거미 공포증으로 치료를 받으러 온 그는 자신이 거미를 무서워한다는 사실을 부끄러워했고 그것을 남자답지 못한 행동이라고 생각했다. 그는 거미 공포증 치료 외에 다른 것에는 관심이 없었다.

치료 초기 그는 자신의 가족력을 간략히 말했는데 전반적으로 별다른 문제없이 지내왔다고 했다. 다른 사람과의 관계에서도 특별한 부분은 없었다. 나는 그의 이야기를 들으며 그가 거미 공포증을 느끼게 된 계기를 찾아보려 했다. 그는 최근에 느낀 감정 외에는 특별히 기억나는 사건이 없다고 했다. 타일러처럼 특별한 경험 없이 거미와 뱀에 공포를 느끼는 경우가 많이 있다. 우리는 이 점을 염두에 두고 바로 EMDR 치료를 위한 준비 작업에 들어갔다.

우리는 먼저 안전지대를 만드는 것부터 시작했다. 그는 햇볕이 내리쬐는 산꼭대기에 서서 발밑의 정기를 느끼는 장면을 떠올렸다. 안전지대를 떠올렸을 때 그는 온몸에 느껴지는 힘과 지지받는 느낌을 좋아했다. 나는 이 느낌을 강화하기 위해 진동기로 양측성 자극을 주었다.

그다음으로 그는 체인이 감겨 있고 여러 개의 잠금장치가 있는 크고 검은 상자를 컨테이너로 선택했다. 마지막으로 아름다운 불빛이 머리부터 발끝까지 휘감으며 몸의 모든 긴장감과 두려움을 날려버리는 상상을 하며 이완 연습을 했다.

나는 타일러에게 거미를 두려워하기 이전의 경험 중 기억나는 것이 있는지 물어보았다. 그는 특별하게 기억나는 사건은 없지만 십대 시절에 그런 공포를 느낀 것 같다고 말했다. 그리고 플라스틱으로 만든 거미나 영화와 책 속에 나오는 거미를 볼 때는 물론 누군가가 거미 이야기만 해도 공포가 느껴진다고 했다. 이 모든 것이 확실한 촉발요인이었다. 우리는 거미와 관련된 공포 리스트 중 그가 가장 크게 공포를 느낀 사건을 첫 번째 목표기억으로 선택했다. 타일러는 공포 이미지나 촉발요인이 생긴 실제 사건은 기억하지 못했다.

가장 고통스러운 이미지 — "박물관에서 본 타란툴라(대형 거미류로 벌 정도의 독성이 있다 – 옮긴이)."

부정적 인지 — "나는 죽게 될 것이다."

긍정적 인지 — "나는 이제 안전하다. 괜찮다."

인지타당도 척도 — "2"

감정 — "두렵고 무섭다."

주관적 고통지수 — "10"

신체 감각 위치 — "목과 어깨 위의 따끔거림과 긴장감."

나는 양측성 자극으로 헤드폰을 이용한 청각 자극을 주며 민감소실 단계를 시작했다. 곧바로 그는 강한 감정을 드러냈고 때로 그 감정이 너무 강렬해 불안에 압도당할 것처럼 보였다. 그래도 그는 자신이 치료실에 안전하게 있다는 것을 알았기 때문에 그 감정을 그냥 흘려보냈다. 치료 회기 마지막에 그는 자신이 아무런 불편감도 느끼지 않는다는 사실에 놀랐다. 그는 점점 '나는 괜찮다'는 긍정적 인지를 믿었고 마침내 거미와 같은 공간에 있어도 아무렇지 않았다.

그다음으로 우리는 현재의 촉발요인을 살펴보았다. 그는 언젠가 청소를 하러 지하실에 내려갔다가 거미를 보고 놀란 적이 있는데, 그런 일이 또 일어날까 봐 두렵다고 했다. 나는 그에게 그때의 장면을 떠올리면서 어떤 불편함이 느껴지는지 살펴보라고 했다. 그는 불편함이 느껴지지 않는다고 했지만 우리는 정말로 아무렇지 않은지 확인하기 위해 양측성 자극을 진행했다. 그는 아무렇지 않았다. 우리는 '나는 거미와 함께 있을 수 있고 나는 안전하고 괜찮다'라는 긍정적 인지를 주입했다. 이어 거미와 관련해 그가 생각해낼 수 있는 모든 촉발요인을 하나씩 다뤘다.

모든 촉발요인을 처리한 뒤, 그가 거미와 함께 있는 장면을 떠올렸을 때 괜찮다고 느끼도록 다양한 장소에서 거미를 보는 미래의 상황을 연습했다. 나는 그 시나리오를 강화하기 위해 떠올린 이미지와 관련된 긍정적 인지를 함께 떠올리게 해서 양측성 자극을 주었다. 그는 미래 상황을 떠올리는 동안 조금도 두려워하지 않았다. 오히려 기분이 좋아져 거미를 만나도 두려움을 느낄 거라는 걱정을 더 이상 하지 않았다. 거미 공포증을 느끼는 대신 그는 거미를 종이 위에 올려 뒷마당에 풀어주겠다고 했다. 나는 거미와 관련된 모든 상황에서 괜찮다는 느낌이 더 강해질 때까지 미래의 두려움을 처리하는 작업을 지속했다.

우리는 두 번의 치료 회기 만에 모든 문제를 완결했다. 다음 회기에 찾아온 타일러는 이제 거미가 떠올라도 더 이상 아무것도 느껴지지 않는다고 말했다.

"시간이 더 지나면 어떻게 되는지 한번 보려고요. 이 변화를 나 자신도 믿기 힘들거든요."

다섯 달 후 타일러는 내게 전화해 지하실에서 거미를 보았지만 아무런 공포도 느끼지 않았고 거미를 잡아 병에 넣었다가 밖에 풀어주었다고 말했다. 이전에 그토록 무서워하던 거미를 보기 위해 일부러 박물관에도 갔다고 했다. 그는 자신이 유리덮개 위에 올라가 아무렇지 않게 거미에게 인사했다는 사실에 신이 나 있었다. 타일러는 몇 번의

EMDR 치료로 자신의 인생이 바뀌었다며 좋아했다.

진행 공포증: 로버트

로버트는 41세로 비행 공포증이 자신과 가족에게 좋지 않은 영향을 주고 있다며 나를 찾아왔다. 최근 공황발작을 경험한 그는 출장을 다녀오기 전까지 비행과 관련해 전혀 문제가 없었다고 했다. 이제는 비행기에 탑승하는 것을 생각만 해도 곧바로 공황발작이 일어났다. 갑자기 숨이 가빠지고 시야가 흐려졌으며 어딘가로 도망가 숨고 싶어졌던 것이다. 그는 이런 반응이 깨끗이 사라져 다시 마음껏 여행을 다닐 수 있기를 바랐다.

현재 그는 비즈니스를 하느라 비행기를 타지 않아도 되는 안정적인 직장에서 일했다. 두 아이의 아빠인 그는 행복한 결혼생활을 하고 있었지만 비행 공포증이 가족과 즐거운 휴가를 떠나는 것을 방해하고 있었다. 그는 여행계획을 세우는 것만으로도 공포를 느꼈고 공항으로 운전해서 가는 것조차 힘들어했다. 공포증이 심해 누군가를 공항에 바래다주거나 태워오는 것도 쉽지 않았다. 로버트는 이러한 두려움이 삶을 제한하거나 선택의 폭을 좁히지 않고 스스로 자기 삶을 통제할 수 있기를 간절히 바랐다.

로버트의 첫 번째 공황발작은 비행 중에 일어났는데 이전에는 한 번도 그런 증상을 경험한 적이 없었다. 가족력을 살펴보아도 그가 가장 걱정하는 것은 비행과 관련된 최근의 두려움이었다. 필요하다면 나중에 로버트의 어린 시절 문제를 다룰 수도 있겠지만 지금은 그가 다시 비행기를 탈 수 있도록 하는 것이 급선무였다.

우리는 안전지대 연습부터 시작했다. 로버트는 녹색 잔디가 깔린 계곡의 초원을 안전지대로 선택했는데 봄비가 내린 후의 상쾌함과 편안한 느낌이 좋다고 했다. 나는 그 이미지를 강화하기 위해 안구운동으로 양측성 자극을 주었다. 처음에 그는 긴장이 풀린다고 했지만 점차 먹구름이 몰려들고 비가 내려 완벽한 안전지대를 망쳐버렸다고 말했다. 안전지대를 떠올릴 때 좋은 기분과 편안함, 안전감을 느끼는 것은 매우 중요하다. 만약 어떤 요소가 그런 느낌을 방해하면 나는 내담자에게 그것을 그냥 흘려보내고 다른 좋은 것을 찾아보라고 한다. 로버트는 새로운 장소를 찾았고 이번에는 자신이 좋아하던 어린 시절의 방을 떠올렸다. 그 장소를 생각할 때 그는 안전감을 느꼈고 양측성 자극을 주자 편안한 느낌이 더 강해졌다.

그다음으로 우리는 컨테이너를 만들었다. 그는 두려움이나 불쾌한 감정을 치료실의 쓰레기통에 넣어 커다란 덮개가 있는 쓰레기차에 버리는 것을 떠올렸다. 그는 컨테이너에 잠금장치를 달고 싶은 마음도 있지만 일단 이렇게 해보겠다고 했다.

우리는 첫 번째 목표기억으로 로버트가 비행 중에 고통을 느꼈던 첫 번째 시점을 선택했다. 그렇지만 그는 그 고통의 근원이 될 만한 사건이나 연관된 이전의 기억은 떠올리지 못했다. 목표기억을 평가하면서 그는 강하게 불안감을 느꼈다.

가장 고통스러운 이미지 — "나는 가운데 좌석에 앉아 있고 비행기 안에 갇혀 있다."

부정적 인지 — "나는 죽게 될 것이다."

긍정적 인지 — "나는 살아 있고 괜찮다."

인지타당도 척도 — "1"

감정 — "두려움, 공포."

주관적 고통지수 — "10"

신체 감각 위치 — "몸의 모든 곳!"

이 목표기억으로 EMDR 민감소실 단계를 시작하자 강한 감정이 올라왔다. 로버트는 극심한 공포감과 자신이 안전하지 않다는 위협감을 느꼈다. 나는 그 강렬한 감정을 처리하는 동시에 그가 해리되지 않고 처리 과정을 지속하도록 몸의 반응과 신호를 자주 확인했다. 그는 복통, 흉통, 목구멍이 조이는 느낌 같은 강렬하고 고통스러운 신체 감각을 보고했다. 나는 그 신체 반응은 민감소실 과정에서 흔히 나타나는 자연스러운 것임을 알려주고 처리 과정을 믿고 지속하도록 격려했다.

강렬한 신체 감각은 두 번째 치료 회기 동안에도 계속 나타났다. 로버트는 두 번째 치료 회기도 컨테이너와 안전지대 연습을 하면서 마무리했다. 마침내 세 번째 EMDR 치료 회기에서 로버트는 고통 없이 목표기억을 처리했다. 공포를 완전히 처리하자 그의 긍정적 인지는 '나는 살아 있고 괜찮다'로 바뀌어 있었다. 내가 이 긍정적 인지를 양측성 자극과 함께 강화하자 로버트는 편안함과 행복감을 느꼈다.

진행 공포증은 여러 면에서 내담자에게 문제를 일으킨다. 나는 그의 공포를 자극할 만한 모든 요소를 살펴보았다. 여기에는 항공권 예약, 공항까지 운전해서 가기, 보안검색대 통과, 탑승 기다리기, 비행기 출발 소리 듣기, 이륙, 착륙, 새로운 목적지에 도착하기 등이 있다. 다시 한 번 말하지만 공포를 자극할 수 있는 이 모든 과정을 완전히 처리하려면 여러 번의 치료 회기가 필요하다. 로버트와 나는 모든 과정을 하나하나 처리했고 결국 그는 '이제 나는 강하고 괜찮다'라고 느꼈다. 그가 이전에 느낀 모든 불안감은 완전히 사라졌다.

이 시점에 나는 그에게 미래에 편안한 마음으로 비행기를 타는 상상 리허설을 해보자고 제안했다. 그는 마음속으로 영화를 보듯 비행기에 오르는 과정을 처음부터 끝까지 모두 떠올리며 말했고 나는 그때 양측성 자극을 주었다. 이 작업을 마무리할 즈음 그는 공포와 맞설 준비를 갖췄다.

로버트는 그동안의 과정에서 얻은 자신감을 확인해보기 위해 혼자 부모님 집에 가보기로 결심했다. 처음에는 살짝 긴장했지만 그는 지금껏 연습해온 안정화 기법과 자신의 강점을 떠올리며 불안해졌을 때 스스로 할 수 있는 대처 방법을 이야기했다. 항공권을 예약한 뒤에도 우리는 계속 그 계획과 관련된 자원을 강화했다. 마침내 그는 별다른 어려움 없이 비행기를 탔고 자신의 성공을 자랑스러워했다. 약간 불안감을 느끼긴 했으나 그것은 받아들일 만한 정도였다.

자원 강화 과정을 지속하면서 그는 자신의 삶을 제한하는 다른 두려움도 탐색했다. 비록 지금은 안정을 찾았어도 만약 비행 공포증이 다시 나타난다면 이는 더 근원적인 트라우마가 있음을 시사한다. 많은 경우 어린 시절 트라우마 사건이 진행 공포증과 연관돼 있으므로 내담자가 완전한 해결을 원한다면 EMDR 처리 과정으로 보다 철저하게 작업할 필요가 있다.

16장 부상당한 뒤 수행 능력을 높인 데럴

> 별을 향해 쐈는데 달을 맞혔어도 괜찮다.
> 무언가를 향해 쏴라. 많은 사람이 쏘는 것조차 하지 않는다.
>
> 공자

수년 동안 나는 변형 EMDR 프로토콜로 사람들이 내면의 예체능 잠재력을 일깨우도록 돕는 것에 특별한 관심을 기울여왔다. 한때 전문 무용가였고 지금은 아르헨티나 탱고에 열광하는 나는 사람들이 자신의 목표 성취를 방해하는 걸림돌을 극복하고 앞으로 나아가는 것을 보는 것이 좋다.

EMDR의 기본 원칙은 같지만 나는 수행 능력을 촉진하기 위해 약간 변형한 프로토콜을 사용한다. 치료 회기가 얼마나 필요한가는 내담자의 트라우마 과거력과 현재 그들의 삶이 얼마나 안정적인가에 따라 각각 다르다. 기억해야 할 것은 개개인마다 삶의 경험이 다르므로 그 개별성에 따라 치료를 결정해야 한다는 점이다.

변형 프로토콜은 트라우마를 다루는 프로토콜과 스포츠 심리학자들이 사용하는 시각화 기법을 조합한 것이다. 나는 운동선수, 음악가, 댄서, 대중 연설가, 교사, 수험생 그리고 자기주장을 좀 더 잘하고자 하는 사람들에게 이것을 활용한다. 이 작업에서 중요한 것은 내담자에게 자원 개발을 해낼 수 있는 숙련된 기술이 이미 어느 정도 있어야 한다는 점이다. 이것은 초보자가 아니라 과거에 성공한 경험이 있고 현재의 자신감과 감정조절력을 더 높이고자 하는 사람, 실행에 따른 불안을 줄이고자 하는 사람들을 위한 과정이다.

스포츠 심리학 분야의 많은 연구들이 어떤 상황에 대한 정신적 시각화Mental Visualization가 수행 능력 수준을 높여준다는 것을 밝혀냈다. 이와 관련된 두 가지 이론이 상징적Symbolic 학습과 심리신경근Psychoneuromuscular 학습이다. 상징적 학습은 당신이 어떤 활동을 상상하면 뇌에서 부호화 과정이 일어난다고 가정하는 것이다. 즉, 당신이 마음속에서 무언가를 행하면 신경계 안에 하나의 원형Template이 깔리고 부호화를 시작한다. 예를 들어 2회전 반 점프 동작을 생각해보자. 이 동작을 마음속으로 상상하면 움직이는 느낌이 상징화하면서 부호화가 이뤄지고 당신의 몸과 마음이 그 동작을 익숙하게 느낀다. 움직임을 반복적으로 시각화할 경우 그것이 점점 더 자동화하면서 실제로 몸을 움직일 때 훨씬 더 수월해진다.

심리신경근 학습은 당신이 어떤 움직임을 상상할 때 실제 움직임에 관여하는 근육에 아주 작은 근수축이 유사하게 일어난다고 가정한다. 뇌는 근육이 수축하도록 신호를 보내고 뉴런은 일련의 움직임이 일어나도록 점화한다. 콜로라도의 심리학자 R. M. 수인Suinn은 스키선수에게 내리막길 스키경주를 시각화하게 한 뒤 전기적 활성화를 기록했다. 그 결과 선수의 다리근육 수축과 뉴런의 점화가 선수가 시각화한 코스의 지형과 정확히 일치했다. 시각화는 뉴런 점화를 강화해 뇌의 메시지를 근육에 보다 효과적으로 전달하게 함으로써 수행 능력을 더욱 자동화한다.

그러면 28세인 데렐의 이야기로 스포츠 심리학 과정과 변형 EMDR을 통합한 사례를 살펴보자.

열정적이고 숙련된 암벽등반가 데렐은 무릎 수술 때문에 2년 동안 쉬고 난 뒤 나를 찾아왔다. 그에게 추락이나 등반과 관련된 트라우마는 없었다. 하이킹 중에 발을 헛디뎌 부상을 당한 그는 물리 치료를 받고 상태가 많이 좋아졌다. 그러나 그의 강한 의지와 최선의 노력에도 불구하고 자신감이 많이 떨어졌다. 몸을 회복한 후 중간 난이도 코스를 등반할 때도 왠지 편치가 않았다. 그는 등반하는 법을 잘 알았으나 점점 부정적인 생각에 사로잡혔고 자신을 신뢰하지 못했다. 자신감이 흔들리면서 두려움은 커져갔다.

데렐의 과거력을 탐색하는 동안 그는 이제까지 트라우마라고 할 만한 경험을 한 적이 없다고 했다. 우리는 신속하게 준비 단계로 넘어가 안전지대와 컨테이너를 만드는 연습을 했다. 그는 안전지대로 냇가 옆 바위에 앉아 있는 자신의 모습을 떠올렸다. 그의 컨테이너는 상상 속 상자였는데 그것을 땅속에 묻고 그 위에 바위를 올려놓았다. 데렐은 안전지대와 컨테이너를 만드는 과정을 잘 따라왔다. 이것은 데렐이 EMDR을 시도해볼 충분한 자원을 갖고 있음을 시사한다.

이제 우리는 하이킹을 하다가 일어난 트라우마 경험을 목표기억으로 다룰 준비를 갖췄다. 데렐의 설명에 따르면 하이킹 사고 이후부터 문제가 생겼다고 했다. 그는 통증 때문에 수술을 받았고 회복기에 힘든 물리 치료도 받았다.

수술 전후로 그는 트라우마에 따른 스트레스 반응을 경험했다. 이는 흔히 있는 일이다. 수술 전 데렐은 영구 장애가 생길까 봐 두려워했고 수술 후에는 원하는 만큼 빨리 회복되지 않을지도 모른다며 걱정했다. 우리는 EMDR 프로토콜로 데렐의 첫 번째 목표기억을 평가했다. 그것은 하이킹을 하다가 일어난 사고와 무릎 부상이었다.

가장 고통스러운 이미지 — "부상으로 부풀어 오른 무릎을 내려다보고 있고 차로 걸어서 돌아갈 수 없는 것."

부정적 인지 — "나는 약하다."

긍정적 인지 — "나는 강하다."

인지타당도 척도 — "3"

감정 — "분노와 패배감."

주관적 고통지수 — "7"

신체 감각 위치 — "무릎 통증, 가슴과 목의 조임."

우리는 이 목표기억을 완전히 처리할 때까지 민감소실 단계를 진행했다. 그 과정에서 데렐은 자신이 힘이 있고 강한 사람이라는 믿음을 되찾았다. 그리고 우리는 수술과 연관된 문제는 물론, 그 밖에도 고통을 유발해 그의 수행 능력을 떨어뜨리는 모든 자극을 지속적으로 처리해 나갔다.

이 과정을 마무리한 뒤 우리는 등반 능력을 높여주는 수행 능력 향상 작업으로 넘어갔다. 주입 단계에서 나는 변형 EMDR 프로토콜을 사용했다. 신경회로 강도를 증가하기 위해 스포츠 심리학의 원리와 양측성 자극을 조합한 것이다. 특히 양측성 자극으로 과거의 긍정적 경험을 주입하면서 강화했고 성공적인 미래를 리허설하게 해 미래의 수행 능력도 강화했다.

나는 데렐에게 등반과 관련해 과거의 긍정적 성취 경험을 기억하게 했다. 그가 이런 경험을 떠올리는 데는 아무 문제가 없었다. 그는 즉각 아주 기분 좋았던 성공적인 등반 경험을 기억해냈다. 우리는 그 기억을 잠시 이야기하며 긍정적인 느낌을 확인했다. 그는 암벽을 탈 때 몸으로 느낀 기분 좋은 감각을 떠올렸다. 나는 그와 관련해 자기 자신에게 드는 긍정적인 생각이 무엇인지 물었고 "나는 잘하고 있고 무엇을 해야 하는지 알고 있다"라는 대답을 들었다. 그다음으로 그는 그 긍정적인 생각과 함께 당시의 등반 장면을 영화를 보듯 처음부터 끝까지 세 번 돌려보았다. 그러는 동안 나는 양측성 자극을 주면서 데렐의 유능함과 긍정적 자아감을 강화했다.

이제 나는 데렐에게 미래의 등반하는 모습에 초점을 두게 했다. 미래 모습을 떠올리며 그는 등반하는 상황에서 긴장감이 느껴진다고 했다. 나는 머릿속으로 그에게 일어날 만한 부정적인 일을 떠올려보고 그 상황에 어떻게 대처할지 생각해보라고 했다. 그는 등반의 각 단계마다 스스로에게 무슨 말을 할지, 어떤 기분을 느끼고 싶은지 등을 이야기했다.

이어 나는 마음속으로 다른 영상을 만들어보라고 했다. 데렐은 긍정적인 자아감과 함께 '나는 잘하고 있고 무엇을 해야 할지 알고 있다'는 말을 떠올리며 자신이 원하는 완벽한 등반을 시각화했다. 그가 그 영상을 머릿속으로 세 번 상영하는 동안 나는 상상 속 영상이 완벽하게 성공할 때까지 양측성 자극을 주며 강화했다.

마지막으로 나는 이전으로 돌아가 과거의 성공 경험을 머릿속에서 세 번 상영해보라고 했다. 그때 그가 어떻게 해야 하는지 이미 알고 있는 것을 좀 더 상징화하면서 심리신경근적으로 몸과 마음이 더욱 더 연결되도록 다시 한 번 양측성 자극을 주었다.

이 모든 과정을 마치고 우리는 EMDR 회기를 종결했다. 데렐은 세상에 나가 그동안 경험한 것을 검증해보고자 했다. 그다음 주에 그는 등반에 나섰고 그 결과를 알려주기 위해 내게 전화했다. 자신감이 흘러넘친 그는 현재의 자신감 수준이 사고 전보다 훨씬 더 높다고 했다. 그는 온전하게 경험을 즐겼고 자신감을 충분히 회복했다. 데렐의 변화를 본 그의 친구들도 그가 그 어느 때보다 등반을 잘한다고 말했다.

감사의 글

이 책의 출판에 도움을 준 모든 사람에게 감사의 말을 전한다.

오랜 시간 내 책을 읽고 편집하면서 나를 지지하고 전문적 조언을 해준 몰리 기에라시에게 감사한다. 그녀가 없었다면 나는 아무것도 하지 못했을 것이다.

내게 매일 EMDR을 가르쳐주고 자신의 이야기를 기꺼이 공유해준 모든 내담자에게 감사한다. EMDR 치료 자문을 받고자 나를 찾아와준 모든 치료자에게도 감사의 말을 전한다. 그들은 이 책을 쓰도록 영감을 주었고 치료하고자 하는 그들의 열정은 내가 치료자로서 성장할 수 있게 도움을 주었다.

내게 EMDR을 소개하고 내가 이것을 좋아하게 될 것이라고 강하게 말해준 로렌 부셰, 이 책을 마무리하도록 격려하고 도움을 준 내 동료 스테이시 아넷, 조너선 윌리엄슨, 다운 데오파르디 그리고 전문적인 조언과 함께 자신의 시간과 지식을 아낌없이 나눠준 조나 샤이너에게도 감사의 말을 전한다.

또한 내게 격려와 지지와 사랑을 전해준 좋은 친구들 도리 젱크스, 도티 울, 켈리 라벨리, 책을 읽고 적절히 피드백을 준 켈리 모예, 케이스 워너, 여러 시간에 걸쳐 창의적인 생각을 함께하고 사진을 찍

어준 릭 모스, 내가 늘 순조롭게 작업하도록 창의력과 비전을 준 필 페닝그로스에게도 감사한다.

마지막으로 EMDR 발전을 위해 노력하고 자신의 연구 업적을 세상과 나누는 열정과 추진력을 보여준 프랜신 샤피로에게 진심으로 감사를 전한다.

용어 해설

목표기억 Target

민감소실 단계에서 초점을 두어 처리하는 특정한 트라우마 사건이나 기억을 말한다. 목표기억은 사건의 이미지, 부정적 인지, 감정, 그 사건을 떠올릴 때 나타나는 신체 감각으로 구성한다. 주관적 고통지수 척도SUDS는 목표기억을 찾아가는 과정에서 트라우마 사건이 얼마나 고통스러운 지를 보여준다. 각각의 트라우마 사건은 여러 가지 별개의 목표기억을 포함할 수 있다.

민감소실 Desensitization

트라우마 기억을 처리하는 단계이다. 양측성 자극을 사용하여 뇌 안에 내재되어 있는 적응적 정보 처리 과정을 활성화시켜 과거에 처리되지 못하고 갇혀있던 기억의 정보를 처리할 수 있도록 뇌를 자극한다. 이 과정 동안 내담자와 치료자는 기억이 얼마나 효과적으로 처리되고 있는지, 고통스러운 감정은 얼마나 줄어들었는지 주관적 고통지수 척도를 사용하여 평가한다.

빅-T 트라우마 Big-T Trauma

빅-T 트라우마란 예측하기 어렵고 공포감을 주며 자신이나 타인의 생명을 위협하는 사건에 따른 트라우마다. 전쟁, 강간, 성적 학대, 심각한 폭력, 갑작스런 사고, 자연재해 혹은 예상치 못한 가족의 죽음 같이 충격적이고 극적이며 대개 강렬한 감정을 유발하는 경험이 여기에 속한다. 이것은 대다수가 트라우마 사건으로 받아들일 만한 것으로 그 충격이 신체적, 성적 혹은 심리적 증상으로 나타난다. 이런 종류의 트라우마는 대개 외상 후 스트레스 장애PTSD 증상으로 이어질 수 있다.

세트 Set

양측성 자극을 주어 내담자가 기억, 이미지, 혹은 신체적 감각에 집중하는 기간을 말한다. 세트의 길이는 내담자 개개인마다 트라우마를 처리해 나가는 과정에 따라 매우 다르다.

스몰-t 트라우마 Little-t Trauma

스몰-t 트라우마는 사건이 크든 작든 상관없이 감당할 수 없는 어떤 상황이 벌어져 고통을 겪고 그것이 일상을 방해하는 증상들로 이어지는 것을 말한다. 그 영향은 오래 지속되면서 자신과 세상을 향한 지각을 왜곡한다. 자신감을 떨어뜨릴 뿐 아니라 일상생활과 대인관계에서 효율적이고 긍정적으로 행동할 수 있는 능력에 손상을 가한다.

양측성 자극 BLS, Bilateral Stimulation

양측성 자극은 눈을 좌우로 움직이거나 양손에 쥔 진동기에 번갈아 진동을 주거나 양쪽 귀에 번갈아 소리를 들려주거나 양쪽 무릎을 손으로 번갈아 두드려 자극을 주는 것이다. BLS는 EMDR의 자원 개발 주입, 민감소실, 주입 단계를 촉진하기 위해 사용한다. 이중 주의 자극DAS, Dual Attention Stimulcation이라고도 한다.

외상 후 스트레스 장애 PTSD, Post Traumatic Stress Disorder

정신장애 진단 및 통계 편람 제4판DSM-IV은 치료자가 내담자의 보고를 통해 심리학적 진단을 할 수 있도록 도와준다. 편람에는 PTSD를 위한 진단 기준이 포함되어 있는데 개인이 생명의 위협이 될 만한 사건을 경험을 했거나 목격한 사람은 PTSD로 발전할 가능성이 높다고 쓰여 있다. 이것은 사건에 대한 지각이 트라우마로 발전하는 데 결정적인 요인이 된다는 것이다. 트라우마 사건이 일어난 시점에서 사람은 강렬한 두려움, 절망감, 공포를 경험한다.

인지타당도 척도 VOC, Validity of Cognition

인지타당도 척도는 프랜신 샤피로 박사가 EMDR 치료를 위해 개발한 도구다. 이 도구는 1~7점까지로 1은 거짓(긍정적 인지가 마음에서 전혀 사실로 믿어지지 않음), 7은 사실(긍정적인지가 마음에서 기꺼이 사실로 믿어짐)을 의미한다. EMDR의 목표는 긍정적 인지가 인지타당도 척도에서 7점에 도달하는 데 있다.

자원 개발 주입 RDI, Resource Development and Installation

자원 개발 주입은 내담자가 도전적 상황과 마주하는 데 필요한 긍정적인 내적 자원을 강화하기 위한 것이다. 이러한 과정은 심상요법, 정신적 리허설, 양측성 자극을 활용한 긍정적 자기 진술 등을 모두 포함한다. EMDR 치료는 물론 개인의 일상생활에서 활용할 수 있는 대처 기술을 구축하는 데 사용하기도 한다. 자원 개발 주입은 내담자가 EMDR 치료를 준비하는 데 도움이 된다.

적응적 정보 처리 과정 AIP, Adaptive Information Processing

프랜신 샤피로 박사가 EMDR 치료 재처리 과정이 어떻게 일어나는지 설명하기 위해 개발한 이론이다. 적응적 정보 처리 과정은 인간이 본래 지닌 신경학적 과정으로 인간이 건강하고 적응적인 방향으로 나아가도록 도와준다. EMDR은 이러한 과정을 시작하도록 자극한다. 이러한 내적 시스템은 모든 사람이 지니고 태어나는 것이며 기억 정보는 지각에 기반을 둔 연상들의 연결로 이루어진 기억 네트워크에 저장된다. EMDR로 처리 과정이 시작되면 AIP를 통해 처리되지 않은 정보들이 연결되기 시작하고 기억의 모든 부분이 변환된다.

정지신호 Stop signal

양측성 자극을 주면서 EMDR 세트를 진행하는 동안 내담자가 양측성 자극을 멈추고 싶을 때 치료자에게 알리기 위한 신호이다. 신호는 손을 들어 올리는 것과 같이 간단한 것일 수 있다. 내담자가 어디에 집중해야 할지 잘 모르거나 치료자와 확인해 볼 필요가 있다고 느낄 때도 정지신호를 활용할 수 있다. 정지신호는 EMDR 회기에서 안전감을 느끼도록 하는 데 도움을 준다.

주관적 고통지수 척도 SUDS, Subjective Units of Discomfort Scale

심리학자 요셉 왈프Joseph Wolpe가 개발한 주관적 고통지수 척도는 트라우마 사건을 처리할 때 내담자와 치료자가 고통스러운 감정의 정도를 결정하기 위해 사용한다. 이 척도는 0점에서부터 10점까지 있으며, 0점은 아무런 불편함이 없는 상태를 의미하며 10점은 가장 높은 수준의 고통을 의미한다. 치료자는 이 척도를 EMDR 회기 초반에 내담자가 느끼는 고통스러운 감정의 정도를 평가할 때와 민감소실 단계를 진행하면서 얼마나 효과적으로 트라우마가 처리되고 있는지 측정하할 때 사용한다. EMDR 치료의 목표는 주관적 고통지수 척도를 가능한 한 0점에 가깝게 감소시키는 데 있다.

촉발요인 Trigger

아직 처리되지 않고 저장되어 있는 트라우마를 활성화할 수 있는 내적, 외적 자극을 말한다. 촉발요인은 몸과 마음에 여러 가지 반응이 일어나게 하는데 트라우마 사건이 일어났던 당시에 느꼈던 것과 똑같은 신체적 감각, 사고, 감정의 고통을 유발한다. 촉발요인은 의식에서 트라우마 사건을 이미 잊어버린 경우 종종 잠재적이고 무의식적이지만 자극을 받게 되면 과거에 일어났던 일이 현재에 또다시 일어나고 있다는 느낌을 받게 한다.

컨테이너 기법 Containment

이 기법은 EMDR 치료의 준비 단계에서 배우는 것으로 치료 과정 혹은 일상생활에서 촉발될 수 있는 불편하거나 고통스러운 감정을 조절하는 능력을 강화할 때 활용한다. 여러 가지 문제, 불편한 감정, 부정적인 사고를 상상 속의 컨테이너에 담아 두는 것을 연습하는 것이다. 일상생활에서 감정을 보다 잘 조절하는 방법을 배울 수 있고 통제력과 안정감을 느낄 수 있다.

투쟁, 도망, 얼어붙음 Fight, Flight, Freeze

외부의 위험에 반응하는 세 가지 일반적인 정신생물학적 반응이다. 생명의 위협을 느끼게 하는 것과 마주하면 사람은 싸우거나 도망치거나 혹은 얼어붙는 반응을 보인다. 트라우마 반응은 언제나 세 가지 반응 중 하나를 포함한다.

트라우마 Trauma

이 책에서 트라우마는 내담자가 부정적인 것으로 지각하는 경험이나 현재의 삶에 지속적으로 부정적인 영향을 주는 어떤 경험을 말한다. 트라우마는 종종 빅-T나 스몰-t로 언급하기도 한다.

참고 문헌

American Psychiatric Association, (1994). *Diagnostic and statistical manual of ment al disorders (4th ed.)*, 이근후 옮김, 《정신장애의 진단 및 통계 편람(제4판)》, 하나의학사, 1995.

Baker, N., & McBride, B. (1991, August). *Cl inical applications of EMDR in a law enfor cement environment: Observations of the psychological service unit of the L.A. Cou nty Sheriff"s Department.* Paper present ed at the Police Psychology (Division 18, Police and Public Safety Subsection) mini-convention at the 99th annual meeting of the American Psychological Association, San Francisco.

Barrowcliff, A., Gray, N., Freeman, T., & Ma cCulloch, M. (2004). Eye movements redu ce the vividness, emotional valence and el ectrodermal arousal associated with neg ative autobiographical memories. *Journal of Forensic Psychiatry and Psychology, 12,* 325-345.

Bergmann, U. (1998). Speculations on the neurobiology of EMDR. *Traumatology*, 4(1), Article 2.

Blore, D. C. (1997a). Reflections on "a day when the whole world seemed to be dar kened." *Changes: International Journal of Psychology and Psychiatry*, 15, 89-95.

Blore, D. C. (1997b). Use of EMDR to treat morbid jealousy: A case study. *British Jour nal of Nursing, 6*, 984-988.

Boudewyns, P. A., & Hyer, L. A. (1996). Eye movement desensitization and reproces sing (EMDR) as treatment for the post-traumatic stress disorder (PTSD). *Clinical Psychology and Psychotherapy, 3*, 185-195.

Carlson, J. G., Chemtob, C. M., Rusnak, K., & Hedlund, N. L. (1996). Eye movement de sensitization and reprocessing (EMDR) as treatment for combat PTSD. *Psychothera py, 33(1)*, 104-113.

Carlson, J. G., Chemtob, C. M., Rusnak, K., Hedlund, N. L., & Muraoka, M. Y. (1998). Eye movement desensitization and reproc essing for combat related posttraumatic st ress disorder. *Journal of Traumatic Stress, 11*, 3-24.

Chemtob, C. M., Nakashima, J., & Carlson, J. G. (2002). Brief treatment for element ary school children with disaster-related PTSD: A field study. *Journal of Clinical Psy chology, 58*, 99-112.

Cocco, N., & Sharpe, L. (1993). An audito ry variant of eye movement desensitizati on in a case of childhood post traumatic st ress disorder. *Journal of Behavior Therapy and Experimental Psychiatry, 24,* 373-377.

Crabbe, B. (1996, November). Can eye-movement therapy improve your riding? *Dressage Today,* 28-33.

Daniels, N., Lipke, H., Richardson, R., & Silver, S. (1992, October). *Vietnam veterans' treatment programs using eye movement desensitization and reprocessing.* Symposium presented at the annual meeting of the International Society for Traumatic Stress Studies, Los Angeles.

Datta, P. C., & Wallace, J. (1994, May). *Treatment of sexual traumas of sex offenders using eye movement desensitization and reprocessing.* Paper presented at the 11th annual symposium in forensic psychology, San Francisco.

Datta, P. C., & Wallace, J. (1996, November). *Enhancement of victim empathy along with reduction of anxiety and increase of positive cognition of sex offenders after treatment with EMDR.* Paper presented at the EMDR Special Interest Group at the annual convention of the Association of the Advancement of Behavior Therapy, New York.

Devilly, G. J., & Spence, S. H. (1999). The relative efficacy and treatment distress of EMDR and a cognitive behavioral trauma treatment protocol in the amelioration of post traumatic stress disorder. *Journal of Anxiety Disorders, 13,* 131-157.

Edmond, T., Rubin, A., & Wambach, K. G. (1999). The effectiveness of EMDR with adult female survivors of childhood sexual abuse. *Social Work Research, 23,* 103-116.

Foster, S., & Lendl, J. (1995). Eye movement desensitization and reprocessing: Initial applications for enhancing performance in athletes. *Journal of Applied Sport Psychology, 7*(Suppl.), 63.

Foster, S., & Lendl, J. (1996). Eye movement desensitization and reprocessing: Four cases of a new tool for executive coaching and restoring employee performance after setbacks. *Consulting Psychology Journal: Practice and Research, 48,* 155-161.

Foster, S., & Lendl, J. (in press). Peak performance EMDR: Adapting trauma treatment to positive psychology outcomes. *EMDRIA Newsletter: Special Edition.*

Greenwald, R. (1994). Applying eye movement desensitization and reprocessing (EMDR) to the treatment of traumatized children: Five case studies. *Anxiety Disorders Practice Journal, 1,* 83-97.

Greenwald, R. (1998). Eye movement desensitization and reprocessing(EMDR): New hope for children suffering from trauma and loss. *Clinical Child Psychology and Psychiatry, 3,* 279-287.

Greenwald, R. (1999). *Eye movement desensitization and reprocessing(EMDR) in child and adolescent psychotherapy.* New York: Jason Aronson.

Henry, S. L. (1996). Pathological gambling: Etiological considerations and treatment efficacy of eye movement desensitization/reprocessing. *Journal of Gambling Studies, 12,* 395–405.

Hyer, L. (1995). Use of EMDR in a "dementing" PTSD survivor. *Clinical Gerontologist, 16,* 70-73.

Ironson, G. I., Freund, B., Strauss, J. L., & Williams, J. (2002). A comparison of two treatments for traumatic stress: A communitybased study of EMDR and prolonged exposure. *Journal of Clinical Psychology, 58,* 113-128.

Johnson, K. (1998). *Trauma in the lives of children. Alemeda,* CA: Hunter House.

Kleinknecht, R., & Morgan, M. P. (1992). Treatment of post-traumatic stress disorder with eye movement desensitization and reprocessing. *Journal of Behavior Therapy and Experimental Psychiatry, 23,* 43–50.

LeDoux, J. (1994). Emotion, memory and the brain. *Scientific American, 270*, 50–57.

Levin, P., Lazrov, S., & van der Kolk, B. (1999). What psychological testing and neuroimaging tell us about the treatment of posttraumatic stress disorder by eye movement desensitization and reprocessing. *Journal of Anxiety Disorders, 13,* 159-172.

Lipke, H. (2000). *EMDR and psychotherapy integration.* Boca Raton, FL: CRC Press.

Lipke, H., & Botkin, A. (1992). Brief case studies of eye movement desensitization and reprocessing with chronic post-traumatic stress disorder. *Psychotherapy, 29*, 591-595.

Loftus, E., & Ketcham, K. (1994). *The myth of repressed memory: False memories and allegations of sexual abuse.* New York: St. Martin's Griffin.

Lovett, J. (1999). *Small wonders: Healing childhood trauma with EMDR.* New York: Free Press.

Maquet, P., Peters, J. M., Aerts, J., Delfiore, G., Degueldre, C., Luxen, A., et al. (1996). Functional neuroanatomy of human rapid-eye movement, sleep and dreaming. *Nature,* 383, 163.

Marcus, S., Marquis, P., & Sakai, C. (1997). Controlled study of treatment of PTSD using EMDR in an HMO setting. *Psychotherapy, 34,* 307-315.

Maxfield, L., & Melnyk, W. T. (2000). Single session treatment of test anxiety with eye movement desensitization and reprocessing(EMDR). *International Journal of Stress Management, 7,* 87-101.

McCann, D. L. (1992). Post-traumatic stress disorder due to devastating burns overcome by a single session of eye movement desensitization. *Journal of Behavior Therapy and Experimental Psychiatry, 23,* 319-323.

McNally, V. J., & Solomon, R. M. (1999, February). The FBI's critical incident stress management program. *FBI Law Enforcement Bulletin,* 20-26.

Page, A. C., & Crino, R. D. (1993). Eye-movement desensitization: A simple treatment for post-traumatic stress disorder? *Australian and New Zealand Journal of Psychiatry, 27,* 288-293.

Parnell, L. (1999). *EMDR in the treament of adults abused as children.* 김준기 외 옮김, 《EMDR 마음의 상처 치유하기》, 문이당, 2008.

Parnell, L. (2007). *A therapist"s guide to EMDR: Tools and techniques for successful treatment.* New York: Norton.

Pellicer, X. (1993). Eye movement desensitization treatment of a child"s nightmares: A case report. *Journal of Behavior Therapy and Experimental Psychiatry, 24,* 73-75.

Power, K. G., McGoldrick, T., Brown, K., Buchanan, R., Sharp, D., Swanson, V., et al. (2002). A controlled comparison of eye movement desensitization and reprocessing versus exposure plus cognitive restructuring, versus waiting list in the treatment of posttraumatic stress disorder. *Journal of Clinical Psychology and Psychotherapy, 9,* 299-318.

Puffer, M. K., Greenwald, R., & Elrod, D. E. (1998). A single session EMDR study with twenty traumatized children and adolescents. *Traumatology, 3*(2).

Puk, G. (1991). Treating traumatic memories: A case report on the eye movement desensitization procedure. *Journal of Behavior Therapy and Experimental Psychiatry, 22,* 149-151.

Puk, G. (1992, May). *The use of eye movement desensitization and reprocessing in motor vehicle accident trauma.* Paper presented at the 8th annual meeting of the American College of Forensic Psychology, San Francisco.

Rothbaum, B. O. (1997). A controlled study of eye movement desensitization and reprocessing for posttraumatic stress disordered sexual assault victims. *Bulletin of the Menninger Clinic, 61,* 317-334.

Sapolsky, R. N. (1990). Hippocampal damage associated with prolonged glucocorticoid exposure in primates. *The Journal of Neuroscience, 10*(9), 2897-2902.

Scheck, M. M., Schaeffer, J. A., & Gillette, C. S. (1998). Brief psychological intervention with traumatized young women: The efficacy of eye movement desensitization and reprocessing. *Journal of Traumatic Stress, 11,* 25-44.

Shapiro, F. (1989a). Efficacy of the eye movement desensitization procedures in the treatment of traumatic memories. *Journal of Traumatic Stress Studies, 2,* 199-223.

Shapiro, F. (1989b). Eye movement desensitization: A new treatment for posttraumatic stress disorder. *Journal of Behavior Therapy and Experimental Psychiatry, 20,* 211-217.

Shapiro, F. (1991). Eye movement desensitization and reprocessing procedure: From EMD to EMDR: A new treatment model for anxiety and related traumata. *Behavior Therapist, 14,* 133-135.

Shapiro, F. (1994). Eye movement desensitization and reprocessing: A new treatment for anxiety and related trauma. In L. Hyer (Ed.), *Trauma victim: Theoretical and practical suggestions.* Muncie, IN: Accelerated Development.

Shapiro, F. (2001). *EMDR: Eye movement desensitization and reprocessing: Basic principles, protocols, and procedures.* 권정욱 옮김, 《안구운동 둔감화 재처리법》, 시그마프레스, 2011.

Shapiro, F., & Solomon, R. (1995). Eye movement desensitization and reprocessing: Neurocognitive information processing. In G. Everley & J. Mitchell (Eds.), *Critical incident stress management.* Elliot City, MD: Chevron.

Shapiro, F., Voglemann-Sine, S., & Sine, L. (1994). Eye movement desensitization and reprocessing: Treating trauma and substance abuse. *Journal of Psychoactive Drugs, 26,* 379–391.

Silver, S. M., Brooks, A., & Obenchain, J. (1995). Eye movement desensitization and reprocessing treatment of Vietnam war veterans with PTSD: Comparative effects with biofeedback and relaxation training. *Journal of Traumatic Stress, 8,* 337-342.

Solomon, R. M. (1994, June). *Eye moveme nt desensitization and reprocessing and tr eatment of grief.* Paper presented at the 4th International Conference on Grief and Bereavement in Contemporary Society, St ockholm, Sweden.

Solomon, R. M. (1995, February). *Critical in cident trauma: Lessons learned at Waco, Texas.* Paper presented at the Law Enforce ment Psychology Conference, San Mateo, CA.

Solomon, R. M. (1998). *Utilization of EMDR in crisis intervention.* Crisis Intervention, 4, 239-246.

Solomon, R. M., & Kaufman, T. (1994, Mar ch). *Eye movement desensitization and re processing: An effective addition to critic al incident treatment protocols.* Paper pre sented at the 14th annual meeting of Anxi ety Disorders Association of America, San ta Monica, CA.

Stickgold, R. (2002). EMDR: A putative ne urobiological mechanism of action. *Journ al of Clinical Psychology, 58*(1), 61--75.

Taylor, S. E. (2000). UCLA researchers ide ntify key biobehavioral pattern used by wo men to manage stress. *Science Daily.* Ret rieved July 2007, from www.sciencedaily. com.

Thomas, R., & Gafner, G. (1993). PTSD in an elderly male: Treatment with eye mov ement desensitization and reprocessing (EMDR). *Clinical Gerontologist, 14,* 57-59.

Tinker, R. H., & Wilson, S. A. (1999). *Throu gh the eyes of a child: EMDR with children.* New York: Norton.

Ungerleider, S. (1996). *Mental Training for Peak Performance.* Pennsylvania, Rodale Press, Inc.

van der Kolk, B. A. (1994). *The body kee ps the score: Memory and the evolving psycho-biology of posttraumatic stress.* 제효영 옮김, 《몸은 기억한다》, 을유문화사, 2016.

van der Kolk, B., Burbridge, J., & Suzuki, J. (1997). The psychobiology of traumatic memory: Clinical implications of neuroima ging studies. *Annals of the New York Acad emy of Sciences, 821,* 99-113.

White, G. D. (1998). Trauma treatment trai ning for Bosnian and Croatian mental heal th workers. *American Journal of Orthopsy chiatry, 63,* 58-62.

Wilson, S. A., Becker, L. A., & Tinker, R. H. (1997). Fifteen-month follow-up of eye mo vement desensitization and reprocessing(EMDR) treatment for PTSD and psycholog ical trauma. *Journal of Consulting and Clini cal Psychology, 65,* 1047-1056.

Wilson, S., Tinker, R., Becker, L. A., Hofm ann, A., & Cole, J. W. (2000, September). *EMDR treatment of phantom limb pain with brain imaging (MEG).* Paper present ed at the annual meeting of the EMDR Int ernational Association, Toronto.

Winson, J. (1985). *Brain and psyche: The bi ology of the unconscious.* New York: Doub leday/Anchor Press.

Wolpe, J., & Abrams, J. (1991). Post-traumatic stress disorder overcome by eye movement desensitization: A case report. *Journal of Behavior Therapy and Experimental Psychiatry, 22,* 39-43.

Young, W. (1995). EMDR: Its use in resolving the trauma caused by the loss of a war buddy. *American Journal of Psychotherapy, 49,* 282-291.

트라우마, 기억으로부터의 자유

1판 1쇄 인쇄 2018년 9월 11일
1판 1쇄 발행 2018년 9월 29일

지은이 바브 메이버거
옮긴이 김준기, 배재현, 사수연
발행처 수오서재
발행인 황은희, 장건태
책임편집 최민화
편집 마선영
디자인 권미리
마케팅 이종문
제작 제이오
주소 경기도 파주시 회동길 337-16, 302호(10881)
등록 2014년 6월 16일(제396-2014-000115호)
전화 031)955-9790
팩스 031)955-9796
전자우편 info@suobooks.com
홈페이지 www.suobooks.com
ISBN 979-11-87498-35-3 03180 책값은 뒤표지에 있습니다.

이 도서의 국립중앙도서관 출판시도서목록 (CIP)은 서지정보유통지원시스템
홈페이지(http://seoji.nl.go.kr)와 국가자료공동목록시스템(http://www.nl.go.kr/kolisnet)에서
이용하실 수 있습니다.(CIP제어번호 : CIP2018028974)

도서출판 수오서재守吾書齋는 내 마음의 중심을 지키는 책을 펴냅니다.